Understanding psychodynamics in Child and Adolescent
through Novels, Cartoons, Films and Musics

小説・漫画・映画・音楽から学ぶ
児童・青年期の
こころの理解
精神力動的な視点から

藤森旭人［著］

ミネルヴァ書房

はじめに
――児童・青年期のこころを力動的視点から学ぶことの意義――

　児童・青年期のこころに関する理論や概念は膨大にあります。しかし，精神力動的な立場からの理解，ことに精神分析の理論は難解で敬遠されがちなきらいがあるように思われます。しかし，児童・青年期のこころは変化（成長・発達）が著しく，彼らの「こころの揺れ動き」を捉えることは，彼らに関わる援助者，教育者にとって大変重要なことであると考えられます。

　そこで本書では，児童・青年期に関する精神力動的理論や病理を概観した後，小説や漫画，映画，音楽などの作品を用いてさらに理論や病理の理解を深める構成としています。これらの作品は，我々の身近にある親しみやすいものであるため興味をもちやすく，かつ，そこには「内的世界」，つまりこころが反映されているため，精神力動を理解する教材としても適っているというメリットがあると考えられます。児童・青年期が描かれた小説や漫画などは数えきれないほどあるように思いますが，その中から，個人的に強い関心を引かれた作品や，大学での講義で精神分析の理論や概念を説明しやすいものを選んでいます。そして，精神分析的に作品を理解するのではなく，児童・青年期のこころの発達・成長や揺れ動き，あるいは病理を理解するために，これらの作品を用いるという方法をとっています。その中で描かれている登場人物のパーソナリティや，その彼らを取り巻く環境，状況から，児童・青年期を描き出すことで，より理解が深まることを目的としています。そして，今後少しでも，精神分析的な理論を学び，臨床を行ってみたいと思えるようなきっかけになればと思います。また，「こころを見る」ことや「こころに興味をもつ」ことの意味や意義について，本書を通じて考えてもらえたら幸いです。

2016年1月　藤森旭人

小説・漫画・映画・音楽から学ぶ
児童・青年期のこころの理解
――精神力動的な視点から――

目　次

はじめに——児童・青年期のこころを力動的視点から学ぶことの意義

第Ⅰ部　児童・青年期のこころを理解するために

第1章　精神力動的発達論とアタッチメント……3

1　フロイトのリビドー論　4
2　マーラーの分離‐個体化理論　11
3　エリクソンの発達段階説　15
4　ボウルビーのアタッチメント理論と「安心感の輪」　23

第2章　精神分析から見る児童・青年期……29

1　こころの仕組みやはたらき　29
2　フロイトの治療論　47
3　フロイト以降の精神分析理論　55
4　集団の無意識的理解　67

第3章　学校にまつわる諸問題……73

1　不登校　73
2　いじめ　77
3　非　行　85
4　自殺と自傷と自己破壊行動　89
5　学級崩壊　94
6　投影同一化の視点から見た学校問題　96

第4章　児童・青年期に特徴的な病理・障害の精神力動的理解……99

1　自閉症スペクトラム障害　99
2　注意欠如・多動性障害　116
3　限局性学習障害　117
4　パーソナリティ障害　119

5　摂食障害　*129*

第Ⅱ部　物語を通じた児童・青年期のこころの力動的理解

第5章　児童期の無意識・空想理解
　　　　　――漫画『20世紀少年』から ……………………*153*

　　　1　あらすじ　*153*
　　　2　問　い　*156*
　　　3　遊びと空想と秘密基地　*156*
　　　4　遊戯療法と子どもの精神分析的心理療法　*160*
　　　5　自己愛と万能感　*163*

第6章　児童虐待がこころに及ぼす影響
　　　　　――映画『誰も知らない』から ……………………*173*

　　　1　あらすじ　*173*
　　　2　問　い　*177*
　　　3　児童虐待とは　*177*
　　　4　被虐待児の言動　*178*
　　　5　被虐待児のこころの状態　*180*
　　　6　虐待する親の想いと虐待の連鎖　*187*

第7章　青年期前期（思春期）のこころとクラス力動理解
　　　　　――小説『告白』から ……………………*191*

　　　1　あらすじ　*191*
　　　2　問　い　*194*
　　　3　思春期における心身の変化　*195*
　　　4　思春期の子どもと養育者との関係　*198*
　　　5　クラスと無意識と防衛　*207*
　　　6　スクールカウンセラーとクラス　*213*

第 8 章　青年期中期のこころと問題行動
　　　　——映画『17歳のカルテ』から ………………………… 217
　　1　あらすじ　217
　　2　問　い　219
　　3　青年期中期の発達的特徴と対人関係　220
　　4　パーソナリティ障害と青年期中期のこころの状態　222
　　5　問題行動とこころの痛みへの対処　226
　　6　行動することと考えること　233

第 9 章　青年期後期のこころと対人関係
　　　　——漫画『ソラニン』から ……………………………… 237
　　1　あらすじ　237
　　2　問　い　239
　　3　モラトリアムとアイデンティティの拡散　240
　　4　恋愛関係と協働関係　244
　　5　うつ病と抑うつと喪の作業　249
　　6　現代社会と青年期後期　259

作品リスト　266
引用文献　269
索　引　281
おわりに　287

第Ⅰ部
児童・青年期のこころを理解するために

第1章 精神力動的発達論とアタッチメント

　児童・青年期のこころを理解する試みとして，第1章では，精神力動的な発達論とアタッチメント（愛着）理論について見ていきましょう。児童・青年期のこころは，身体同様大きな変化を遂げます。しかし，身体の変化は目に見えて分かっても，こころの変化は形のないものなので，どのように捉えたらいいのか困惑することが多いのもまた事実ではないでしょうか。その結果「思春期だから」「反抗期だから」といった言葉で片付けられ，彼らがこころで何を考え，どのように想っているのかを捉え損なうことはたいへんもったいないことです。なぜなら，児童・青年期の子どももまた，自分のこころを理解してほしいと思っているはずですから。したがって，精神力動的な発達論を理解することから本書ははじめたいと思います。

　精神力動的とは，こころの揺れ動きや感じていることを，そのまま丸ごと捉えてみましょうということです。そういった捉え方に貢献してきた理論や概念，技法に，精神分析があります。そして精神分析概念の中心には，無意識というこころの考え方が据えられています。この無意識は，決して静的なものではなく，常日頃から揺れ動き，そこには様々な感情が渦巻いているといった考え方です。児童・青年期は，主に家庭や学校で，家族や友人，教師と過ごす時間がその大半を占めていると言っても過言ではありません。その中で，彼らのこころは様々な気持ちを感じたり体験しながら，発達，成長していきます。こういったこころの成長・発達を，揺れ動きの中で捉えるために，たいへん有益な考え方が精神分析であるように思います。そして，精神分析が複眼的な視野を提供してくれ，彼らに関わる援助者，教育者に大いに役立つものと信じてやみません。

まずは，その精神分析を体系化しようとしたフロイト（Freud, S., 1905）のこころの発達論を見ていくことにしましょう。

1　フロイトのリビドー論

　精神分析の祖であるフロイトについて少し見ていきます。彼はもともと生理学者であり，こころも科学的因果関係の枠組みで捉えようと格闘してきた人物です。彼は，物理現象同様に，人間の行動と精神現象（こころで想ったり感じたり，考えたりすること）にはすべて原因（動機）があり，そのほとんどは本人の気付いていない無意識に原因があると考えていました。そして，物理学のエネルギー論を精神現象にも援用しはじめます。彼は，人間の活動のもととなるエネルギー，あるいは「性衝動」を中心とする精神的エネルギーのことを「リビドー」と呼びました。それゆえ，彼の発達理論は「リビドー論」とも呼ばれています。その内容は，発達段階に応じて快が特定の部分に集中し，年齢に伴い移動していくというものです。また，それぞれの発達段階に対応した目標や対象をもつ，ともされています。さらに，リビドーの流れ（発達）が何らかの理由で妨げられることを「固着」と言いますが，その結果，特殊なパーソナリティや症状が形成されることをフロイトは指摘しています。以下，フロイトが想定した5段階を見ていきましょう。

(1) 口唇期（生後〜1歳半くらいまで）

　生後しばらくは，乳児は母親（養育者）に身体的にケアを提供されなければ生きていくことができません。その最たるものが授乳でしょう。ここでは，論が煩雑になることを避けるために，母乳か人工乳かの差異は留保しておきます。母親からの授乳によって，乳児は空腹が満たされますよね。これは，生きるために乳を飲んでいるのであって，本来，快感を求めて飲んでいるわけではありません。生きるために飲む行為は，フロイトが言うところの「自己保存欲求」，あるいは「自我欲動」にもとづきます。そして，二次的に口唇領域（くちびる

や口腔，喉）の快感が伴うと考えたのです。乳児のくちびるに指や物などを近づけると，何でも口に入れようとする「吸啜反射」が起きるのも，「口唇期」の特徴と言えます。

　さらに，精神分析理論で重要な点は，授乳状況においては，母親が身体的なケアを提供しているだけではなく，心理的なケアも提供しているという考え方です。つまり，乳という栄養によって物理的に空腹が満たされ，身体が成長していくとともに，母親が乳児へ向ける「関心」という栄養もこころの成長には不可欠なのです。たとえば，母親が携帯電話を使いながら授乳をしている状況などは，身体的なケアは提供しているものの，心理的なケアは提供できていない最たるものではないでしょうか。その結果が，なかなか離乳ができなかったり，泣き止まなかったりといった乳児の行動に現れると考えられそうです。抱っこしてあげることは，乳児にとって大事なことだという話はよく聞くかと思いますが，精神分析の領域では，便宜的に「身体的抱っこ」と，気持ちを「抱っこしている」という意味での「こころの抱っこ」を分けて考えたりもします。そして，「こころの抱っこ」のことを「コンテイニング」と呼んだりもします。

　また，アブラハム（Abraham, 1924）は，「口唇期」への固着によって形成される「口唇性格」として，「甘えん坊」をあげていますが，この「甘えん坊」は「相手を信頼して甘えるのではなく，むしろ信頼できなくて甘える」と言います。そして，その満たされない部分が「かんしゃく持ち」や「気難しや」などとして現れると言っています。

（2）肛門期（～4歳くらいまで）

　そして，乳児期に続く，おむつが取れて，自分で排泄ができるようになる時期，あるいはその期間のことをフロイトは「肛門期」と呼びました。この時期には，言語を通じてのコミュニケーションができるようになってきたり，行動範囲も広がってくる時期です。そのため，自己主張もできるようになり，「第一次反抗期」，あるいは「イヤイヤ期」といった呼ばれ方もします。その中で，

自ら排泄を調節し、自分自身の言動もコントロールすることを学んでいきます。特に排便の扱い方（少し専門的に言うと肛門括約筋のコントロール方法）が重要になってくることから、フロイトは「肛門期」と名付けたのです。先の「口唇期」までは、おむつに排泄したものは、養育者がきれいにしてくれますが、この時期からは、自分で排泄をコントロールし、きれいにできるようにならなければいけません。それを、養育者を含めた周囲の大人から求められます。具体的には、パンツ（おむつ）の中にうんちをせずトイレまで我慢し、便器にうんちをしてから、トイレットペーパーでお尻を拭き、流して、手を洗うといった一連の作業を覚えるわけです。これをトイレットトレーニングと言います。うまくできたら褒められ、うまくいかなかったら叱られたりして、しつけが始まる時期とも言えるでしょう。ひるがえって、自分の内側から出てきたうんちは、養育者を喜ばせられる「創造物」や「プレゼント」としての意味合いも帯びることになります。自分で（肛門括約筋を）コントロールできる満足感や、上記の養育者への「贈り物」的な意味合いも含め、リビドーは「肛門」に集中すると考えられるでしょう。

　また、「肛門期」への固着として形成される性格をフロイトは「肛門性格」と呼びました（あまり言われたくないようなネーミングですが）。たとえば、排泄の我慢（ためこむこと）を強くしつけられた場合には、お金を貯めこむことに執着したりといった「固着」が見られるようです。時間感覚や金銭感覚に影響を及ぼす時期と言えるかもしれません。さらに、「強迫神経症（現強迫症／強迫性障害）」のような症状として現れてくることも指摘されています。

（3）エディプス期（男根期）（〜6歳くらいまで）

　「肛門期」を経て、それまで家庭での生活が中心だった幼児は「社会進出」をはじめます。具体的には幼稚園や保育園、近所の公園などでの、他児との触れ合い、交流として見ることができるでしょう。同時にこの時期には、幼児は異性の親を異なる「性」をもつ親として意識しはじめることをフロイトは見出しました。さらに、男児と女児の違い、つまり、性器が異なることに幼児は気

付きはじめることにも注目しました。換言すれば自身の性器に関心をもつようになる時期であり，リビドーは性器に向けられるという考え方から，彼は「男根期」と名付けたのでした。彼によると，男児の場合は，異「性」である母親を独占しようとして，同性の親，つまり父親を「競争相手」とみなし，母親と自分との間に，父親が居合わせるのを疎ましく思い，嫉妬心をもち，排除しようと試みるといった空想を抱くようになります。反面，男児にとっては，父親は大変大きな存在であり，また，尊敬と畏怖の念をもっているために，自分が父親に対して敵意を感じることに罪悪感を抱き，その敵意が原因で父親に処罰されるのではないかと不安になったりもします。これを「去勢不安」と言います。簡単に言うと「もっと，母さんと仲良くしたいなあ。だからお母さんと仲良くしてるお父さんなんていなくなっちゃえばいいのになあ。でも，お父さん強いし，怖いしなあ。こんなこと思ってたらお父さんにオチンチンちょん切られちゃうかなあ，怖いなあ。それにお父さんやさしいとこもあるしなあ。こんなこと思ってたら悪いなあ」といった感じでしょうか。したがって，この時期には，一時的に恐怖症を起こすことも示唆されています。暗闇恐怖やオバケ恐怖，動物恐怖などとして現れてきたり，悪夢にうなされることもあるようです。そして，罪悪感を通じて，道徳性を身に付けていくとも言われています。

　一方，女児は愛情対象が，母親から父親へと移行します。その際，女児は自分に男児のようなペニスがない去勢の責任が母親にあると感じます。これを「ペニス羨望」と呼んでいます。ペニス願望をかなえてくれなかった母親に代わり，父親にその願望が向けられ，母親との間に心理的戦いが繰り広げられると言われ，それまでに母親と十分な情緒的関係を確立しておくことが重要だと言われています。最終的に，ペニスではなく，赤ん坊が欲しいという願望を抱くようになり，母親に同一化し，女性としての道を歩めるようになるとフロイトは考えましたが，この理論は現在でも賛否両論のようです。そして，重要な点はあくまで幼児の空想に着目しているということです。

　上記のような，異「性」の親をめぐる心理的状況をフロイトは「エディプス・コンプレックス」と名付けました。したがって，この時期は「エディプス

期」とも言われます。これは，ギリシャ神話におけるエディプス王の悲劇がモチーフになっています。『マンガで分かる心療内科②』（ゆうきゆう，2009）というコミックに分かりやすくエディプス王の悲劇が描かれていますので，参考にしてみてください。ここでは少しだけそのストーリーを概略してみましょう。

① 神託

　時は古代ギリシャ。テーバイという国の王ライオス（エディプスの父親）は神から子どもをつくるべきではないとの神託を受けました。その神託は，もし「子どもをつくればその子どもがライオスを殺す」というものでした。しかし，ライオスは酔ったおりに妻イオカステと交わり，男児（エディプス）を授かりました。神託の内容を恐れたライオスは，男児を殺そうと考えるのですが，殺すには忍びなく，男児の踵をブローチで刺し，従者に男児を渡して男児を山中に置き去りにするよう命じました。しかし，従者もまた男児を殺すには忍びないと考えたため，従者は山中にいた羊飼いに男児を渡し，遠くへ連れ去るように頼んだのです。羊飼いは，子どもが生まれなくて困っていたコリントスという国の王に男児を渡します。男児はブローチで刺された踵が腫れていたため，エディプス（腫れた足）と名付けられました。

② 旅立ち

　成長したエディプスもまた，神託を受けます。「故郷に近寄るな，両親を殺すであろうから」と。そして，コリントスの王と后を実の両親と信じるエディプスは「故郷にいてはいけない」と思い，コリントスを離れて旅に出ます。

③ 父殺し

　エディプスが戦車に乗って旅をしている最中，前から戦車に乗ったライオスが現れます。ライオスの従者がエディプスに道を譲るよう命令するのですが，エディプスがこれにしたがわないのをみるやエディプスの馬を殺してしまいます。これに怒ったエディプスは従者とライオスとを殺してしまいます。ライオ

スが名乗らなかったため，エディプスは自分が殺した相手が誰であるかをこのとき知る由もありませんでした。

④　スフィンクス退治

　エディプスは，ライオスを殺した後，運命のいたずらでしょうか，生まれ故郷のテーバイへと向かっていきます。もちろん，そこが生まれ故郷だと知らないままに。この頃テーバイではスフィンクスという怪物に悩まされていました。スフィンクスは山の頂上にいて，そこを通るものに謎掛けをし，謎が解けない者を食べてしまっていました。この謎は「一つの声をもちながら，朝には四つ足，昼には二本足，夜には三つ足で歩くものは何か。その生き物はすべての生き物の中でもっとも姿を変える」というものでした。

　この謎が解かれたときスフィンクスの災いから解放されるであろうという神託をテーバイの人たちは得ていたため，この謎を解くべく知恵を絞っていましたが何人も解くことはできず，多くの者がスフィンクスに食べられてしまっていました。このためテーバイの国王（ライオスの後継者）は，この謎を解いた者にテーバイの街とイオカステを与えるという布告を出していたのです。テーバイに来たエディプスはこの謎を解き，スフィンクスに言いました。「答えは人間である」と。人間は幼年期には四つ足で歩き，青年期には二本足で歩き，老いては杖をついて三つ足で歩くからというのが，その答えでした。謎を解かれたスフィンクスは山より身を投じて自害します。

⑤　テーバイ王となり，母と交わる

　スフィンクスを倒したエディプスは，テーバイの王となります。そして実の母であるイオカステと，母であるとは知らずに結婚し，2人の男児と2人の女児を授かります。

⑥　真実を知る

　エディプスが王になって以降，テーバイでは不作と疫病が続きます。その現

状について，エディプスは予言者に尋ねることにします。ここでは詳細は省略しますが，先代の王ライオスを殺したものが生きているからであると告げられます。そして，ライオスを殺害したのは，エディプス自身であり，また，ライオスはエディプスの父親であること，さらに妻のイオカステは自分の母親であることが徐々に明らかになっていくのです。

真実を知ったエディプスはイオカステを探すべくイオカステの部屋を訪れるのですが，イオカステは首を吊って自殺をしてしまっていました。罪悪感に苛まれたエディプスは，狂乱のうちに自身の目をイオカステのつけていたブローチで刺し，自ら盲目になります。ちなみにこのブローチは，エディプスの幼少期にライオスがエディプスの踵を傷つけたものと同一のものでした。

上記の神話がモチーフとなり，異性の親をめぐる三者関係の葛藤をフロイトは「エディプス・コンプレックス」と名付け，またこの時期を「エディプス期（男根期）」と呼んだのです。フロイトの「エディプス」に関する理論は，現在も様々な議論がなされており，また別の見方があることも第2章で見ていくこととしましょう。

（4）潜伏期（〜小学校高学年・中学入学ぐらいまで）

上記のようにこころが大きく揺れ動く「エディプス期」を経て，子どもは人生の中でも比較的落ち着いた時期とも言える「潜伏期」へと入っていきます。リビドーは潜伏し，特定の部位に快が集中することがなくなります。「エディプス期」に「去勢不安」を抱いていた男児は，母親を異「性」として独占することを諦め，父親の生き方や考え方を取り入れ「男らしく」振る舞うことを選択するようになります。一方，女児は，父親からの愛情を感じることによって，男児に対する劣等感（これを「エレクトラ・コンプレックス」と言います）をこころの奥に潜伏させることができると考えました。

この時期，リビドーは潜伏しているので，その間に，社会の規範に合わせる訓練を学校で落ち着いて受けることができます。この，社会規範にしたがい，物事を考えていくことを精神分析の領域では「現実原則」にしたがうと言った

りもします。一方，自分の欲求にしたがって振る舞うことを「快感原則」と言いますが，「現実原則」と「快感原則」に折り合いをつけていく時期でもあります。

(5) 性器期 (思春期以降)

情緒的には比較的穏やかな「潜伏期」を経て，「性器期」へと入っていきます。「性器期」の入り口は思春期でもあり，疾風怒濤の時期などとも言われます。生物としても生殖が可能になり，リビドーは性器に収斂され，性的結合を求めはじめる時期でもあることから，「性器期」と名付けられました。

「エディプス期」では異「性」の親に向かっていた関心が，この時期になると親以外の異性に向かい，恋慕の気持ちも生じてきます。この思春期以降の恋愛の原型は，「エディプス期」の体験に端を発するとフロイトは考えていました。したがって，「エディプス期」に，どう自分と両親との関係を収めたかの影響が出てくる時期とも言えるでしょう。同時に親からの心理的自立に向けた葛藤が生じるなど，こころは，様々な課題や悩みへの対応に追われます。

2　マーラーの分離－個体化理論

続いて，フロイト以降の精神分析的発達論に寄与したマーガレット・マーラー（Mahler, M.）の「分離－個体化」理論について，見ていきましょう（Mahler, Pine & Bergman, 1975）。彼女は，乳幼児と母親のやり取りを直接観察しながら，この「分離－個体化」理論を打ち立てました。それまでの精神分析の理論は，成人のクライエント（臨床心理学の領域では相談に来られる人々を患者ではなく，来談者という意味でクライエントと呼びます。したがって，以下クライエントという表記で統一します）が治療の中で思い出して語られた子ども時代の像を中心に構成されていました。つまり成人の語りから「このクライエントは，きっとこういう幼少期を過ごしていたのだろう」といった仮説から生成された像だったのですが，彼女の理論は，直接観察にもとづくという点において，

当時は画期的な理論であったと言えるでしょう。彼女は，乳幼児期の母（養育者）―子のやりとりの中で，子どもがどのように成長していくかに焦点を当て，6つの段階に分類しました。母子の関係性に着目したのも大きな特徴と言えます。

（1）正常な自閉期（0～1，2か月くらい）

　生後2か月くらいまでの時期をマーラーは「正常な自閉期」としました。この時期は，自分の内部と外部，自己と他者を識別できない時期であると考えましたが，現在の発達研究に関する知見では，部分的には否定的です。つまり，現在では，生後間もなく，他者を認識し，コミュニケーションを図っていることが，録画研究からも示唆されています。

　たとえば生後数週間で，乳児の母親と物に対する反応が異なることや，生後数時間で乳児は母親の口の動きや舌の突出を模倣することが知られています（Trevarthen, 2008）。また，マーラーは，乳児の欲求は自身の内部で全能的に満たされていると考えていました。

（2）共生期（2～5か月くらい）

　「正常な自閉期」を経て，自身の内部と外部とを識別できるようになり，外界からの刺激に対する感受性を示しはじめる時期を「共生期」と呼びます。また，乳児は母親と2人で一個体であるという幻想を抱いていることを示唆しています。

　「正常な自閉期」でも見たように，実際は，より早期から外界の刺激に対して，乳児は反応しているという知見が現在では一般的です。

（3）分化期（5～9か月くらい）

　ハイハイやつかまり立ち，つたい歩きといった身体的成長によって活動範囲が広がり，自他の区別，分化が進む5～9か月くらいの時期をマーラーは「分化期」としました。その手がかりを彼女は，乳児の行動から見出していきまし

た。すなわち、運動感覚や、握ったり口に入れたりして確かめる行動、母親の身体を手探りで探索しようとする行動、抱っこされているときに、母親から離れて周囲を見渡す行動、母親と他者を見て識別しようとする行動です。運動感覚に関しては、自他の境界を認識している手がかりとなります。確認行動は、周囲への注意や関心を示していると言えそうです。

このような行動から、現実の世界に関心が向くようになる時期であると提唱したのです。一方で、まだ母親のそばでしか能力は発揮できないという特徴もあり、探索行動の範囲も狭い範囲に留まります。

(4) 練習期 (9～14か月くらい)

「分化期」を経て、乳児は歩行が可能になり、行動範囲が飛躍的に広がる時期をマーラーは「練習期」としました。外界と母親との往復行動が増え、その中で母親からより離れていく練習をしていると考えたわけですね。マーラーはさらに「練習期」の中でも「初期練習期」と「本格的練習期」に分類しています。前者では、幼児が母親と離れて遊んでは、母親のところに戻ってくっついたりすることを繰り返す中で、母親も幼児の情緒に応じてあげることの重要性が説かれています。この母親の応答によって、幼児は「情緒的燃料補給 (emotional refueling)」をし、より、行動範囲を広げられると彼女は考えたのです。一方、母親がいない状況では、とても不安がって目を閉じたりして気分が落ち込んでいる様子も描写しています。後者の「本格的練習期」では、鬼ごっこのように母親から逃げては追いかけてもらう行動や、母親がいなくなっても遊びを途中でやめたりせずに続けられる様子が描かれています。

上記から、母親を自分でコントロールできるという有能感や、母親をこころの中に置いておける能力が見られることを彼女は示唆しています。一部、フロイトの「肛門期」と重なる部分もありそうですね。

(5) 再接近期 (14～25か月くらい)

「練習期」には幼児の行動範囲が飛躍的に広がるため、それに伴って母親が

いないことに対する意識も増し，分離不安が高まります。そして，母親とまだ一緒にいたいという思いが生じてくる時期を「再接近期」と言います。この時期もマーラーはさらに3つに分類しています。すなわち，「初期再接近期」「再接近期危機の時期」「危機を個人的に解決する時期」です。

「初期再接近期」には，母親のもとに，おもちゃや見つけたものなどを運んで来て共有したい言動や，母親の不在に落ち着かなくなったりする様子が見られます。この様子は一見すると，「初期練習期」に戻ったように感じられるかもしれませんね。「再接近期危機の時期」では，母親から離れたりくっついたりする行動を短時間で繰り返したり，母親の不在には不機嫌になり，代理の対象（ここでは，観察者であるマーラー）にくっついたり，膝のうえに乗ったりする行動が見られます。また，時に，母親へのしがみつきやかんしゃくを起こすこともあります。「危機を個人的に解決する時期」においては，幼児自ら，どのくらいの距離ならば，落ち着いて過ごせるのかといった，適度な母親との距離感を模索しはじめます。また象徴遊び（ごっこ遊び）の中に，母親が登場してきたりして，不在の対象を遊びの中でこころに収めようといった試みも見られます。同時に，幼児に安心を与えてくれるような，母親からの十分な協力の必要性も訴えられており，それがないと，不安定な行動が続くことも示唆されています。このような状態は「再接近期危機」と呼ばれています。幼児のこころは母親（養育者）との関係の中で育まれていくことが的確に表現されている理論であると言えそうですね。

（6）対象恒常性の萌芽期（25～36か月くらい）

「再接近期」を経て，25か月前後の月齢になると，言語が飛躍的に増加し，現実を検討する能力を獲得しはじめます。また，空想を通じた象徴化能力も発達し，ごっこ遊びを通じたやりとりが可能になってきます。その結果，母親のイメージをこころの中に保有（精神分析の領域では「内在化」と言います）できるようになり，そこにいなくても，そこまで不安にならなくなります。この様子をマーラーは「対象恒常性」の発達と呼びました。「対象恒常性」とは，こ

ころの中に，自分のことに関心を向けてくれる安定した（一貫した）大人がいることであり，少しぐらい一緒にいなくても「へっちゃらだ」と思える基盤になるものです。それが，安定した母親離れへとつながっていきます。

ちなみに，人気のTV番組「はじめてのおつかい」では，母親から離れて幼児が一人でおつかいに行く様子が描かれており，そこからも，マーラーが提唱した「分離－個体化」の様子をうかがい知ることができるように思います。

3　エリクソンの発達段階説

人間は，年齢と共に成長，発達していく生き物です。身体の成長や発達，変化は目に見えるので分かりやすいと思いますが，同時にこころも揺れ動きながら成長しているのです。社会的な要因を交えながらこころの発達段階について唱えた代表的な人物にエリクソン（Erikson, 1950）がいます。フロイトやマーラーの発達論では，子どもと養育者との関係を中心に捉えられていましたが，エリクソンは，そこに子どもを取り巻く社会という視点も導入しました。養育者や社会との関係の中で子どもは成長・発達していくという考え方ですね。

彼は晩年のフロイトに師事し，その娘のアンナ・フロイト（Freud, A.）から個人分析を受けていた医師ではない精神分析家，心理学者です。「心理社会的課題」と称して，乳児期から老年期にわたる期間を8段階に区分し，年齢に応じた心理的な発達課題と危機を想定しました。それぞれの段階で「○○対○○」と表記されています。左側は肯定的な感覚で，右側は否定的な感覚になっていますが，双方を体験しながら，葛藤の中でバランスよく成長していくことが重要であるとエリクソンは説いています。とは言え，ポジティブな体験がネガティブなそれを上回ることで，その段階における課題を達成していくことの重要性も示唆しています。まずはそれらを見ていきましょう。

（1）乳児期（生後～1歳半くらいまで）（基本的信頼 対 基本的不信）

出生直後から1歳半くらいまでの乳幼児期の課題をエリクソンは「基本的信

頼 対 基本的不信」としました。彼は、「基本的信頼」を「与えられたものを受け取り、受け入れる能力」と定義しました。さらに、エリクソン（Erikson, 1959）は、「基本的信頼が基本的不信を上回るという永続的なバランスのパターンが、しっかりと確立されるにいたるということ」、そして「乳児期最早期の経験から得られる信頼の程度が、食物や提示される愛情の絶対量ではなく、むしろ、母親との関係の質に依存している可能性がある」ことにも言及しています。つまり、養育者との関係の中で乳児を捉えようとした様子がうかがえます。

　また、現代の臨床心理学や発達心理学では、養育者の一貫した態度の重要性が説かれていますが、エリクソンは、当時から「基本的信頼」は乳児が「養育者を一貫した存在として経験することによって世代を超えて伝達される」と記述しており、彼の卓越した観察力がうかがえます。生まれたばかりの乳児は、当然言語を用いることができませんが、「この人は信じていい人か？」「自分の世話をしてくれる人か？」「自分は受け入れられているのか？」「突然いなくなったりしないか？」といった想いを抱いているのかもしれませんね。

①　ハーロウの赤毛ザルの実験から

　上記に関連して、この時期の子どもたちの信頼感に関わる実験や知見を紹介しておきます。

　ハーロウ（Harlow, 1958）は、生後まもなくの赤毛ザルの子8匹を母親から引き離して、図1-1のような針金製と布製の代理母のもとで5か月間程度生活をさせるという実験を行っています。針金で作られた代理母のところではミルクを得ることができますが、温かさは感じられません。一方、布製の代理母のところではミルクを得ることができません。その結果、ミルクが欲しいとき以外の時間の多くを、布製の代理母のところで過ごす様子が観察されました。この実験から、空腹という生理的欲求を満たしてくれる対象よりも、やわらかな、温かい感触を与えてくれる対象の重要性が考察されています。

　しかし、この実験には後日談がありました。代理母に育てられた子ザルたち

第1章　精神力動的発達論とアタッチメント

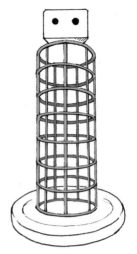

図1-1　ハーロウの赤毛ザルの実験の様子
出所：Harlow, 1958 をもとに作成

が大きくなると，無関心・無気力だったり，自傷行為が多かったり，攻撃的だったり，交尾ができなかったりして，正常な育ち方をしなかったそうです。つまり，サルの養育者に育てられなかった影響が影を落としていたのです。「リビドー論」のところで見たように，養育者からの関心，「こころの抱っこ」の重要性が無視された結果であるとも言えそうです。この実験は，サルはサルの社会の中で，人間は人間の社会の中で，養育者や周囲の人々から関心を与えてもらいながら，子どもは育てられる必要性があることを如実に物語っているように思います。そして，この時期に「基本的信頼」を獲得することがどれほど重要なテーマかを我々に問うている実験のようにも感じられます。

② ビジュアルクリフの実験から

さらに，もう1つ，「基本的信頼」の重要性を裏付ける実験を見てみましょう。ギブソンとウォーク（Gibson & Wolk, 1960）のビジュアルクリフ（視覚的断崖）の実験というものがあります。図1-2のように，高さ約30cmに設定した，深い側がガラス板になっていて断崖のように見える装置に赤ちゃんを乗せ

17

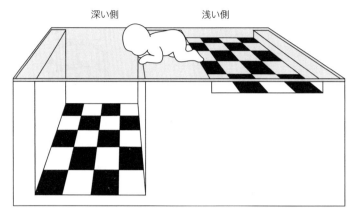

図1-2 視覚的断崖
出所：Gibson & Walk, 1960 をもとに作成

ます。深い側の向こうに，母親がポジティブな表情で立っていると，12か月の赤ちゃんの約8割が渡ろうとします。ネガティブな表情をしていると，渡ろうとするのは約1割という結果でした。このことから，12か月で母親の情動表出に対応して，自分の行動を決定しているのだという考察がなされています。

この乳児の意思決定を「社会的参照」と言います。すでに乳児は母親に対して「信頼感」が生じてきていることを知らせてくれている実験ですね。

③ 「人見知り」と養育者の効力感

一方，一般的に8か月前後から，乳児は「人見知り」が見られるようになることが指摘されていますが，この「人見知り」は，主たる養育者と他者とを弁別しようと意識的・無意識的に行っている乳児の行動です。「信頼できる人かどうか」を確認しているのはもちろんなのですが，この行動によって，養育者の方も，「あ〜，自分はこの子の母親なんだ」と実感する体験になっているといった話もよく耳にします。つまり，乳児の人見知りを通じて養育者も育児に対する効力感を得ているというわけですね。

（2）幼児前期（〜3歳くらいまで）（自律性 対 恥・疑惑）

　さて，ここからはエリクソンの発達段階説における幼児期に入っていきます。幼児期前期は「自律性 対 恥・疑惑」という課題を設定しています。言語能力や運動能力も徐々に獲得していく中で，「何でも自分でしたい」「自分でいろんなことができる」「自分でできてうれしい」といった思いを抱くようになります。一方，しつけがはじまる時期でもあり，幼児の行動に養育者が制限をかけはじめることもあるため，「すべてコントロールされているような感じ」や「思い通りにさせてくれない」といった感情ももちはじめます。

　また，エリクソンはフロイトの「肛門期」理論を援用しながら，この時期の幼児について「物を溜め込んだかと思うと捨ててしまったり，持ち物に固執したかと思うと家や車の窓からそれを投げ捨ててしまったりもする」矛盾するような言動について「保持＝排除様式」と名付け，自らを律しているのだと言います。一方，周囲からのコントロールやしつけが早すぎたり，厳しすぎたりすると，幼児は無力感に苛まれ，「口唇期」に退行し，それが指しゃぶりなどという行為として現れることも指摘しています。加えて，過剰にコントロールされている感覚から，「永続する疑惑と恥の感覚」が生じることにも言及しています。ただ，「恥」に関する研究については，エリクソンも「まだ不十分であり，あまり言及できない」と述べています。

（3）幼児後期（〜6歳くらいまで）（自主性 対 罪悪感）

　続いて幼児後期です。この時期のテーマは「自主性 対 罪悪感」であり，フロイトがいうところの「エディプス期（男根期）」に該当します。エリクソンは「身体能力（移動能力）」と「言語能力」「想像力」の飛躍的な発達を指摘しています。その結果，幼児は「自分で何でもでき，かつ，相手にも合わせられる」といった思いを抱くようになります。異「性」の親を独占したいことや父親と母親の密接な結びつきを恨む（嫌がる）ことは，フロイトが示した通りです。異「性」の親を独占するために頑張ろうとするのですが，健全な家庭では，

図1-3 ひなちゃんの日常（産経新聞，2010年8月31日付）

その目標達成は通常失敗に終わります。なぜなら，両親は愛し合っており，「性的カップル」であるからです。これを認めていくこころの作業を幼児後期にはしていると考えられるため，とても不安定な時期であるとも言えます。恐怖症などがよく見られるのも，その影響からかもしれません。しかし，この家族内における三者関係経験を通じて幼児は多くのことを学んでいきます。中でも道徳心と罪悪感はフロイトとエリクソンが強調した点です。

また，言語能力や想像力が飛躍的に発達するため，コミュニケーションも洗練されてきます。新聞に掲載されていた漫画の例（産経新聞，2010年8月31日付）を見てみましょう（図1-3）。

幼稚園の2学期がはじまる前日の「ひなちゃん」は「ママがさみしくならないように」おうちのあちこちにぬいぐるみを置いています。しかし，また明日からお母さんと離れることになって実際に「さみしい」のは誰でしょうか。そう，「ひなちゃん」ですよね。その気持ちを「ママ」もくみ取って，「さみしい」想いを感じています。このひなちゃんがやっている，「ママ」に想いを伝える方法を精神分析では「投影同一化」と言います。詳しくは，第2章の「フロイト以降の精神分析理論」で見ていきます。

（4）学童期（〜小学校高学年・中学入学ぐらいまで）（勤勉性 対 劣等感）

　学童期は，フロイトが言うところの「潜伏期」に該当します。比較的精神的には安定した時期であり，小学校で過ごす時間がその大半を占めます。そして，知識やスキルの獲得，友人関係の構築などにエネルギーが使われます。

　努力して達成できた場合，それが喜びになり，さらに頑張ることができるようになります。これをエリクソンは「勤勉性」としました。

　一方，努力してもできなかったことは，「劣等感」へとつながりますが，もちろんできないことがあっても当然なので，上述の通り「勤勉性」が「劣等感」を上回ることが重要だとエリクソンは考えていました。

　詳細は，第Ⅱ部第5章の漫画『20世紀少年』を通じて見ていくこととしましょう。

（5）青年期（〜社会人になるくらいまで）（同一性（の獲得）対 同一性の混乱・拡散）

　学童期は，「思春期という嵐の前の静けさに過ぎない」とエリクソンが言っているように，学童期を終えると文字通りこころは「嵐」にさらされることとなります。思春期とは，青年期の入り口を指し示すことが多いので，ここでは，青年期前期を思春期と呼ぶことにします。思春期は，第二次性徴の発現という身体的な大変化をもって幕を開けます。女子は身体に丸みを帯びはじめ，男子は角張ってくるなどの身体的変化が一般的でしょう。さらに，声変わりや射精，初潮，性衝動の高まりもこの時期の大きな特徴でしょう。思春期には，その他にも親との関係の変化や，同性の友人との関係の変化が見られたりします。

　エリクソンはこの後成人期に入るまで続く青年期のテーマとして，「同一性（の獲得）対　同一性の混乱・拡散」としました。「アイデンティティの確立」というようにも表現されます。つまり，「私は誰？」「私って何？」「これから私はどのように生きていこう？」といった自分自身の生き方について考える時期と言えます。また，考えることが許される期間（猶予期間）ということで，

エリクソンはこの時期を「モラトリアム」と呼んだりもしました。アイデンティティの問題は，様々な芸術作品の中でも取りあげられているように思います。たとえば，『千と千尋の神隠し』に出てくる「カオナシ」や，漫画『20世紀少年』の「ともだち」などは，「顔」という自分を示す象徴である部分がお面のように描かれているところからも，アイデンティティをめぐる問題を抱えた登場人物として理解できるように思います。

また，上記のように個人個人のこころが大きく揺れている生徒たちが集まった集団，つまりクラスで，この時期に様々な問題が生じてくるのも無理はないのかもしれません。詳細は第Ⅱ部で，中学生を題材とした小説『告白』や，高校時代および高校卒業後の様子や病理を扱っている映画『17歳のカルテ』を通じて見ていきましょう。

(6) 前成人期（～中年ぐらいまで）（親密 対 孤立）

前成人期のテーマとしてエリクソンは「親密 対 孤立」を設定しました。異性との親密な関係を作り，それを維持することが重要な課題となってきます。また成人期に，落ち着いた環境で子どもを育てる前提になります。

一方で，早く実家から（親から）離れたいからといった，十分にこの段階の課題に取り組まず，何かから逃れるための結婚は，次の段階でしわ寄せがくるとも考えられます。本書の第Ⅱ部では，青年期後期として扱っている段階です。漫画『ソラニン』で，この時期の課題を詳細に見ていきましょう。

(7) 成人期（～「老人」になるまで）（生殖性 対 停滞性）

成人期以降は，本書のテーマから脱線するので，少し短めにいこうと思います。課題は「生殖性 対 停滞性」です。子育てに取り組むことはもちろんですが，この場合の「生殖性」は，仕事や職場などで部下を育てることなども含まれています。自分の役割を次の世代に伝えていくといったニュアンスですね。フロイトが人生の目的について問われたときに「愛することと働くこと」と答えたことからも，家族としての「生殖性」と，社会人としての「生殖性」双方

の重要性がうかがい知れます。このような「生殖性」の課題に取り組めない場合，人生は「停滞」していくと，エリクソンは考えたのです。

また，加齢に伴って少しずつ進行する身体的衰えをどう受け入れていくか，あるいは抗うのかも重要なテーマです。

（8）老年期（～死ぬまで）（統合 対 絶望）

最後の第8段階は「老年期」で，課題は「統合 対 絶望」です。この時期は，自分の人生を振り返り，受け入れていく時期です。エリクソンはこのことを「自我統合性」と言いました。つまり，「自分自身のかけがえのない人生」を「成るべくして成ったものとして全面的に受け入れる心理・社会的態度」のことであり，様々な人生経験を肯定的に受け止められるかどうかに言及しているのです。中でも，両親に対する想いの重要性について示唆しています。また，多くの喪失をどう受け入れていくかも重要なテーマです。この喪失は死別に限らず，身体的衰えから多かれ少なかれ依存していかないと生きていけなくなるという身体機能や社会機能の喪失なども含まれます。

一方，自分の人生を統合していく（まとめていく）作業が進まないと，「絶望」を感じながら過ごすことになるとエリクソンは指摘しています。つまり，「自らの唯一のライフサイクルを人生の究極として受け入れられない」が，「もう一つ別の人生をやり直すには時間もなさすぎる」といった，状態に陥ることを示唆しています。

4　ボウルビーのアタッチメント理論と「安心感の輪」

さてここからは，ボウルビーのアタッチメント理論を見ていきましょう。アタッチメントの理論はボウルビーが提唱した概念です。それは，人が特定の対象との間に築く，生涯にわたる「情緒的絆」と説明されることが多いように思います。つまり，対人関係をもつうえで生涯重要になってくる概念であり，この特定の対象は，養育者にはじまり，教師や友人，パートナー，配偶者という

ように，対象はかわっても生涯にわたって必要になります。そして，このアタッチメント関係がこころの支えになります。したがって，養育者から少し距離ができた後の児童・青年期におけるアタッチメント関係は，より健やかにこころが成長・発達していくうえできわめて重要であると考えられます。ただし，注意が必要な点は，このアタッチメント関係は生涯にわたり，修復，改善が可能だということです。

　日本語では「愛着」という訳が一般的ですが，日常会話で使う「愛着」は，たとえば「日頃から使っているこの腕時計に愛着がある」といったように，「馴染み」や「親しみ」が強調されている部分があるように思います。しかし，臨床心理学や発達心理学でいうところの「愛着」は，もともとの定義（Bowlby, 1969）によると，「危機的な状況に際して，あるいは潜在的な危機に備えて，特定の対象との接近を求め，またこれを維持しようとする個体（人間や動物）の傾性」であり，この行動および特定の対象からの反応を通じて「安全であるという感覚（felt security）」を確保することが本能として組み込まれているというものでした。数井・遠藤（2005）によれば，「アタッチメントとしての"愛着"にはじつは，特に肯定的な意味合いも，否定的な意味合いもない」と言います。直訳すれば「付着（くっつくこと）」であり，その機能は「保護」であるのです。日本語の「愛情」に近いニュアンスで使われることを避けるためにも，ここでは「アタッチメント」という表記をしていきます。また，特定の対象のことをここでは「アタッチメント対象」と呼ぶことにしましょう。そのアタッチメント対象は母親に限らない，そもそも血縁関係とはまったく関係ないとされています。アタッチメント対象が誰であるかよりも，どのように保護を与えてくれるかが重要であると言えます。「どのように」という中には「頻度」の問題と「一貫性」の問題が含まれているように思います。

（1）「安心の基地（Secure base）」と探索行動

　マーラーの「分離−個体化理論」における「練習期」でも見たように，幼児は，母親のもとから離れて遊んでは，母親のもとに帰ることを繰り返します。

この，幼児が母親のもとに戻ってくるときの母親の役割を，ボウルビーは「安心の基地（Secure base）」と呼びました。日本では「安全基地」と訳されることが多いように思いますが，「気持ちを落ち着かせてもらう」ことの重要性が説かれていることから，本書ではあえて「安心」という訳語を当てています。ボウルビーが言うように母親のもとで十分に安心感を得られて「情緒的燃料補給」ができると，幼児は，母親から離れて，外界に出ていくことができるという考え方です。

そして，幼児が外界に出ていき，遊んだり，様々な事象に興味をもったりすることを「探索行動」と言います。これは，人間が安全で安心だと感じているときに，生まれつきの好奇心といろいろなことができるようになりたいという願望によって行動する本能です。

（2）「安心感の輪」

「安心感の輪」とは，ホフマンら（Hoffman et al., 2006）が臨床実践にアタッチメント理論を応用することを目的に開発され，発展したもので，プログラムとなっています。そして，養育者自身や子どもの中にあるつながりへの欲求を，養育者が十分に認識し，尊重できるように支援することにその目標を置いています。その中で，子育ての前提として，「ほどよい養育者」であること，何事も遅すぎることはないことを強調しています。

① 「安心の基地」

「安心感の輪」の図（図1-4）を見ながら，この理論の考え方を見ていきましょう。まず，図の左側に描かれている両手は，養育者の両手であり，子どもを支える，あるいは抱える役割を示しています。その上側の手は，「安心の基地」と呼ばれ，この中で十分な安心感を得られたと子どもが感じられたときには，探索行動に出かけることができます。したがって，上半分の円は，探索行動を示しているとも考えられます。そして，探索に出かけた子どもの思いとして「見守っていてね」や「大好きって見てて」「手伝ってね」「一緒に楽しんで

第Ⅰ部　児童・青年期のこころを理解するために

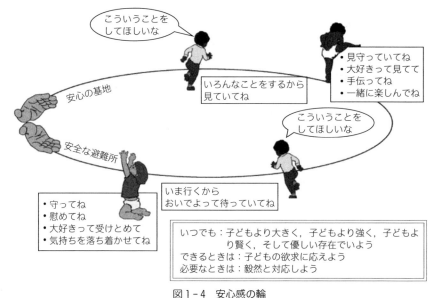

図1-4　安心感の輪
出所：Circle of Security © 2009；北川・安藤・岩本訳, 2013

ね」などがあります。子どもと一緒に遊んだり，絵本を読み聞かせたりといった保育も，上半分の支援と言えるでしょう。

　そして，ここでは，養育者が子どもと一緒に遊ぶことだけでなく，関心をもって子どもの様子を見守ることの大切さが説かれているのです。精神分析の領域では，養育者が見守っていて，子どもが穏やかに遊んでいる状況を「静かな快」(Pine, 1985) と呼んだりもします。そして，この「静かな快」が，「心地良い自己感情」や「対象との触れ合い」「臨機の才や苦痛を克服する能力」「肯定的気分を生み出す能力」などの「人が健康に機能するための土台」になる可能性についても，パインは言及しています。

② 「安全な避難所」

　一方，下側の手は「安全な避難所」と言い，子どもが探索行動から帰ってきたときに，受け止める養育者を表しています。したがって，下半分の円は，子どもが探索に出かけた後に，少し不安になったり，恐怖を感じたり，あるいは

26

疲れたりしたときに養育者のところに戻っていく状況であり，いわば「ネガティブ」なこころの状態に子どもがいる状態を想定しています。心理臨床の支援として，子どもが輪のどの状態にいるのかを見定め，気持ちに寄り添ううえでの指標になる考え方と言えるでしょう。そして，そのときの子どもの想いとして，「守ってね」や「慰めてね」「大好きって受け止めて」「気持ちを落ち着かせてね」などがあげられています。このプログラムの中では，特に「気持ちを落ち着かせて」もらうことの重要性が強調されています。それによって，気持ちを人と「分かち合えるのか」あるいは「隠すべきなのか」「気持ちに向き合えるのか」「逃げ出すべきなのか」を選択する前提になると考えられているからです。

③ 養育者の態度

　図の右下には，養育者に重要な態度が書かれています。「いつでも子どもより大きく，子どもより強く，子どもより賢く，そして優しい存在」でいることや，「できるときは子どもの欲求に応え」ること，「必要なときは毅然と対応」することがあげられています。「毅然とした対応」によって，危険な目に遭わないように養育者が配慮することで，子どもはより安心感を得られるのだという考え方ですね。子どもの要求や欲求に目をとらわれがちな養育者にとっては，目から鱗の考え方かもしれません。そして，中でも特に強調されていることは，「安心感の輪に寄り添うこと」であり，子どもの気持ちを「変える」より「寄り添う」ほうが効果的であると言われています。また，「ほどよい関わり」として，「3割程度」子どもの「安心感の輪」に寄り添えていればよいことも，ここでは述べられています。

＊

　第1章では児童・青年期のこころを，精神力動的視点から見てきました。児童・青年期に限らず，すでに乳幼児の頃から，子どものこころは大きく揺れ動いていることを理解することができたでしょうか。フロイトの理論では，二者関係，三者関係の中で，子どもたちが様々な情緒を体験しながら，発達・成長

していくことを「リビドー」という視点から学びました。マーラーの理論では，母子関係の観察から子どもが養育者といかに接近し，また離れようとしているか，そしてそこにまつわる葛藤について触れました。エリクソンの理論では，各年代に応じて体験している発達課題が異なり，そこには社会的な影響も大きいことを知ることができました。「安心感の輪」では，養育者を基盤に子どもたちは世界を広げていくことを分かりやすく体験できたでしょうか。これらの理論は，第3章以降で見ていく児童・青年期の病理や障害を理解するうえでも非常に役立つ概念です。子どものこころは，養育者や社会の中で育まれていくことを指摘して，第1章は終わりたいと思います。

第2章 精神分析から見る児童・青年期

　第2章では，精神分析の中心に据えられている無意識や空想について掘り下げていきたいと思います。児童・青年期の子どもたちと関わるうえで，無意識という考え方がいかに有益であるかを体感してもらえたらと思います。この無意識という考え方は，個人のこころを理解するのにも，学校におけるクラスなどの集団を見立てるうえでもたいへん役に立つと考えられます。

　ここでもやはり，精神分析の祖であるフロイトの考え方からはじめて，それ以降の精神分析の発展にも目を向けていきましょう。

1　こころの仕組みやはたらき

　では，フロイトの精神現象あるいは精神力動に関する着想について少し詳細に見ていきましょう。

　フロイトは精神分析という人間のこころを探究する方法を打ち立てました。無意識という目に見えないこころの部分を概念化したのはフロイトですが，無意識はフロイトが考え出したものではなく，フロイトによって「発見」されたものです。したがって，精神分析は誰のものでもなく，皆のこころの内にあるものと言えるでしょう。

　その基本仮説は，パーソナリティや性格，そして精神機能において，発達的，力動的，経済的な一連の現象を展開させている無意識の過程の存在についてです。基本的な方法は，「自由連想」とそれに伴う行動や身体現象の観察と解明であり，自分のこころについて情緒的に「理解する」ことに重きが置かれています。同時に，このような方法，経験および理論から導き出された児童や成人

の精神障害や精神疾患を治療する技術でもあります。それゆえ，このような方法によって得られた経験から導き出された精神機能に関する理論でもあり，この理論は文化学や人類学，芸術など，様々な分野にも影響を与え，また研究対象となっています。

　本書の目的は児童・青年期の精神力動を理解する一助を提示することであり，その足掛かりとして，フロイトの精神力動論を見てみましょう。その後，現代に至るまでの精神分析の主要な概念，およびその発展についても見ていこうと思います。

（1）局所論

　我々人間は，意識的に言動をしていると思いがちですが，フロイトは，人間の言動に対する無意識の強大な影響力を想定し，意識を3つの層（水準）に便宜的に分類しました。すなわち，「意識」と「前意識」，「無意識」です（図2-1）。「意識」とは，文字通り，普段考えたり思ったりして，自分自身で気がついている部分のことを指します。その下に「前意識」があります。

　「前意識」とは，普段は意識されていないけれども，少し自分で注意を向けたり，周りから指摘されると，比較的容易に「意識」に上ってくる水準にあるものです。たとえば，今みなさんは，どのような姿勢で本書を読んでいるでしょうか。本を読んでいるときに，おそらく姿勢は意識されていないと思いますが，少し姿勢に意識を向けると，自分がどのような姿勢でいたのかに気づきますよね。あるいは，ペンを持ちながら読んでいる人は，どのような持ち方をしていたのか，といったこともこの領域に該当するでしょう。

　「無意識」は，さらにこころの奥底に存在し，自分の知らない部分や「抑圧」されていて意識化できない部分のことを指します。

　フロイトは，水面に浮かんでいて意識できている部分はほんの一部分に過ぎず，前意識よりも深層の部分が，人間の言動や精神生活の大半を占めていると考えていました。図の下の部分が閉じられていないのも，甚大な無意識の領域があり，把握できるものではない，あるいは無限に存在していると考えたから

です。換言すれば、精神分析とはセラピスト（分析家）との2人の協働関係によって、「自分の知らない部分」を知っていく作業と言えるでしょう。

では、そもそも直接目には見えないこの「無意識」を、一体どうやって知っていくことができるのでしょうか。

① 錯誤行為

フロイト（Freud, 1901）は、我々の日常生活のあらゆるところで、無意識が顔をのぞかせていると考えました。そのうちの1つが「錯誤行為」です。「錯誤行為」とは、「言い間違い」や「聞き間違い」「書き損ない」「読み損ない」「思い違い」「置き忘れ」「度忘れ」「遅刻」などを指します。不注意や疲労だけでは説明がつかない、心理的な原因（怒り・無意識的願望など）が存在すると考えたのです。

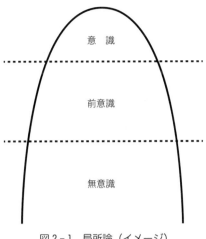

図2-1 局所論（イメージ）

また、習癖などからも無意識の存在をうかがい知ることができるとフロイトは考えました。たとえば、びんぼうゆすりや、指しゃぶり、爪かみ、チック様の動作、ボタンをいじる、無意識的な手遊びとしての落書きなどがそれらに該当します。

② 夢

第1章でも見てきたように、フロイトは、精神現象を科学の枠組みに収めようと試みました。「夢」についてもその例外ではありません。夢は眠りを保護するものであり、こころの退行状態であることを彼は想定しました。現代の脳科学や睡眠学では、夢はレム睡眠時に見ていることや、その間に記憶の整理をしていることなどが実証されはじめています。フロイトは、夢は無意識の探求に欠くことのできない人間の隠された精神活動であることを示しました。つま

り、夢は無意識の現れであり、そのことをフロイト（Freud, 1900）は「夢は無意識への王道である」と言いました。換言すれば、無意識を知るための手段として、夢を分析することが重要だと言えるかもしれません。

みなさんも体験的に分かるように、夢は現実性や理論性を欠き、時間、道徳も欠如していますよね。たとえば夢の中では、大人でも小学校時代に戻ったり、空を飛べたりもするわけです。

木部（2006）が精神分析的に考察している映画『千と千尋の神隠し』の物語も「千尋」の夢と考えることができます。この物語は、思春期に入りかけの10歳の少女である「千尋」が、引っ越し（転校）をする場面からはじまります。その車での移動中に「千尋」は妙な世界に迷い込み、両親は勝手に無銭飲食をはじめ、豚になってしまいます。そんな両親を救済するために「湯屋」というお湯場で必死になって働き、最後には両親は豚ではないことに気付いて、元の世界に帰っていくというストーリーです。この「湯屋」の中の世界を「千尋」の夢（空想）として捉えることができると木部は考察しています。少し脱線して、思春期の課題と照らし合わせてみると、思春期の入口に差し掛かった「千尋」は、無銭飲食でお店のものを貪る両親が「豚のように」醜く感じられたことでしょう。このテーマは思春期の反抗期に関連しているように思います。詳しくは第7章で述べますが、思春期は、児童期までの養育者に対する絶対的な信頼関係から移行して、親の嫌な面や醜い面が見えてくる時期でもあります。こういった時期を経て両親を一人の大人として認めていくこころの作業をしながら自立していくわけですが、そのためには、やはり、児童期までの関係が大事になります。これまで自分に注いでくれた愛情を振り返りながら、「千尋」のようにやはり両親は「豚じゃない」ことに気付いていくのです。この辺りが「千尋」の空想、つまり、夢を通じて描かれているということです。

閑話休題。フロイトに話を戻しましょう。彼は夢を「顕在内容」と「潜在内容」に区別しました。前者はクライエントが覚えていて報告する夢であり、後者は、セラピストとの間で、クライエントがその「顕在内容」から連想する事柄やエピソードと照らし合わせながら確認を行う作業を通じて、明らかになる

深層の内容を指しています。換言すれば，夢の分析とは「潜在内容」を解明することであり，それが深層心理への探求の道であるというわけです。したがって，巷で流行っているような，たとえば「夢で見るライオンは○○という意味を表している」といった，夢占いのようなものとは一線を画しており，一問一答式の理解はしないのです。また，現代の精神分析では，治療関係でクライエントから語られる夢は，セラピストとクライエントとの関係を表しているという捉え方をしていきます。つまり，精神分析における夢の扱い方は，個人的なエピソードや体験にもとづくものであり，その夢について，2人で考えていくことにその大きな特徴があると言えます。換言すれば，無意識の世界を夢という表現を借りてセラピストに伝達する方法でもあります。さらに，自らの無意識と意識との間の橋渡しを担っているとも言えるかと思います。

　くわえて，夢が無意識から，意識にあがってくる際には，「検閲」が働き，「妥協産物」として偽装されて表現されたものが「顕在内容」だとフロイトは考えました。たとえば，本当に想っていることを「顕在内容」として表していいのかを確認するような「番人」（「検閲」にあたる）がこころの中にいることを想定してみましょう。この「番人」は次項の「構造論」で出てくる，こころのバランスをとったり，現実とのすり合わせを行うような「自我」に相当します。その「番人」が「ちょっと，この想いは生々しすぎるし，こころへの負担が大きいんじゃないか」「あまり社会的に受け入れられるような想いじゃないな」といった判断を下し，少しマイルドにするために「加工」するわけです。この「加工」された夢が「顕在内容」というわけですね。その「加工」のことをフロイトは「夢の作業」と呼びました。

　では，どのような「夢の作業」があるのかについて見ていきましょう。代表的なものとして，「圧縮」や「移動」「象徴化」などがあります。

　「圧縮」は，複数の事柄や人物を1つにまとめてしまうといった作業です。「省略という方法によって行われ」，「ひどく不完全な，穴だらけの再現」として夢になっているため，「諸要素に注意を向けなければならない」とフロイトは言っています。したがって，精神分析過程の中で「今の夢の中で出てきた○

○から思い浮かぶものは？」といった「要素分析」を行っていくことになります。

「移動」は，本来の物事を別の物事に入れ替えてしまう作業を指します。夢の重要な内容が，中心からずらされてしまっているため，願望を覆い隠す役割を担っていると言えます。

「象徴化」は，ある事柄を別の形に変えてしまうことを示しています。フロイトは，「検閲」を通過しやすくなるため，「象徴化」が起こることにも言及しています。別の言い方をすれば，「象徴化」によって，様々な解釈が可能になるとも言えそうです。人気バンド Mr. Children（ミスターチルドレン）のボーカル桜井氏は，元サッカー日本代表名波氏との対談（名波，2009）の中で，「楽曲を作ることはプラネタリウムの星を打つ作業である」といった表現をしています。つまり「星座は，蟹座とか双子座と呼ばれていても，実際の線を引いているのはその星を見てイメージした人でしょう？……（中略）……蟹に見てくれてもいいし，双子座じゃなくたっていい」と言い，そこには様々な解釈や理解が入り込む余地があるようです。したがって，様々な理解ができる素材ほど「象徴化」が高度に機能していると言えそうです。現代の精神分析では，夢に限らず，この「象徴化」の重要性が強く叫ばれています。詳しくは，第4章の「自閉症スペクトラム障害」のところで見ていきましょう。

ちなみに，フロイトは，夢の形成には，夢を見る数日前，あるいは寝る前の日中にあった出来事がその筋書きのもとになっていることも指摘しています。そのような日中の素材を「残渣（ざんさ）」と呼んでいます。

③ 症　状

フロイトの発見の重要な点は，こころの病の原因が無意識の中にあると考えたことでしょう。苦痛で不快な思考，感情，欲求を，意識からしめだして記憶に留めないようにする働きである「抑圧」によって，覚えておきたくない記憶を意識にあがってこないようにするこころの機能を想定したわけです。しかし，こころの奥底では，そのような想いは蠢いているので，逃げ場を探っているわ

けです。その結果,「抑圧」したものが症状となって現れたりするわけです。

本節（5）の治療論のところで詳しく見ようと思いますが，身体的には異常がないにもかかわらず，たとえば立てなかったり，歩けなくなったりする背景には,「抑圧」した想いがあることを想定したわけですね。昭和のアニメ『アルプスの少女ハイジ』に出てくる「クララ」という少女がこの代表例と言えるでしょう。この「抑圧」された想いを解放してあげることで，症状も消失するとフロイトは考えました。

（2）構造論

その後，フロイトは，こころの構造を説明するうえでは，先述の局所論だけでは不十分であるという考えに至り,「構造論」という考えを導入します（図2-2）。この構造論に関しては「自我とエス」（Freud, 1923）という著作の中で描かれています。こころの機能を表しているということで,「心的装置」と呼んだりもします。

まず，こころの中には「エス（es）」と呼ばれる「本能的欲求」があることを想定しました。英語圏では「it」, つまり「それ」であり，そこに存在しているものを指します。これは欲動の貯蔵庫であり，簡単に言うと「〜したい」といった気持ちの集まりです。「エス」は，快感を求め，不快を避けようとする「快感原則」という性質があります。これを精神分析的には「一次過程」と言います。

一方,「エス」を飼いならす役目として「自我（ego）」が存在しています。これは,「エス」に直接したがうのではなく，現実に対応させる役割のことを指します。夢のところで見たように，こころの「番人」とも言えるかもしれません。現実に照らし合わせながら考えたり，行動するといった意味で，現実検討の役割を担っています。

フロイトは「エス」と「自我」との関係を,「馬」と「騎手」にたとえて以下のように表現しています。「自我のエスに対する関係は暴れ馬をコントロールする騎手のようなものだ。ただし，騎手はこれを自分の力で行うが，自我は

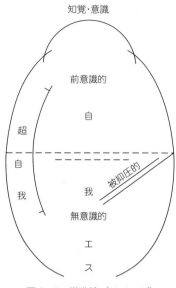

図2-2　構造論（イメージ）

隠れた力（無意識）で行う，という違いがある。……（中略）……騎手は，馬と離れたくなければ，往々にして，馬の行こうとするところへ馬を導いていくしかないが，それと同じで，自我もまた通常は，あたかも自分の意志であるかのようにしてエスの意志を行動に移している」と。

　その「自我」の判断基準に影響を与えるのが，「超自我（super ego）」と呼ばれる役割です。簡単に言うと「〜してはいけない」「〜しなければならない」「〜すべきだ」といった思いのことです。しつけなどの育てられ方に大きく影響される部分です。こころの中に取り入れられた社会的規範や道徳と言うことができるかもしれません。フロイトは「エディプス期」を経て「父親的権威」が取り入れられることで，「超自我」は形成されると考えました。つまり，「こんなことをしたら，お父さんに怒られるかな」といった思いが，その場に「お父さん」がいなくてもこころからわき起こり，言動に影響を与えるということですね。そして，罪悪感の基礎を築きます。「エス」の「快感原則」との対比で，「超自我」の影響を受けた「自我」は「現実原則」にしたがおうとするわけです。換言すれば，「エディプス期」以前の乳幼児は「エス」が優位で「快感原則」にしたがって生きている面が強いと言えるかもしれません。

　そして，フロイトは，局所論との関係もふまえ，それぞれの機能が意識的・無意識的水準ではたらいていると仮定したわけです。

（3）防衛機制

　「自我」の重要な役割として，「防衛機制」があります。「エス」では，「〜したいなあ」と思っているけれども，「超自我」では「〜しないといけないしな

あ」と思う状況はみなさんもよく経験する状況ではないでしょうか。テスト前などは，まさにそのような状況ですよね。遊びたいけれど，勉強しないといけないといったように。そこで生じるのが「葛藤」や「欲求不満」なわけです。それらを抱えたまま生活するのは，こころに負担が大きいですから，ここからが「自我」の出番です。「自我」は「さあどうしようか？」と考えはじめるわけですね。つまり，「超自我」と「エス」の折り合いをつける機能が「自我」にはあり，その方法が防衛機制というわけです。北山（2007）は，「エスでは……したいが（衝動），超自我がそれを見て……になるのが嫌で（不安），自我が……する（防衛）」というふうに表現しています。

では具体的に，どのような防衛機制があるのか，見ていくことにしましょう。

① 抑 圧

これまでにもよく出てきましたが，受け入れがたい欲求や感情を無意識の層へ追いやったり，抑え込んだりする方法です。しかし，こころの中からなくなったわけではないですから，形を変えて，夢に出てきたり，症状になって現れたりするのです。

ちなみに，BUMP OF CHICKEN の楽曲も，無意識への「抑圧」を想定していると読み取れるものが多いように思います。たとえば，「メーデー」(2007) という楽曲を見てみましょう（歌詞2-1）。「メーデー」とは，救命救難信号，つまり「助けてー」という合図です。この合図がどこから聞こえてくるかを歌っている楽曲なんですね。「発信源を探したら　辿り着いた水溜まり」であり，「これが人の心なら　深さなど解らない」と続きます。そこから潜っていくんですね。「君が沈めた君を　見つける」ために。

無意識は比喩として，「深いもの」や「深海」「井戸」「潜っていくこと」などという表現がなされることが多いように思います。しかし，「知る」怖さも見え隠れします。

「勇気はあるだろうか　一度心覗いたら　君が隠した痛み　ひとつ残らず知ってしまうよ」と。そして，たどり着くんです。「響く救難信号　深い心の

> 「メーデー」
> 作詞・作曲：藤原基央
>
> 君に嫌われた君の　沈黙が聴こえた
> 君の目の前に居るのに　遠くから聴こえた
> 発信源を探したら　辿り着いた水溜まり
> これが人の心なら　深さなど解らない
>
> 呼ばれたのが　僕でも僕じゃないとしても
> どうでもいい事だろう　問題は別にあるんだ
>
> 息は持つだろうか　深い心の底まで
> 君が沈めた君を　見つけるまで潜るつもりさ
> 苦しさと比例して　僕らは近付ける
> 再び呼吸をする時は　君と一緒に
>
> 僕もまた同じ様に　沈黙を聴かれた
> 君もまた同じ様に　飛び込んでくれるなら
>
> 口付けを預け合おう　無くさずに持っていこう
> 君に嫌われた君へ　代わりに届けるよ
>
> 誰もが違う生き物　他人同士だから
> 寂しさを知った時は　温もりに気付けるんだ
>
> 勇気はあるだろうか　一度心覗いたら
> 君が隠した痛み　ひとつ残らず知ってしまうよ
> 傷付ける代わりに　同じだけ傷付こう
> 分かち合えるもんじゃないのなら　二倍あればいい
>
> 怖いのさ　僕も君も
> 自分を見るのも見せるのも　或いは誰かを覗くのも
> でも　精一杯送っていた　沈めた自分から
> 祈るようなメーデー
>
> 響く救難信号　深い心の片隅
> こんなところにいたの　側においで　逃げなくていいよ
> 触れた発信源に　届けるよ　口付け
> 君から預かってきたんだよ
>
> 勇気はあるだろうか　一度手を繋いだら
> 離さないまま外まで　連れていくよ　信じていいよ
> 息は持つだろうか　眩しい心の外まで
> 再び呼吸をする時は　君と一緒に

歌詞2-1　BUMP OF CHICKEN「メーデー」

片隅　こんなところにいたの　側においで　逃げなくていいよ」と言って，「眩しい心の外まで」連れ出して，この曲は終わりを迎えます。これまで受け入れられず，「抑圧」していた自分について歌っているようにも聴こえますね。

　もう1曲「涙のふるさと」(2006) という楽曲も同じように，無意識に「抑圧」された自分自身，あるいは傷ついた自分自身に会いに行く歌のように思います（歌詞2-2）。「涙のふるさと」とは，フロイトのいう「外傷体験」に該

> 「涙のふるさと」
> 作詞・作曲：藤原基央
>
> 探さなきゃね　君の涙のふるさと
> 頬を伝って落ちた雫が　どこから来たのかを
>
> 出掛けるんだね　それじゃここで見送るよ
> ついていけたら嬉しいんだけど　一人で行かなきゃね
>
> リュックの中は空にしたかな　あれこれ詰めたら重いだろう　その濡れた頬に響いた言葉それだけでいい　聞こえただろう
>
> 「会いに来たよ　会いに来たよ　君に会いに来たんだよ　君の心の内側から　外側の世界まで　僕を知って欲しくて　来たんだよ」
>
> 見付けなきゃね　消えた涙の足跡
> 彼の歩いた道を逆さまに　辿れば　着くはずさ
>
> 見つめなきゃね　どんな淋しい空でも
> 彼も見てきた空だと知れば　一人じゃないはずさ
>
> 逃げてきた分だけ距離があるのさ　愚痴るなよ　自業自得だろう　目的地はよく　知ってる場所さ　解らないのかい　冗談だろう
>
> 「会いに来たよ　会いに来たよ　消えちゃう前に来たんだよ　君の涙のふるさとから　遠ざかる世界まで君に知って欲しくて　来たんだよ」
>
> 到着だよ　ほら　覚えてるかな　いつか付いた傷があるだろう　君の涙が生まれ育ったふるさとがあるだろう
>
> 新しい雫がこぼれたよ　治らない傷を濡らしたよ　全てはこのため　この時のため　とても長い旅を越えて
>
> 「会いに来たよ　会いに来たよ　消えちゃう前に来たんだよ　消せない心の内側から遠ざかる世界まで　ちゃんと見て欲しくて」
>
> 「会いに来たよ　会いに来たよ　君に会いに来たんだよ　君の涙のふるさとから乾ききった世界まで　僕を知って欲しくて　君を知って欲しくて　来たんだよ」
>
> 笑わないでね　俺もずっと待ってるよ　忘れないでね　帰る場所がある事を

歌詞2-2　BUMP OF CHICKEN「涙のふるさと」

当するのかもしれません。こちらの方は，「逃げてきた分だけ距離があるのさ　愚痴るなよ　自業自得だろう　目的地はよく知っている場所さ　解らないのかい　冗談だろう」と，かなり目を背けてきた自分自身と直面させるような歌詞にもなっていますね。

② 投　影

自分の感情を相手のものと考えたり，自分以外の問題とすることを指します。たとえば，嫌いな人に対して，「あの人が私のことを嫌いだから」と言ったりするのもこれに該当します。「被害妄想」などもそうですね。あとは，試験のできが悪かったときに，自分の勉強不足を棚上げして，問題が悪かったからだと言ったりするのもそうですね。

③ 反動形成

受け入れがたい欲求や感情を反対方向の行動で示すことを言います。たとえば，小学生の男子に，好きな女子ができたとします。でもうまく話せません。仕方なく，嫌いだと思い込み，スカートめくりなどのいじわるな行動をすることなどがこれに該当するでしょう。

④ 置き換え

特定の対象への感情を，別の対象に向け変えることを言います。たとえば，誰かに対して腹が立った感情を，カラオケなどで解消しようとすることなどがあげられるでしょう。

⑤ 合理化

論理的な理由をつけて，自分の正しさを合理的に説明しようとする方法です。日常用語では「正当化」と言われたりするかもしれません。よく用いられる例として，イソップ童話の『すっぱいブドウ』があります。あるキツネはお腹がすいていて，木にブドウがなっているのですが，そのブドウは高いところにあり届きません。そんなとき「あのブドウはまだすっぱい」とキツネが自分自身を納得させる方法が「合理化」ですね。本心でそう思っている場合は「合理化」が上手く機能していると言えますが，どこか「無理やりだな」と自分でも思っている場合は「否認」になります。

⑥ 知性化

　合理化よりも，もう少し知性を使っている防衛機制です。自分の知識を用いて，客観的に理解しようとして，あまり感情的にならないようにする方法です。難しい言葉を並べたりして，周囲には理屈っぽく映るのが特徴的です。

⑦ 昇　華

　反社会的な欲求や感情を社会的に価値のある方向へと向ける方法です。特に日本において，学生時代は比較的大人からこの防衛機制を求められるような気がします。たとえば，性的な欲求を，スポーツに向け全国大会を目指したりすることがあります。また，何となくイライラしたり，ムカムカして，誰かあるいは何かに八つ当たりしたい欲求を，激しいスポーツで解消したりして，さらに，結果を残せば評価されるという状況がこれに該当するでしょう。芸術作品を通じた表現もその1つと言えるでしょう。

⑧ 退　行

　現在の自我状態でどうしても問題がうまく解決できなくなり，自我を守りきれなくなったとき，現在より以前の自我状態での解決法により問題を処理し，自分を守ろうとするメカニズムです。たとえば，きょうだいが生まれてお母さんを独占できなくなったときの赤ちゃん返りなどがあります。

⑨ 否　認

　①の抑圧と似ていますが，否認は，文字通り見たくないものを「見ない」という機制です。また合理化とも重なる部分がありますが，どこかで「無理をしている」自分にも気付いているという点が「否認」の特徴です。

⑩ 解　離

　こころに留めておけない出来事の記憶を飛ばしてしまうといった，かなりこころに負荷がかかったときに用いられる防衛機制です。かつては多重人格障害

と呼ばれた，複数の人格に分裂させることで，こころを守ろうとするメカニズムですね。

　さて，防衛機制の例を日常場面から考えてみましょう。たとえば，学校帰りにおいしそうなケーキが売っていたとします。「買いたいなあ」「食べたいなあ」という欲求が出てきます。これが「エス」ですね。一方，「最近少し太ってきたな」「おなかが出てきたな」「健康診断の数値もあまり良くないし」ということで，「昨日からダイエットするって決めた」状況があるとします。ここで「自我」は，「あー食べたい」という「エス」と，「太るし，今の身体の状態は健康にも良くない」という「超自我」の間の「葛藤」に苛まれます。「さあどうする？」という状況ですね。ここからが，防衛機制の出番なんです。まずは，多くの場合，どちらも満たす工夫をするんですね。「ダイエットは明日から」と言ってみたり。この場合，いつまでたっても「明日」は来ないケースも多いような気もしますが……。女性の場合は「ぽっちゃりが好きってカレが言ってたし」といった「合理化」をしたりするかもしれません。あるいは「このくらいじゃ太らないし」と「否認」をしたり，「食べたら運動しよう」と言って，カロリーの計算をはじめたりする場合は「知性化」ですね。「太る方が嫌。我慢しよう」と「抑圧」する場合には，大量の甘いものを食べる夢を見たりするかもしれません。

　以上のように，防衛機制は，こころの健康を維持するために，誰でも意識的・無意識的に行っている方法です。この防衛機制がうまく機能しなくなってくると，こころの病につながったりすると考えられています。

　最後に，人気デュオであるコブクロの「太陽」（2002）という楽曲を用いて，それぞれのフレーズがどの防衛機制を表しているのか考えてみましょう（歌詞2-3）。この曲では，小学生の男子に好きな子ができても，上手く関われないもどかしさや，そのことへの対処が歌われているように思います。少し見てみましょう。「話したいけど話題が無くて　隣の席が遠く感じてた　でも君のこともっと知りたくて　イタズラばかり」。これは，「反動形成」ですね。「普通に話

> 「太陽」
> 作詞・作曲：小淵健太郎
>
> あの夏の太陽　追いかけ裸足で　走った
> 遠い街から来た君は僕の太陽
>
> たぶん空から降ってきたのだ　それか夢でも見ているか？だよ
> 他の娘たちに失礼だけど　しかしこうも違うものか
>
> 話したいけど話題が無くて　隣の席が遠く感じてた
> でも君のこともっと知りたくて　イタズラばかり
>
> 普通に話せるのは夢の中でだけ
> あぁ　胸が苦しいよ　愛とか恋とかまだ良くわかんなかったけど
>
> あの夏の太陽　追いかけ裸足で　走った
> ドロだらけのTシャツ　君に夢中だった
>
> ついにこの日がやってきました　運命の日今日は席替えだ
> 七夕様にお願いしたよ　君の隣になるように
> そうはいかずに離れ離れさ　うつむく僕に君がくれた黄緑色の小さな手紙「一緒に帰ろう」って
>
> 突然おそった夕立に　逃げ込んだ木かげで
> 初めて手を握った　雷が鳴る度にぎゅっとぎゅっと握ってた
>
> 夕暮れの坂道　君の影長く映した
> 石ころけりながら　ずっとずっと追いかけた
>
> 知らない名前の街に行ってしまうんだね‥
> 昨日僕と居るときはトンボの話しかしなかったのにどうして？
>
> あの夏を最後に君の姿は見てないけど
> これだけは言える　あれが僕の初恋
>
> 誰もが胸焦がした　あの初めての恋のように
> 誰かをまた優しく愛せればいいな
>
> あの夏の太陽　追いかけ裸足で　走った
> 遠い街から来た君は僕の太陽
> 君はもうもどらない　君は僕の太陽

歌詞2-3　コブクロ「太陽」

せるのは夢の中でだけ」。これは「抑圧」の結果，夢の中での「願望充足」ということになりましょう。この歌の後半はその小学校時代を振り返るような歌詞になっています。「これだけは言える　あれが僕の初恋」。これは，「初恋」という単語（知識）を与えることによって，小学生当時の何とも言えない胸のドキドキ感をこころの中に収める作業をしているように思います。つまり，そん

なに難しい知識ではないかもしれませんが,「知性化」と言えます。あるいは,「合理化」でもいいかもしれません。「誰もが胸焦がした あの初めての恋のように 誰かをまた優しく愛せればいいな」これは,「昇華」ですね。かつての恋を次の新たな恋につなげるという方法で,葛藤を解消しようとしている様子がうかがえます。

●アニメから考える──「げんきくん」の夢

　夢の機能として,フロイトは「夢は願望の充足である」と述べています。簡単に言うと,日中,我慢したり叶わなかったりした想いが,夢の中でなら思い通りになっているということでしょう。以前,NHKの子ども向けのアニメで,『おべとも学園』という,ショートストーリーの小学生の話が放映されていました。その中に,やんちゃないたずらっ子の小学生「げんきくん」が登場するのですが,彼がある夢を見る回があるのです。そこには,彼の担任の「強井先生(こわいせんせい)」に対する葛藤が描かれています。「強井先生」は,大柄で怖い見た目から,子どもたちに恐れられているような担任なのですが,そんな「強井先生」を尻目に「げんきくん」は,学校で授業がはじまっても,友達としゃべり続けたり,友達にプロレス技をかけたりしていて,「げんきくん」だけが「強井先生」にひどく怒られます。腹を立てた「げんきくん」は,「なんでオレばっかり怒るんだよ！　先生キライ！　どっか行っちゃえ！」と言って帰宅します。その後,彼は家で寝入ってしまい,夢を見ます。その内容は,「強井先生が今年いっぱいで退職してしまう」話が耳に入り,その後クラスメイトが「強井先生」を見送っているというものです。そんな中,「げんきくん」はとても気まずそうにしながら,泣いてしまいます。「げんきくん」は,ハッと目覚めて,それが夢だったことに気付くのですが,翌日「強井先生」に謝りに行き「これからも怒ってくれる？」と懇願します。そして,「お前みたいなやつほっとけるか」と言われ,ホッとしながら,「強井先生」のもとを離れていくという,心温まる作品になっています。

　さて,この「げんきくん」の夢をどう理解することができるでしょうか。フ

ロイトが言うように，夢を「願望充足」として捉えてみると，怒られてばかりの「げんきくん」は，「強井先生」に腹を立て，「どこかへ行ってほしい」という願望が生じていると言えるでしょう。そのような想いは一旦無意識の層に「抑圧」されますが，夢を通じて立ち現れてきていると言えます。また，どこかで，自分も悪いと思っている部分があるため，罪悪感も生じており，夢の中で「強井先生」がいなくなってしまうことのつらさも感じているようです。同時に，自分の想いによって，本当に「強井先生」がいなくなってしまうのではないかといった，自らの攻撃性に対する不安も感じているようです。つまり，「げんきくん」は，夢を通じて罪悪感を体験し，「強井先生」との関係を修復しようとする，いわば「償い」を行っていると言えます。構造論の視点から見ると，「げんきくん」は「怒られたくない」「もっと自由に遊びたい」という「エス」と，しつけや教育の一環としての指導をしてくれる「強井先生」という「超自我」との葛藤を通じて，自らの攻撃衝動をどうコントロールしていくかについて取り組んでいると考えられます。

　このアニメが示すように，夢はその人自身が自分について考える材料であったり，その人のこころの課題に取り組む手助けを与えてくれるものでもあり，おざなりにできないもののように感じられますね。

（4）エディプス・コンプレックス

　異「性」の親を愛し，同性の親を憎むという普遍的な幻想を指し示す「エディプス・コンプレックス」のモチーフや概略は第1章で見てきた通りです。
　まとめると以下のような流れと言えるでしょう。異「性」の親への関心にはじまり，同性の親への敵意，攻撃，勝利感と続きます。しかし，同性の親からの攻撃（報復）としての「去勢不安」や，同性の親への敗北を感じ，同性の親への同一化が起こり，「超自我」が形成されていくことをフロイトは考えました。

① 両親は性的カップルであることを認める

フロイト以後の精神分析では，両親は「性的カップル」であることを認めていく重要性が強調されています。母親は父親と「性的な」つながりがある創造的な次世代を生み出すカップルであり，母子関係と母父関係の性質の違いを認めることの心的苦痛に耐える必要もでてきます。相手（異「性」の親）は自分ばかりをかまってくれるわけではないことを許すことも，ここに含まれます。

② 「知ること」の破局的側面

また，エディプス神話からは，知ることにまつわる破局的側面についても読み取ることができます。すなわち，エディプスの妻が，母親でもあることを知ることによって，イオカステが自殺してしまうことや，エディプスが自らを失明させてしまうなどは知ることの破局的展開として理解することができるでしょう。

③ 日常生活におけるエディプス葛藤の現れ

さらに，思春期に入ると，再び親殺し，親離れの願望が強まり，「エディプス・コンプレックス」が再燃してきます。そして，生涯を通じて，直面することになると言われています。たとえば，「困難を乗り越え，何かを作り出したい」「同性のライバルに勝ちたい（競争心）」「同性の上司とうまくいかない」「自己主張ができない」「男性としての自分を発揮できない」「母親より幸せな女性になるという空想がもてずに，母親から自由になれなくなる」「自立と依存をめぐる葛藤」「性関係における問題」「主導権争い」「両親は仲が悪く，自分こそが母／父と仲が良いという幻想をもとうとする」などといった形で現れてくることがあります。そして，「エディプス・コンプレックス」は簡単に意識化できるものではないとも言われています。

④ 協働関係の基盤

精神分析的な視点から見ると，「協働性」とは「創造性（クリエイティビ

ティ)」を達成する手段です。それは，夫婦が協働して新たな生命，つまり子どもを創造する作業に代表されます。その根源は，子どもが両親カップルをどう受容するかに端を発するように思われます。メラニー・クライン (Klein, 1932) は，両親の「性的な」結びつきに対する幻想を「結合両親対象」として概念化し，子どもが両親の性行為場面，精神分析の概念でいうところの「原光景」に招き入れられることはないであろうことから非常に迫害的な対象を想定しました。

それをふまえたうえでメルツァー (Meltzer, 1973) は，両親が「性的な」カップルであるという耐え難い苦痛から目を背けた結果，強烈な迫害感を抱くことを指摘しているのですが，一方で両親が「性的カップル」であることを受け入れていくプロセスを通じて，パートナーシップといった考えに代表されるような，自分のことを協力して考えてくれる対象がこころの中に根付いていくことにも言及しています。換言すれば，対人関係の認知的基盤は両親関係の現実的な認知にもとづくと考えられそうです。

また，現代の精神分析的発達論では，「エディプス・コンプレックス」に先だって，母子の安定した二者関係の重要性も訴えられています（必ずしも実母である必要がないのは，アタッチメント理論で見た通りです）。

2 フロイトの治療論

フロイトはウィーンで開業してから，神経症の治療に従事していました。神経症とは脳の解剖学的要因では説明のつかない精神的な症状（障害）であり，その原因やメカニズムに多くの生理学者や神経学者が，当時関心を寄せていました。フロイトが診ていた対象は，上流階級の女性が多かったようです。そのような富裕層の文化として，社交的な場での「性」の解放や表現はタブー視されており，こころの奥底（無意識）に「抑圧」されていると，フロイトは考えました。その「抑圧」を解放してあげれば，形を変えて現れている症状は消失するという，性的病因説に考えが至ったのです。フロイトの着想に「性」の描

写が多いのは，そういった理由によるところもあるようです。

（1）催　眠

では，どのように，「抑圧」された「性」を解放しようとフロイトは考えたのでしょうか。まず注目したのは，催眠を用いた治療です。クライエントに催眠をかけ，催眠下で不快な出来事を想起させ，感情を発散させることで症状が消失すると考えたのです。これを「除反応」，あるいは「浄化（カタルシス）」と言います。

実際の事例を見てみましょう。これは「ヒステリー研究」（Freud, 1895）に描かれているもので，アンナ・Oと呼ばれる21歳の女性のケースです。このケースを実際に担当したのはフロイトではなく，フロイトの先輩にあたるブロイアー（Breuer, J.）なのですが。アンナ・Oは，神経性咳嗽（がいそう）や，意識の瞬間的消失，幻覚，コップに口をつけて水が飲めないという症状を抱えていました。また，彼女は普段，病に罹った父親の看病をするという役目を担っていました。ブロイアーは，催眠を施し，彼女の中の「抑圧」された部分を探ります。彼女は催眠下で，父親の看病中にダンスミュージックが聞こえてきたときのことを語りはじめます。父親の看病をせねばならないためダンスにも行けない不満を感じていたにもかかわらず，そのような気持ちは不謹慎であり，こころの中に抑え込んでいたのだ，そして，その罪悪感に苛まれてから咳が出はじめたのだ，ということを思い出し催眠から戻ると症状は消失していました。また，コップで水を飲めないことに関しても，嫌いだった女性家庭教師が犬にコップで水を飲ませているのを目撃し，それ以来そのような症状が出現したことを催眠下で想起します。そして，催眠下で家庭教師への怒りをぶちまけ，催眠から覚めたら症状がなくなっていたという事例です。

このように，催眠によってアンナ・Oの症状はなくなるのですが，催眠に比較的容易にかかるクライエントもいれば，そうでないクライエントもいて，一貫した成果は得られませんでした。

（2）圧迫法

　続いてフロイトが考案したのは，額に手を強く押しつけて圧迫しながら，過去のあるエピソードを追及して語ってもらう「圧迫法」です。

　事例を見てみましょう。これは実際にフロイトが担当したものです。クライエントは，24歳の女性，エリザベート。彼女は，解剖学的に異常がないにもかかわらず，両足に激痛を感じており，歩行が困難でした。彼女には姉がいましたが，その姉は妊娠中に亡くなっていました。フロイトは彼女の家に往診しながら，「圧迫法」を行っていました。そんな往診中のあるとき，偶然にも姉の夫（義兄）の足音と話し声が廊下から聞こえてきました。その時，彼女の足には激痛が走ったのです。義兄にまつわる想いが彼女の中で「抑圧」されていると考えたフロイトは，義兄に関することを集中的に聴いていきます。すると，姉を亡くした悲しみと同時に，義兄と結婚できるかもしれないという想いが湧いてきたことが語られます。しかし，そういった想いは大変不謹慎なものに感じられており，こころの奥底に抑え込まれていたのでした。それが身体（足）に転換され，症状となっていたのです。それを彼女も受け入れることによって，症状は消失した，というケースです。

　上記のように，神経症の原因として，フロイトは当初，こころの傷やつらい体験である「心的外傷体験」に注目していましたが，その後，患者の空想の影響も重視するようになり，「自由連想法」という精神分析の根底を成す技法にたどり着きます（図2-3参照）。

（3）自由連想法

　フロイトは，この「自由連想法」について，以下のようにクライエントに伝えています。「ここでは，あなたは，ある一点で普通の会話とは異なった話し方をしていただく必要があります。普通は自分の話すことに筋道が立つようにして，話している中で起こってくる他の考えやどうでもいいことは，話がそれないように，どこかにやっておくことにします。しかし，ここでは違ったやり

第Ⅰ部　児童・青年期のこころを理解するために

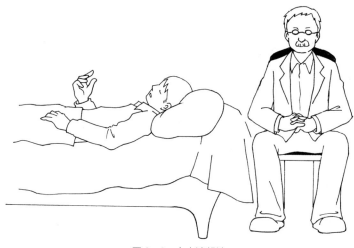

図2-3　自由連想法

方を採ってください。話しているうちにいろんなことが心の中に浮かんでくると思います。それらをダメとかいけないものだとか思って黙っておきたくなるかもしれませんが，話してください。関係がないから話さないというのではなく，話していただく必要があるのです。いや，話すのが嫌なことこそ話していただく必要があるのです。ですから，何でもこころに浮かぶことを話してください。たとえば列車の窓際に座っている旅人だとご自分のことを思っていただき，列車の中にいる人に，あなたが外側に見ている移り変わる景色を伝えるようなものだと思ってください。最後にあなたは私に100％正直であると約束していただき，何らかの理由でそれがあなたにとって話すのが不快であるからといって話さないことがないようにしていただきたい」と。つまり，クライエントは，すべての思考，感情，願望，感覚，イメージ，記憶などを，それらが自然に起こってくるままに，率直に言葉で表現するよう要求されるので，思い浮かんだことを話さない「自由」は与えられていないとも言えます。

しかし，人間は，他人に自分のことをすべて話せるかといったらそうでもないでしょう。当然，知られたくなかったり，話したくないことも出てくるわけです。しかし，「自由連想法」では，思い浮かんだことは話すようにという原

50

理原則があります。ここに生じてくるのが、話せない、話したくないという「抵抗」です。

　フロイト以降、精神分析を大きく発展させたビオン（Bion, W.）という人物がいますが、彼は人間の中核的な欲求として、LとHとKをあげています（Bion, 1962）。Lは Loving であり、愛情にもとづく関係の持ち方です。Hは Hate であり、憎しみにまつわる情緒ですね。そしてKは Knowing です。松木（2009）はKについて「知りつつある状態」であり「真実を知ろうとの情緒体験を表している」ことに言及しています。人間はこれらの欲求にもとづき、他者とのつながりをもとうとするという考え方であり、ビオンは対象とのつながりを「リンク（結合）」と表記しました。このKが、精神分析（的心理療法）では重要だと言われる所以を「抵抗」という視点を交えながら、今から見ていきましょう。

　「エディプス神話」でも見たように、「真実を知る」ことには当然知りたくないことも含まれていますから「こころの痛み」を伴います。自分自身を知っていくためには、分からなさにもちこたえる必要があり、このプロセスは「苦痛に満ちている」ことにもビオンは触れています。そして、欲求不満に耐えられるパーソナリティの能力（これを「負の能力」と言います）に応じて、その心的苦痛を取り除くために「回避」か「修正」、あるいは知識（「知性化」）を用いて現実を否認しようと試みます。

　「知ることの痛み」は人間の性かもしれません。そして、その対処方法として、「−K（マイナスK）」と「noK（ノーK）」があります。前者は、歪めて話したり、真実を覆い隠すかのように知識を使用したりして、「こころの痛み」に触れないようにするかのようなこころのあり方です。一方、後者は「無知なままにしておくこと」や「知ろうとしない」こころのあり様です。松木（2009）は「知ろうとする好奇心がほんとうに働いているかどうか」がKとnoKの識別ポイントであると言います。またもう一方の極として「もはや何でも分かっているので改めて知ることは何もない」という万能的な「全知」もあげています。これは「好奇心」ではなく「傲慢さ」や「愚かさ」で表される

と言います。

　ここまでで，精神分析の根源には「知ること」があり，そのための設定として「自由連想法」があることが見えてきます。松木（2009）は，ビオンを引用し「経験から学ぶ」ことの重要さとその困難さについてこう締めくくっています。すなわち「真実を知ることの恐れはあまりに強力なので，真実の多量服用は致命的なのです」と。これは，人間としての「真実」でもあり，心理臨床家がクライエントと向き合う中で，肝に銘じておかなければいけない格言かもしれません。

　ここまで見てきたフロイトの精神分析的着想は「言えると癒える」といったものですが，現在の精神分析においてはそのような秘密やプライバシーを表出したからといってすぐに症状が消失したり，気持ちが楽になるといった直線的な流れではなく，紆余曲折を経ながら，自分の人生における困難さを徐々に抱えられるようになりつつ，次第に症状も消失していくという考え方のほうが近いかもしれません。

（4）転　移

　ここからは，「自由連想法」という設定の中で生じてくる「転移」という現象について見ていきます。一般的には，がんなどが別の部位にも移っていくことに使われる転移という用語を，フロイトは精神現象にも援用しました。この精神現象における「転移」はフロイトが発見した精神分析の中核をなす概念です。ここで言う「転移」とは，幼少期に重要な意味をもっていた「重要な他者」との関係で体験された感情や観念や行動が，現在対人関係をもっている人物のうえに置き換えられることを指します。精神分析では，セラピストの自己開示は行わず，「空白のスクリーン」でいることが求められます。その結果，クライエントは，過去の幼児期の未解決の葛藤を孕む人間関係（主に親子関係）を現在の治療関係にもち込んできます。それを示した概念が「転移」で，もともとは「自由連想」のやり取りの中で生じてくる現象のことを指していました。

　その種類としては，父親転移や母親転移，性愛転移，感情転移などがあげら

れます。感情転移の中には，セラピストに尊敬，信頼，親しみ，感謝などを向ける陽性転移および，敵意，攻撃，嫉妬，嫌悪感などを向ける陰性転移があります。上述のように，精神分析（的心理療法）は「知っていく」ことが目的ですから，これらLやHに該当するような転移もセラピストとクライエントとの関係の中で，自分は人にこういう感情を向けやすいのだということにクライエント自身が「情緒的に気付いていく」必要があります。これを「洞察」と言います。洞察には，クライエントがそれまで気付かないでいた自己の内面について深く理解するようになること，新しい視点が広がることや「ああ，そうだったのか」という情動体験が伴います。

（5）逆転移

フロイトは精神分析的な設定において，クライエントと接する中でセラピストが感じる感情を「逆転移」と呼びました。当時「逆転移」は，セラピストの未解決の無意識的葛藤の反映で，セラピストの過去に由来するものであり，分析過程の障害となると考えられていました。したがって，セラピストになるにあたっては，セラピスト自身が精神分析を受けておくことで，分析の妨げになる感情を消化しておく必要性が訴えられていました。無論，今でもそれは変わっていないとは思いますが。たとえば，セラピスト自身の両親との葛藤が未消化なままだと，クライエントが両親の話をしているときに，セラピスト自身の体験と重なり，クライエントの話を聴けなくなるという現象などがそれに該当するでしょうか。

しかし今日では，逆転移はセラピストの全般的情緒反応，つまり「患者の転移を受け取った結果として治療者の中に生じる感情」という捉え方がなされてきています。そしてセラピストの「逆転移」は，クライエントの無意識を探求する道具でもあり，クライエントの人格の一部でもある，といった分析過程に役立て得るものであるという理解もなされてきています。したがって，必ずしも治療の妨げではなく，治療の役に立ち得るものだという考え方が普及しています。それには訓練が必要であるのは言うに及ばないと思いますが。ちなみに

セラピスト自身が精神分析を受けることを「個人分析」や「教育分析」と言います。

（6）事例を通して見る精神分析的理解の方法

　少し，架空事例を通じて考えてみましょう。女子高校生のA子さんは，身体のだるさや，抑うつ気分，希死念慮を主訴に精神科クリニックを受診しました。出生後より特に目立った問題なく育ちます。姉が奔放な性格で，母親がつねに手をやいていたのを見ており，「姉のようにはなりたくない」と自立志向が強く，非常に物分かりの「良い子」でした。成績はトップクラスで「反抗もせず，ずっと良い子だった」ようです。高校も進学校に進み，体育会系の運動部に所属し，リーダーシップをとって頑張っていましたが思うような結果が残せず，1年生の秋頃より，疲れやすさや食欲不振を認め，時折部活を休むようになりました。しかし，そんな中でも夜遅くまで勉強に励む毎日を送っていました。2年生の4月には再び胃もたれ・食欲不振が出現したため，身体的な精査を受けるも異常はありませんでした。これは精神的なことからきているのだろうということで，心理療法を提案されました。

　心理療法に来た目的については「自分が今の状態になっている原因を知りたい」と言い，家族の関係や現状について語りました。A子さんも「頑張ってる自分が好き」で，「元気なときはしんどいときの自分は恥ずかしいって思う。でも発作が起きたら，こんなにしんどいんだって分かってもらいたくて。でもしんどいなあって言われても，それよりもっとしんどいんだって言いたくなる」と語りました。この後も，心理療法にやってきては，一生懸命自分のことを語ろうとするA子さんがいました。

　さて，ここでのセラピストとA子さんとの関係を「転移」という視点から考えてみましょう。一生懸命自分がなぜしんどくなったのかを考えようとするA子さんは，無意識的にセラピストを母親のように見立てて「良い子」になっていたと考えられます。治療関係でいうと，自分で必死に考えようとする「良いクライエント」として，セラピストには映ります。これが「転移」ですね。

一方,「良い子」で来るA子さんに対し, セラピストもA子さんのことを分かってあげなければといった想いになり,「良いセラピスト」という型にはめられ, A子さんの他の面を見たり, 考えたりすることが難しくなります。これが「逆転移」です。

セラピストがこれに気付かないと, 心理療法過程においても, A子さんのこれまでの人生の繰り返しになり, 話すこと, あるいは来談すること自体が大変な苦痛になっていきます。ここで, セラピストは「ここでも, 一生懸命自分のことを語ろうとして,（物分かりの）良いクライエントでいようとしているのではないですか？」といった, 転移解釈という技法を用います。すると,「良い子にしていないと見捨てられるのではないかと不安」「こういったやり方以外に人との関わり方が分からない」といった幼少期から感じていた思いが語られるようになります。そういったやり取りをしばらく繰り返しながら, 症状は徐々に減少していくといったプロセスが精神分析的な心理療法であると言えます。

3　フロイト以降の精神分析理論

フロイトが築いた精神分析の概念を土台に, 現在では, 様々な精神分析学派に分化し, 様々な対象に対しても実践可能な技法になってきています。ここでは, フロイト以後の精神分析の発展に寄与したと思われる主要な概念や方法論について見ていきましょう。本書は, 児童・青年期のこころを精神力動的に理解することを目的としていますので, 児童・青年期に対する精神分析に多大な影響を与えているクライン派の概念が中心になることをお断りしておきます。

（1）内的対象

「内的対象」という概念は, 子どもの精神分析を創始したメラニー・クラインの, 非常に重要な発見です。まずこの概念について, ここでは詳しく見ていきましょう。

人間は, 同じ出来事や相手（人物）でも人によって捉え方（認知）が異なる

のは，周知の事実かと思います。たとえばある小学生の兄弟に「お母さんってどんな人？」と聞いてみると，お兄ちゃんの方からは「優しい」と返ってくるのに，弟からは「よく怒って怖い」と返ってくることがあるかもしれません。同じお母さんであるにもかかわらず，です。このことからも，人間は人それぞれの捉え方で外側の出来事や人物を見ていると言えます。この背景にある，こころの中に住んでいる人の像（イメージ）が「内的対象」と言ったら分かりやすいでしょうか。「内的対象」は，必ずしも実際の外界の人物を反映していませんが，外側の対象（これを外的対象と言います）からの影響を受けた結果，形作られていくもの，つまりこれまで体験した（出会った）外的対象の総体であると言えるでしょう。そして，「内的対象」は乳幼児期から徐々に形作られ，一人ひとり異なる人のイメージをこころの中にもちながら生活をしているのです。つまり，この「内的対象」を基盤に人は人と関わるので，様々な人間関係が生じてくるわけです。

① 内的対象の例

　子どもの人との関係を想像してみると分かりやすいかもしれません。たとえば，小学校1年生の男の子が家でコップを床に落として割ってしまうという状況があったとします。タロウ君の場合は，お母さんから「まあ，大丈夫？　ケガはない？　ビックリしたね」と応答してもらいました。タクヤ君の場合は「もうあんたは，いつもいつもそんなに壊して。どれだけお金がかかると思ってるの！」と怒られてしまいました。ヒロシ君の場合はお母さんの帰りが遅く，いつも1人で過ごしていて，そんな状況の中で同じようにコップを割ってしまいました。このような対応を周りから繰り返しされることによって，その子の中の「内的対象」は築かれていきます。この「内的対象」が心理療法の場面ではセラピストに「転移」されるわけです。

　さて，上記の子どもたちは，どのような「内的対象」が形成されるでしょうか。タロウ君の場合は，「困ったときには心配してくれるし，少しぐらいの気持ちの動揺なら，何とかしてくれる」といった「内的対象」が形成されやすい

かもしれません。タクヤ君の場合は、「どうせ失敗したら怒られるだけだし、僕の気持ちなんか分かってくれないし、何もしたくない」「〇〇君も同じように失敗してるのに。何で僕ばっかり」と、友好的な「内的対象」は形作られず、引っ込み思案になったり、「〇〇君、しっかりしなよ」と、お母さんと同じように友達にもきつく当たったりするようになるかもしれません。ヒロシ君の場合は、そもそもその状況に誰もいない（対象の不在）ので、すべて自分で何とかしないといけないという想いにとらわれるかもしれず、割ったことを隠したり、本を読んで現実の情報が何も入ってこないようにしたり、その場でクルクル回って、何も感じないようにしたりするかもしれませんね。

また、狭義の意味での「内的対象」は、特定の「内的対象」を指すこともあります。たとえば小学校の先生に「校長先生といえば、どんな人を想像しますか？」と聞いてみましょう。これはつまり「校長内的対象」であり、今まで出会ってきた「校長先生」の総体が表されたものと言えるでしょう。B先生からは「私のことを気にかけてくれる、やさしい上司」と返ってくるかもしれません。しかし、C先生からは、「私に注意ばかりする、管理ばかりしてくる、息苦しい上司」、D先生からは「教育委員会や対外的なことばかり気にしていて、私のことには無関心な上司」といったネガティブな像が返ってくるかもしれません。これは、ひとえにその先生が小学生以来「どのような校長先生を体験してきたか」によるところが大きいように思います。

② 内的対象を把握する方法

そして、心理療法にやってくる人たちは、「内的対象」との関係がおもわしくない人たちがほとんどですから、そのような「内的対象」を「転移」の中でセラピストに見てくるわけです。精神分析のような力動的な心理療法を行う場合には、陰性感情を引き受けるのは不可避であり、知識や理論、そして経験が十分でない場合には、クライエントの陰性感情をまともに受けて（つまり、「転移」として捉えられず）、セラピスト自身のメンタルヘルスにも危険が及びます。こころの専門家が職業上の理由から「こころを病む」ことは、もっとも避けな

ければならない事態です。しかし，クライエントの「内的対象」を通じて私は見られているのだという理解があれば，クライエントの陰性感情や，情緒の激しさ，不安定さに巻き込まれすぎることなく，クライエントを理解する手助けになるように思われます。

　クラインは「内的対象」を理解するための子どもの精神分析の技法として，いくつか着目点をあげています。1つは，人形遊びやごっこ遊び，描画（絵），学校での出来事の話などに出てくる人物イメージに注目する方法です。つまり上記においてどのような描かれ方や語られ方をするかに着目するのです。もう1つは，セラピストへの関わり方や態度に注目する方法です。ここにセラピストが中立的な態度でいることの意味があります。先ほども見たように，精神分析（的心理療法）においては，原則，セラピスト側の自己開示（プライベートな情報を明かしたりすること）はしません。フロイトはセラピストが「空白のスクリーン」になる必要性を唱えました。「中立的」でいることによって，クライエントの「内的対象」を向けられやすい（「転移」されやすい）と考えられます。まずは，この「転移」された「内的対象」を理解することが重要なのです。そして，精神分析（的心理療法）の大きな目標は，この「内的対象」の「新陳代謝（おもわしくない対象から，自分のことに関心を示してくれていると感じられるより良い対象への変化）」にあると言えます。一定して，あるいは一貫して関心を示してくれるセラピストがいる，つまりそのような「内的対象」がクライエントのこころの中に根付くことによって，こころが成長したり，落ち着いたりするという考え方ですね。

③　観察とトレーニングの重要性

　したがって，精神分析（的心理療法）では，クライエントの観察が根幹を成します。乳児観察というトレーニングがあるのもそのためです。乳児観察とは，精神分析家のビック（Bick, 1964）が，子どもの心理療法家の訓練の一環として確立したものです。観察者は，ある家庭に訪問して1人の乳児を生後まもなくから2歳まで週1回1時間程度観察させてもらい，そのつど記憶を頼りに1

時間の観察記録を作成します。観察者は原則として観察に徹することが求められます。同時に4，5名の訓練生と上級者であるスーパーバイザーからなる週1回の観察セミナーに参加し，観察事例のディスカッションを繰り返していきます。その目的は，訓練生が乳児の心身の発達や，親子関係，乳児とその周囲の様々な事象（人，モノを含む）との関係を観察し，その無意識的空想を体験することにあります。つまり，十分に言語を話すことができない乳児の「内的対象」を，非言語的な部分から把握しようとする試みがそこには含まれています。クライエントの様子をしっかりと見守り，クライエントとセラピストとの間に起こっていることを必死で捉えようとする心理療法の基盤を成すためのトレーニングというわけですね。

そして，現場で子どもたちと関わっている保育士や教師などは，子どもから向けられる陰性感情に辟易させられることも多く，ひどい場合には休職や離職につながることもあるように思います。そんな中で「内的対象」という視点をもっておくことは，子どもを理解し，援助したり教育したりすることに寄与するのではないでしょうか。Mr. Children の「週末のコンフィデンスソング」（2008）という楽曲の中に「今僕らの目の前で起こってることを楽観も悲観もなく，ちゃんと捕まえ」るという1フレーズがあります。これはまさに転移状況を捉え，精神分析的心理療法に臨んでいくこととして理解できるフレーズであり，よく勇気付けられています。

（2）子どもの精神分析的心理療法

フロイトの精神分析を子どもにも適用しようとした人物にメラニー・クラインがいます。彼女は，子どもの「遊び」を通じて，無意識や子どものこころを理解しようと試みて，体系化しました。ここでは，もっとも深く子どもの空想と関わることのできる技法であると思われるメラニー・クライン（Klein, 1932）の「児童分析」を中心に，児童期の心理療法について概観していこうと思います。

児童期の心理療法は，フロイトの娘であるアンナ・フロイトとメラニー・ク

表 2-1　メラニー・クラインとアンナ・フロイトとの論争の論点

	メラニー・クライン	アンナ・フロイト
導　入	治療開始時から積極的に不安の解釈を行う	治療同盟（良い関係）の構築が優先される
技　法	解釈を通じた遊びの理解によって自由連想は可能であり，解釈によって治療への動機づけが強化される	自由連想を子どもに導入することは難しく，教育的なアプローチと環境への働きかけが重要
転　移	両親の影響は認めつつ，心的現実からの転移は生じ得る	親の強い現実的な影響により転移は起こりにくい

ラインとの論争（1941〜1945）によって，飛躍的に発展したと考えられています（父親のジグムンド・フロイトはそのままフロイトと表記し，娘をアンナ・フロイトと表記します）。子どものこころを理解するうえでの 2 人の争点は以下のような点にありました（表 2-1）。

　メラニー・クラインは，乳児が生後間もなくから「投影（projection）」と「取り入れ（introjection）」を繰り返していることに着目しました。つまり，自他の分離性がすでに存在しており，「内的対象」との交流がなされていると仮定したのです。そのため，子どもは遊びを通じて，「内的対象」との関係，すなわち心的現実を表現することができ，これは，大人の「自由連想」と同等の含みがあると主張しました。したがって，遊びを通じて十分に「転移」は生じ得るし，それを解釈行為によって子どもに返していくことで，子どもの不安は減じ，子どもの理解は深まっていくと考えたのです。換言すれば，子どもの遊びは不安や苦しみを伝える手段でもあります。一方で，アンナ・フロイトは，子どもに対して解釈行為を中心とした分析的な関わりをするよりも，両親をはじめとする養育環境にはたらきかけ，子どもとより良い関係を構築することが大事であると主張しました。「転移」に関しても，親が現実的に強い影響力をもっているため起こり難いと考えていました。現代では，双方が歩み寄りを見せ，クライン派においても環境要因を考慮するようになっています。

　また，メラニー・クラインの大きな仕事として，フロイトの死の本能論を拡張させたことがあげられます。乳児には自分が「バラバラになっていく」と感じられるような「破滅不安」が予め備わっており，そのような破壊性を投影し，

排出を絶えず行うことで,対処を試みているとしました。実際,臨床場面においては,おもちゃを落としたり,壊したりする遊びを通じてその空想は表現されることが多いように思われます。

① 潜伏期の精神分析的心理療法

とは言え,「潜伏期」の子どもはその年齢に特徴的である強力な抑圧傾向と相まって,「非常に限定された空想的な生活を営む」とも,メラニー・クライン(Klein, 1932)は記述しています。カナム(Canham, 2002)は,彼らが両親に挑戦する傾向はほとんどないことを指摘しており,その時期には「完璧な」両親像をこころの中に,つまり「内的対象」としてもっていることに伴う安心感を希求しているからだと言います。またエドワーズ(Edwards, 1999)は,児童期の発達課題が,達成されるような発達段階ではなく,発達上必要な時期的特徴であり,生涯を通じて立ち戻れるようなこころの状態であると述べています。つまり,「潜伏期」に抱かれる空想は,生涯にわたってこころの安定を図るうえでも重要な役割を担っているとも考えられそうです。

したがって,この時期の空想は,安定した「内的対象」が得られないことへの対処,あるいは子どもであるがゆえの依存的存在かつ無力な存在という状況への対処でもあるようにも思われます。この時期に,外側に悪を具体的な形で創造し「やっつける」というヒーローがもてはやされる所以でもありそうですね。この「良い対象」と「悪い対象」を分ける「分裂機制」は,単なる防衛に留まらず,生涯にわたってこころにもち続ける必要な機制のうちの1つであります(Alvarez, 1989)。つまり,「良い内的対象」を基盤にして,現実の「良い対象」に出会い,安定した関係や成長できる関係を築いていくことができるという考え方ですね。

② 子どもの精神分析的心理療法と時間や部屋の設定

子どもの遊戯療法というと,大きな部屋でセラピストと子どもが身体を目いっぱい使って元気に遊ぶといったイメージが先行しているかもしれませんが,

クラインが考案した「児童分析」の技法は，それとは大きくかけ離れています。

　心理療法を行う部屋（プレイルーム）は6畳から8畳ほどの部屋で，設備は質素なものが望ましいとされています。部屋に置かれるものとしては，セラピスト用の椅子や子ども用の椅子，机，水道などです。子どものためのおもちゃは，家族で構成される人形や，描写用の色鉛筆，折り紙，画用紙等であり，ボードゲーム等のゲーム類は含まれません。ボールなどの身体を使うおもちゃも最小限に留めます。子どもには，自分のためのおもちゃ箱が用意されており，その中に子どもが制作した作品を保管し，部屋の外へもち出すことはできません。

　心理療法は，毎回同じ時間，同じ部屋で行われます。子どもが何らかの事情で心理療法を休むことになっても，その代わりの日程は設けません。あらかじめ祝日など面接が行われない日が明らかな場合は，少なくとも1か月前から予告することが望ましいとされます。心理療法中，セラピストは子どもと一緒に遊ばず，定められた位置から観察することが求められます。それは，子どもの情緒について，子ども自身とセラピストが想いや考えを巡らせる場であり，また子どもとセラピストとの関係を考えていく場でもあるためです。

（3）コンテイナー－コンテインド

　メラニー・クラインが提唱した「投影」と「取り入れ」の考え方を，より洗練させた精神分析家にビオン（Bion, 1962）がいます。彼は，「コンテイナー－コンテインド（container-contained）」モデルを考案しました。container を♀，contained を♂と記号化もしています（以下，♀♂）。彼はこのモデルで早期における母（養育者）子の関係，およびその関係が心的な発達に与える影響に言及しています（図2-4）。このモデルは，クラインが「分裂機制についての覚書」（1946）の中ではじめて記述した「投影同一化」を発展させたものとも考えられます。

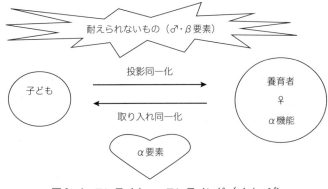

図 2-4　コンテイナー - コンテインド（イメージ）

① 投影同一化

メラニー・クラインによると，乳児の空想における攻撃として，排泄物とともに自我の分裂排除した部分（自己の悪い部分）は母親（養育者）の中へと「投影」され，母親（養育者）がそれらを包含する限りにおいては，母親（養育者）は分離した個人とは感じられず，むしろ悪い自己そのものであると感じられると言います。これによってある特定の同一化がもたらされる一方で，攻撃的な対象関係の雛形が確立されます。「これらの過程に対して，「投影同一化」という用語をもちいることを提案する」（Klein, 1946）と記述しています。彼女の視点からは，受け手，つまり母親（養育者）側からの応答性の視点はまだ十分にありませんでした。したがって，メラニー・クラインの理論では，図 2-4 における上の右向きの矢印に強調点があったと考えられます。

それを補完する形で，ビオンは♀としての母親（養育者）を想定しているのです。青柳（1997）は，「受け手を考慮に入れることで，投影による同一化の持つ意味は幼児―受け手の関係性で決定されるという帰結が導かれる」と述べています。母子の関係性，コミュニケーションという角度から具体的な場面を抽出してみると，仮に乳児がお腹をすかせて泣いているとき，まず乳児は♀を探そうとするでしょう。この空腹にもとづく不快感は，死の本能にもとづく，乳児にとってわけの分からない，バラバラになってしまうと感じられるような

「思考や心にとって未消化なもの」(青柳, 1997) で, ビオンはこれを「β (ベータ) 要素」と名付けています。そのような状況下で, 環境が許す限りにおいて, 乳児は「投影同一化」を用いて「β要素」を母親 (養育者) のこころの中に湧き上がらせます。それに対し, ♀としての母親 (養育者) が, 乳児の気持ちを適切に汲み, 声かけをしながら, 授乳を行うことで, 乳児は, 「わけの分からない」「耐えられないもの」が緩和され, 栄養を摂取することができるのです。この栄養には身体的な栄養だけではなく, 「関心」という情緒的なこころの栄養も含まれていることは, 第1章の「口唇期」理論のところで見た通りです。この♀の機能をビオンは, 「コンテインメント」や「夢想 (reverie)」あるいは「α機能」と呼んでいます。この過程の繰り返しが心的な発達をもたらし, 「良い対象」の経験として「内在化」されていくと考えられています。

このモデルにおける心的な発達には♀♂の関係性を含めて3つの側面が見て取れます。もう1つは♀となる母親の要因です。乳児がお腹をすかせているとき, 母親はつねに上記のような応答ができるわけではありませんよね。うまく空腹を感じ取れないかもしれないし, 母親の方がイライラしてくるかもしれない, あるいは不在かもしれません。つまり, 母親 (養育者) はつねに適切な応答ができるときばかりでないのは当然でしょう。

② 良い乳房－悪い乳房

このような状況をもう1つの側面, ♂となる乳児の要因から見てみるとどうでしょうか。乳児は母親が不在のとき, 「乳房がない」ではなく, 「悪い乳房」として体験しているとクラインは考えました。この「悪い乳房」を自分の外へ追いやろうとして, 「悪い乳房」への攻撃性を高めていくという理論です。同時に, 「良い乳房」と乳児が認識している際でも, 乳児は自分がもっていないものがそこにはあるという「羨望」から, 破壊衝動を高めていくとも考えたのです。こうした過程を経て, 「良い乳房」としての体験が「悪い乳房」としての体験を上回ることで, 乳児に, 後者の体験に対する耐性が構築され, 同一の

「乳房」であることを知るようになります。そこに,「抑うつ」が生じてきます。すなわち, これまで徹底的に攻撃, 破壊していた乳房(「悪い乳房」)が, 実は「良い乳房」でもあったと気付くことにより, 乳房(対象)は傷ついてしまったのではないか, 死んでしまったのではないかという, 自責感や罪業感, 抑うつ的なこころの痛みに直面することになります。そしてこの痛みは,「良い乳房」がもはやないのではないかといった寂しさや孤独感, 絶望感,「良い乳房」への憧憬, 悲哀などをもたらし, その結果, 償いや, 修復をしようと試みる様子をクラインは描写しました。それが「思いやりの能力」(Winnicott, 1984)につながっていくのです。

③ 妄想分裂ポジションと抑うつポジション

上記の「良い対象」と「悪い対象」が別々に「分裂して」存在している段階をクラインは「妄想分裂ポジション」として概念化しました。一方で,「良い乳房」も「悪い乳房」も実は同じ1人の「乳房」であったと気付く, つまり「乳房」という対象が「統合」されることにより生じる, 抑うつ的なこころの痛みを感じられる段階を「抑うつポジション」としました。この考えのオリジナルな点は, 一度「抑うつポジション」に到達したとしても, こころの状態によって, 人間は誰しも「妄想分裂ポジション」に戻り得ることを示唆したところにあるように思います。たとえば, 普段決まった時間に連絡してくれるパートナーが, その日に限っていつまでも連絡がない場合などは,「何かよからぬことがあったんじゃないか」といった「妄想」を抱くことは往々にして起こり得ることだと思います。しかし, 冷静に考えてみると「そういえば, 今日は仕事で遅くなるって以前言ってたな」と気付くこともできるかもしれません。前者が「妄想分裂ポジション」, 後者が「抑うつポジション」ですね。

また,「妄想分裂ポジション」における「分裂」の考え方は, 様々な対人関係の場面でも援用することができます。たとえば, 学校場面でも,「E先生は, 優しくて何でも聴いてくれる良い先生」, 一方「F先生は, 怖くて, 自分のためには何もしてくれない悪い先生」というふうに子どもは先生を「分裂」させ

て見ることもよくあるかと思います。そして、この子どもの見方に巻き込まれて、「E先生」と「F先生」の仲が悪くなるなどということも起こり得ることです。しかし、完全な人間はいませんし、ここで「この子は、E先生の悪い部分を見ることができないから、それをF先生に見ているんだな」という「分裂」の考えを導入することができれば、必要以上に教師間で対立することもなくなるように思います。

ちなみに、以下の項で見ていく「コンテインメント」と類似した概念である「ホールディング」を提唱した精神分析家にウィニコット（Winnicott, D. W.）がいます。彼は、メラニー・クラインとは異なり、母親と乳児は、生後間もなくは、母親の原初的没頭や母子ユニットという母子一体状況を想定していました。つまり、図2-4における間の矢印が存在しない状況ですね。

（4）ホールディング

続いて、ビオンが提唱した「コンテインメント」の類似概念である、ウィニコットの「ホールディング（holding）」にも目を向けたいと思います。この概念は、子どもを取り巻く環境を強調しているところに特徴があるように思われます。

北山（1985）によると、ホールド（hold）には①「制御、維持、固定」、②「所持、包容、収容」、③「耐久、持続、忍耐」といった意味があり、ウィニコットはこれらすべての意味を生かして母親（養育者）による「ホールディング」が自己の生成と統合を支える基盤になると考えていると言います。また、「コンテインメント」は「収容された物」、ホールドは「収容力」に力点を置いているとも言っています。くわえて、「ホールディング」は、より具体的な場面、すなわち母親（養育者）が乳児を「抱っこ」しているところを想像しやすく、より身体的物理的な面が強調されていると言えそうです。そして、「コンテインメント」よりも、積極的なはたらきかけがある能動的な概念のように感じられます。

また、「ホールディング」概念の特徴として、連続性が強調されていること

があげられます。ウィニコット（Winnicott, 1962）は，「ホールディング」について，「時間的要因が漸次加わってくる三次元または空間的関係のことをいっている」と記述しています。北山（1985）も「赤ん坊の生活のなかでは授乳や「抱っこ」は瞬間的な体験であるが，「抱えられること」は連続する事実である」と述べています。それは，母親（養育者）から受ける育児の連続性とともに，自己存在の連続性の形成をも示唆しているのです。ウィニコット（Winnicott, 1971）は「環境からの供給の連続性によってのみ，人生の線上に連続性がもてるようになり，予知できないものに反応し，永久に再出発するパターンをもたずにすむ」と言います。そして「精神が身体に住みつくには，頼りにする母親の育児が続いていることにもとづくか，次第にそのように知覚されはじめた育児の記憶が幼児のなかに形づくられることにもとづく必要がある」と述べています。この点を考慮すると，広く日本語に訳されている「抱えること」よりは，「抱えていること」のほうが，より「ホールディング」の訳にはふさわしいように思われますね。さらに，ウィニコット（Winnicott, 1962）が述べるには，「育児が適切でないと存在の連続性を欠くために，幼児は真の意味での存在とならない。その代わり，環境からの侵害に対する反応に根ざした人格をつくりあげる」と言います。これは，「偽りの自己」として，概念化されてもいます。「コンテインメント」と「ホールディング」は「身体的に抱えること」と，「心理的に抱えること」とを互恵する概念と言えそうですね。

4　集団の無意識的理解

　児童・青年期は学校などの集団に属している時期でもあります。したがって，この章の最後に，集団力動についての概念を見ていきましょう。精神分析的な視点から，集団に対する体系的な理解を提示したのはビオン（Bion, 1961）が最初でしょう。彼の着想をここでは見ていきましょう。

（1）ワークグループ

「ワークグループ（Work Group；以下 WG）」とは，集団内の成員が課題に向かって協働しながら遂行や達成を目指している集団の状態を指します。課題の遂行には大なり小なりの欲求不満が伴いますが，それに耐えながら現実的に課題に向かうことで集団として発達していくとビオンは考えました。

精神分析的に言うと，「現実原則」に則って活動している集団と言えるでしょう。

（2）基底的想定

一方，目的達成のための WG になれない集団の対処法を「基底的想定グループ（basic assumption Group；以下 baG）」と名付けました。何らかの理由で課題に向かうことが妨げられた場合，集団には原始的な情緒が蠢きはじめ，そういった情緒への防衛として基底的想定が無意識的に発動するといった考え方です。彼はそれを以下の３種類に分類しました。すなわち，「依存基底的想定（basic assumption of Dependency；以下 baD）」，「闘争―逃避基底的想定（basic assumption of Fight-Flight；以下 baF）」および「つがい基底的想定（basic assumption of Pairing；以下 baP）」です。さらにビオン（Bion, 1970）は，グループと成員は「コンテイナー－コンテインド」関係にあり，その関係を「共生（symbiotic）」「共在（commensal）」「寄生（parasitic）」のいずれかに当てはまると考えました。それぞれの基底的想定および，「コンテイナー－コンテインド」関係についてはハフシ・メッド（2004）を参照し，以下にまとめます。

baD におけるグループの共有幻想は，グループが未熟で，他者の援助や指示がなければ何もできない，そしてリーダーが全知全能であることを信じることにあります。成員はグループやリーダーから様々な援助（物質的，精神的，治療的，教育的）を提供されたり，保護されたりするために集まったかのように（as-if）振る舞います。背景にはグループの無力感や低い自己評価，消極性，モチベーションの低下などの抑うつ的な心的状態があり，リーダーを理想化し，

貪欲に頼っていきます。そして，グループからリーダーへの羨望や貪欲さの投影によって，グループはリーダーを羨望に満ちた悪い，貪欲な対象あるいは「マイナス・コンテイナー」として体験するようになります。結果，このようなニーズにリーダーが満足に応じられなくなると，すぐに過小評価されるようになり，変更を余儀なくされるのです。リーダーに対して決して満足することはないので，次々にリーダーを探し求め，同じ状態を保とうとする「経験から学ぶ」ことのない集団であり続けてしまいます。たとえば，カリスマ的なリーダーや教祖がいて，その集団の成員は，リーダーや教祖の言動に疑いをもたず，盲信している状況がこれに該当するでしょう。1995年に「地下鉄サリン事件」を起こしたオウム真理教などは，このようなグループ心性になっていたのかもしれません。

続いて，baFにおけるグループの特徴的な幻想は，グループの内部あるいは外部に何らかの「恐るべき望ましくない対象」または「敵」が存在するので，その敵と闘う（闘争）か，逃げるか（逃走）しかないという信念です。その結果，グループは大半のエネルギーを「幻想的な敵」と闘うことに費やしてしまいます。そして，グループは成員の誰かを犠牲にすることで，その他の個々人を守ろうとします。さらに，baFのときのグループは「弱さ」を軽視するだけではなく，それに耐えられないので，グループ内にいる何らかの「弱さ」を感じさせるメンバーは，グループの憎しみと怒りの的になります。つまり，「スケープゴート」ですね。

baPは，2人のメンバーの関係，それに対するグループの幻想とその結果であるグループの態度と風土に関するものです。グループでは2人の成員が中心的な存在として発生し，その「つがい」の任務は，「救世主」を創造することにあります。また，「つがい」以外の成員の特徴は，未来への強い関心，希望と期待，親しみ，過度な幸福感，楽観主義に満ちた雰囲気といったものがあげられます。さらに，baPの活動の目的は，その希望の実現ではなく，それをもち続けることにあります。したがって，希望の実現は希望の喪失とみなされるので，決して満たされてはならないのです。万が一満たされてしまえば，

グループを不安や恐怖から救うことはできないという痛ましい事実にグループは直面し，解体へと向かっていくこととなります。

さらに，集団における「コンテイナー－コンテインド」関係についても概観していこうと思います。「共生（symbiotic）的関係」は，一方がもう一方に依存して両方に利益をもたらす関係として理解されます。「共在（commensal）的関係」は，2つの対象が第3の対象と協働しあって，その三者すべてに利益をもたらす理想的な関係として捉えることができます。グループがWGとして没頭しているときのみに観察され得る状態です。一方，「寄生（parasitic）的関係」は，一方がもう一方に依存して第3の対象を生み出し，その三者すべてにとって破壊的なものとなってしまうような関係を意味しています。このような関係を引き起こす要因としては，不完全な「コンテイナー（マイナスコンテイナー）」と，「コンテインド」の欲求不満耐性の欠如があげられています。ハフシ・メッド（2004）が示すように，「寄生的関係」は「何かを吸い取って，そして感情的関与を回避」することを希求しているのです。すなわち，「羨望」が支配的で，お互いを破壊しあう関係であると言えます。

概念だけでは，理解が難しく感じられるところもあるように思うので，第7章では湊かなえの小説『告白』を用い，そのクラスの状況や変化に沿って，思春期のクラスで何が起こるのかを考え，ビオンの集団概念の定着を図りたいと思います。

（3）規　則

学校現場には，集団生活を送るうえでの様々な「規則」があります。大学生になると，だいぶ規則は減少してくると思いますが，義務教育の間，あるいは高校卒業までは，様々な規則にがんじがらめにされて，窮屈な思いをしてきた人も多いのではないでしょうか。では，そもそも何のために規則はあるのでしょうか。みなさんの中にも，たとえば中学校で「スカートの丈はひざ下〇〇cm」などといった校則があって，反抗したくなったりした人もいるかもしれません。要は，集団を機能させるものであったり，人格を形成するためのもの

であり，生きる妨げにならなければ，必ずしも合理的である必要はないということになります。ただし，子どもにとって，それが安心感をもたらすことも忘れてはいけません。たとえば，自分が所属する部活のユニフォームを纏うことで，そのメンバーなんだという帰属意識や，仲間意識がもたらされることが重要というわけですね。

　一方で，問題を抱える集団の規則は，集団が予期せぬか，扱いにくい感情表現を避ける方法の1つとして利用されている面があります。ひるがえって，規則ばかりが増える集団は，何か本質的に扱わなければならない，しかし扱いあぐねている情緒が集団の深層で蠢いている可能性が示唆されます。

（4）原子価

　ビオン（Bion, 1961）は，集団の中で望まずとも個人が進んである特定の役割を果たすか，集団の一部となる傾向のことを「原子価（Valency）」と名付けました。集団内で誰でも担う意識的・無意識的な役割のことです。みなさんもある集団の中にいると「自分らしくない」と思えたり，まったく意図しない行動をしたりする自分がいることが体験的に分かるのではないでしょうか。たとえば，「あのグループの中にいると，どうもお調子者の役回りをしてしまうなあ。普段はそんなことないのに」といった経験をもつ人もいるかもしれません。原子はもともと化学の用語であり，原子が他の原子と結合して新たな物質ができるように，人間関係においても，他者と結びつくことで新たな関係が生まれることをビオンは示唆しました。そして，集団に入ると「即座に他者と結合する能力」である「原子価」が活性化し，その中である役割を引き受けることになることを指摘しました。

*

　以上のように第2章では，フロイトから現代までの精神分析における概念を見てきました。フロイトが個人のこころの内側の揺れ動きや状態を理論化しようと試み，後の精神分析家たちがそれを発展させてきた様子が伝わったでしょ

うか。さらにビオンは，集団でも個人のこころの状態と同じような揺れ動きが起きることを示唆していますね。中には難しく感じられる用語もあったかもしれませんが，精神分析の概念は日常や臨床の中から生み出されてきたことを，みなさん自身の体験を通して本書を読むことで感じることができたのではないでしょうか。そして，個人や集団を援助するために，病院や学校などの現場に入っていく際には，こころは揺れ動くものであることを理解し，動的に捉えることで援助の幅も広がるように思います。

　さらにみなさんの理解を深めるために，第5章以降は小説・漫画・映画の作品を通じてこれらの概念を活用してみましょう。

第3章 学校にまつわる諸問題

　児童期は学校生活がはじまる時期です。第1章で紹介したように，フロイトはこの時期を「潜伏期」とし，エリクソンはこの時期の心理社会的課題を「勤勉性 対 劣等感」としました。努力して達成できるとさらなる「勤勉性」につながる一方，努力してもできなかったことは「劣等感」となります。人生の中では比較的落ち着いた時期であり，知識やスキルの獲得にエネルギーが使われます。その後の青年期の課題は「同一性　対　同一性の混乱・拡散」であり，疾風怒濤の時代へと突入します。

　そして，この児童・青年期において子どもたちはその生活の大半を学校で過ごすことになります。学校では知識やスキルの獲得だけではなく，対人関係も学び，その中では様々な情緒が蠢くことはみなさんも体験的に分かるのではないでしょうか。「学校」や「小学校時代」「中学校時代」という言葉を聞いただけでも，様々な気持ちが湧き上がってくる人もいるかもしれません。

　本章では，学校現場にまつわる不登校・いじめ・非行といった諸問題を，できるだけ情緒的，力動的な側面からも取り上げてみたいと思います。

1　不登校

　まずは，学校に行けない状態である不登校について見ていきましょう。一口に不登校と言っても様々な背景があり，こころの状態が学校に行けないことにつながっていると考えられます。

（1）定義と不登校の歴史

　文部科学省によると，不登校の定義は「年間30日以上欠席した児童生徒のうち，病気や経済的な理由を除き，何らかの心理的，情緒的，身体的，あるいは社会的要因・背景により，児童生徒が登校しないあるいはしたくともできない状況にある者」とされています。

　不登校という状態像については，1950年代からすでに報告がなされていましたが，その多くが経済的な理由（つまり，貧困によって働かなければならず学校に行けなかった）であり，現在の定義には当てはまらないようです。また，1950年代から70年代にかけては「学校恐怖症」，90年代前半までは「登校拒否」という用語が広く普及していました。それ以降，「拒否」という用語は現状にそぐわず，上述の定義のように「登校したくともできない」状態像としての不登校が定着しました。

（2）不登校の背景と対応

　不登校は「怠けによるもの」，つまり怠学とは一線を画すと言われています。では，どのような環境要因や心理的背景が不登校に影響を与えているのでしょうか。

① 地域や学校の環境

　岩田（2008）は，社会構造の視点から「ブルーカラーの集住している地区と不登校発生率の高い地区が重なっている」ことを指摘し，経済的な要因も不登校に影響を与えていることを示唆しています。しかし，第二次世界大戦後の社会情勢とは違い，貧困によって労働力として子どもが駆り出されることによる不登校とは異なります。岩田は，大学進学率の低い地域において勤勉に励んだところで，中学校や高校を卒業後安定的な労働の場が用意されていない社会の問題をあげています。その結果，登校する「意欲格差」がさらに生じ，「通学意欲」自体がなくなるため不登校が生じるのではないかと考察しています。

こういったケースの不登校は，進路や就職先を学校あるいは社会が保証することで改善の可能性があるように思われます。

② 分離不安

続いて，心理的な要因から見てみましょう。第1章で見たマーラーの「分離－個体化」理論や「安心感の輪」の理論を援用してみます。学校に登校するにあたっては，保護者や家族と「分離」しないといけませんよね。この分離ができるこころの状態になっていないため，保護者あるいは「家」から離れることができなくなっているという考え方です。子どものこころの中に安定した，あるいは一貫した保護者のイメージが形作られていない，つまり「対象恒常性」が維持されていないため，分離も困難であるということです。

また，「安心感の輪」で考えてみると，十分な安心感をアタッチメント対象から得られているとは感じられていないときに，「探索行動」に出られないという理解もできるかもしれません。ただ，これには，かなり個人差があり，たとえばきょうだい間で保護者が同じ寄り添い方をしていても，子どもにとって感じられる安心感は違うようです。したがって，このような分離不安のタイプの不登校の場合は，家族の中で，あるいはアタッチメント対象との間でいかに安心感を形成できるかがポイントになるかもしれません。ちなみに筆者は，これまでに仕事で忙しくしていた保護者が，不登校の子どもに寄り添うために仕事を辞めた途端に登校を再開した事例をいくつか目にしました。誤解がないようにしたいのは，保護者が仕事を辞めることが重要なのではなく，あくまでその結果子どもに寄り添う時間が増えて，子どもの安心感が満たされたことの影響として考える必要があるという点です。

一方で，子ども側の要因だけではなく，保護者の要因も考えられます。つまり，保護者の側がなんらかの理由（たとえば夫婦間の不仲によって）で，子どもが離れていくことをとても寂しく感じていて，引き留めてしまうケースなどがこれに該当します。言い方をかえると，子どもの自立は親の孤立となります。その結果，子どもが保護者から離れることに対する罪悪感を抱いて，分離が難

しくなったりします。この，子どもが抱く罪悪感を「セパレーションギルト」と言ったりもします。

　分離不安というと，小学校低学年くらいの子どもを想定すると思いますが，実は，思春期も同様のメカニズムで理解することができます。思春期は，「精神的に」保護者から離れ，自立して「個」を確立していく時期です。ブロス（Blos, 1967）は，思春期を「第2の分離−個体化期」であると主張しています。したがって，保護者からの「精神的な」自立に抵抗がある場合の不登校も，この分離不安からきていると言えるように思います。

③　家族関係

　不登校の背景には，分離不安に加え，母親の特徴としては，子どもへの過保護や過期待，「良いか悪いか」の二極思考，子どもが何かを自分で決定するまで待てないことなどがあげられてきました。同時に，拒否的で放任などの子どもとの結びつきが弱いタイプの母親の存在も指摘されています。また，父親の特徴としては，不在，受動的，父性の薄さ，父子関係の希薄さなどがあげられてきました。

　ここではさらに，第2章で見たビオンの集団力動に関する理解を，家族力動に援用してみましょう。手がかりは，集団内の成員が課題に向かって協働しながら遂行や達成を目指している集団である「ワークグループ」と，ワークグループになれない場合の集団内における無意識的な対処である「基底的想定グループ」という考え方です。

　板橋（2013）は，家族の中に不登校児が出た場合，すぐにでも登校を再開させることがその家族の至上命題となり，それと結託する「依存的基底的想定」は，「親が子どもに対し過保護・過干渉になり家族を親に依存させようとする」「親として自分はいかに無力なんだろう」という状態で現れると言います。また，「逃避的基底的想定」や「つがい基底的想定」は「抑圧」されるため，「子どもがだらだらすることに耐えられない」「夫婦なのに夫婦という感じがしない」という状況も生じやすいと言います。

一方,子ども側から見ると,不登校が「学校・友人・教師・社会・家庭など,様々な対象への不満や敵意の表現手段」となっています。また,この状況における学校への不満は,家族の問題に対して直面化することを避けるために行われているため,仮に学校の環境調整を行っても,別の不満として現れることも往々にして起こります。

家族内に変化が起きるためには,まず上述の結託に気付く必要があります。つまり「子どものためと思ってやってきたことが,本当に子どものためになっていたのだろうか」と,いったん立ち止まって考える必要があり,結果,家族関係や親自身の生き方を見直す機会にもなるのです。

④ 発達障害の影響

発達障害については次章で詳しく見ていきますが,障害の影響により学校環境に適応できなくなっているケースも考えられます。

以上から,不登校の対応にあたっては,まずその子どもが不登校という状況にいるのはどのような背景による影響が大きいのかを見立ててから,介入を行っていくことが必須であると言えますね。

2　いじめ

いじめは学校現場で大きな問題となっています。1995年に,「スクールカウンセラー活用調査研究委託事業」がはじめられ,学校現場に「こころの専門家」が導入されるきっかけになったのも,いじめによる自殺の問題が大きく影響しています。しかし,いじめの問題を根本的に解決することは非常に困難であり,今なおより良い対応策が求められています。

ここでは,いじめの定義や,どうしていじめが起きるのか,どのような構造になっているのか,集団力動的な観点からはどう理解することができるのか,そして,より良い対応策について見ていきましょう。

（1）定　義

　まずはその定義から見ていきましょう。1986年の文部省（当時）の定義では，「自分より弱いものに対して一方的に，身体的・心理的な攻撃を継続的に加え，相手が深刻な苦痛を感じているもの」で，「起こった場所は学校の内外を問わない」とされています。またこの当時の特徴として「学校としてその事実を確認しているもの」という文言もついています。その後1994年の改定では，その判断を「個々の行為がいじめに当たるか否かの判断を表面的・形式的に行うことなく，いじめられた児童生徒の立場に立って行うこと」という一文が加えられています。さらに，直近の2006年の定義では「当該児童生徒が，一定の人間関係のある者から，心理的，物理的な攻撃を受けたことにより，精神的な苦痛を感じているもの」に変更されました。

　具体的ないじめの形態としては，文部科学省が「冷やかし・からかい」「仲間はずれ・無視」「軽くたたく」「ひどくぶつ」「金品たかり」「金品を隠す・盗む」「嫌なこと・恥ずかしいこと・危険強要」「その他」に分類していました。さらに，時代を反映して「パソコン・携帯電話での中傷」「悪口」などが追加されています。いじめの件数についても「発生件数」から「認知件数」に変更されています。

　森田（2010）は，いじめの要素として，「力関係のアンバランスとその乱用」「被害者性の存在」「継続性ないし反復性」をあげています。次の「いじめの構造」で詳しく見ていきましょう。

（2）いじめの構造

　森田・清水（1994）は，いじめを4層構造で説明しようと試みました。そして，「教室全体が劇場であり，舞台と観客との反応によって進行する状況的ドラマ」であることにも言及しています。4層とはすなわち，「いじめられる生徒」と「いじめる生徒」，「観衆」「傍観者」の4層です。

　「いじめられる生徒」は，多くの場合1人のケースが多いと言われています。

一方,「いじめる生徒」は複数の場合が多いと言われています。また,以前,いじめられたことがあり,現在立場が逆転していることもよく見られ,集団力動の視点から理解することが重要な問題であるとも考えられます。ちなみに映画『問題のない私たち』は,中学校3年生の女子グループにおけるいじめの様子を取り扱った作品であり,「いじめる生徒」と「いじめられる生徒」およびその周辺生徒の構造がきわめて流動的であることが見事に描かれているように思います。

「観衆」とは,はやし立てたり,おもしろがって見ている子どもを指します。中心である加害者に「同調」・「追従」し,いじめを助長する立場と言えます。社会心理学の領域ですが,「同調」の影響力に関するある実験があります。「同調」とは,他者や集団からの圧力で,人の意見や行動が変わることであり,職場,学校,家庭内をはじめとするありとあらゆる社会集団の中で見られる現象です。

代表的な実験に,アッシュ（Asch, 1951）の「同調実験」があります。図3-1のような線を被験者に提示し,左の線と一緒の長さのものは,右の3本のうちどれかを答えてもらうという簡単な実験です。1人で回答を行う場合は,全員正解の2を答えられました。しかし,本当の被験者以外に,その場にさくら（わざと間違っている答えを言う人）を同席させ,間違った解答をさせると,被験者の正解率は約80％に低下してしまいます。つまり,さくらの「間違った答え」に影響され,一目瞭然の簡単な問題でも,自分が見ていることに疑いをもつ人が出てくるという現象です。さくらの人数が増えると,さらに被験者の正当率は下がってしまいます。学校集団の中でもこのような「同調圧力」が働き,「いじめは良くないこと」と感じていながらも,何もできず「同調」してしまう現象を裏付けている実験と言えます。

「傍観者」とは,見て見ぬふりをする子どものことです。人がいじめられているのを無視することは,いじめに直接的に荷担することではありませんが,加害者側には暗黙の了解と解釈され,結果的にはいじめを促進する可能性があります。つまり「傍観者」は加害者に対して「暗黙的支持」というはたらきを

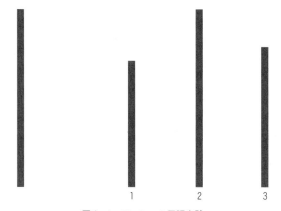

図3-1　アッシュの同調実験
出所：Asch, 1951 より作成

担っていると言えます。斉藤（2000）は，「傍観者が加害者に対して同調意識を持ち，加害者に同調して行動することによって，いじめへの歯止め（反作用）が消失してしまう」と指摘していますが，ひるがえって「傍観者」へのはたらきかけによって，いじめの状況が改善される可能性も担っているように思われます。

さらに，サルミヴァッリら（Salmivalli et al., 1996）は，いじめが発生している状況で，渦中にいる生徒が担う役割として，6種類を想定しました。すなわち，いじめを先導する「首謀者」と，いじめに加担する「追随者」，いじめを煽る「強化者」，被害者を助ける「擁護者」，見て見ぬふりをする「傍観者」，そして，「被害者本人」です。また，女子の方が「擁護者」や「傍観者」になりやすいことにも触れています。

（3）いじめの対応

さて，次に非常に困難だとされるいじめの対応について見ていきます。ここからは少々触れられたくない，目を背けたくなるような話も含まれてくるように思います。対応としては，いじめている子どもやいじめられている子どものケア，あるいは，その周りにいる子どもへのケアがあげられます。それぞれの

子どもたちの立場と学校との関係を分けて考えてみましょう。

　いじめの事案があがってきた場合も，学校は簡単にいじめの存在を認めようとはしていないケースは往々にして見られるように思います。メディアを通じた記者会見でも，「いじめという認識はなかった」といった発言が管理職からよく見聞きされます。そして，いじめとして認識された場合，まずはいじめられている子どもといじめに加担している子どもとに分けて学校側が対応することが多いように思います。そして，実際のところ，いじめられている子どもに対処するほうが，いじめる子どもに対処するよりも行動を起こしやすいようにも思われます。たとえば，「我慢しなさい」「無視しなさい」といった対応が考えられますね。しかし，これでは状況は改善しませんし，さらに，傷ついている子どもの感情は扱われないままです。

　改善されない状況が続くと，いじめられている子どもの保護者と，学校との関係の問題に波及してきます。学校側としては事を荒立てたくないため，「適切な対処をした」で話を終わらせることもあるように思います。ひどい場合には，「あなたの子どもに問題がある」と，学校側は責任を家族に転嫁しはじめたりもします。この状況を少し俯瞰してみると，いじめられている子どもと，いじめている子どもの間で生じているような関係が，学校と保護者の間で生じはじめると言えそうです。つまり，「いじめられるほうが悪い」という関係性が，学校-保護者関係に「転移」していると考えられそうです。したがって，「いじめられている子ども」だけを取り上げて対応しようとしても，何も解決しないケースが多いと言えるかもしれません。もう少しいじめを取り巻く全体状況や，集団力動を把握する必要がありそうです。

　では続いて，いじめている側の子どもの気持ちはどのようなものでしょうか。いじめている側の子どもは，実のところ困っていて，援助を求めているのかもしれません。「いじめはこころの悲鳴」という理解もできるかもしれません。たとえば，「勉強が分からなくて困っていて，いじめで発散」している，大人からストレスをかけられており自分よりも弱そうだと感じられる子どもに対して同じような体験を押し付けた結果，いじめになるといった視点も場合によっ

（4）いじめの精神力動的理解

では，第1章，第2章をふまえて，より精神力動的にいじめの問題について考えてみましょう。ここでは，心理社会的発達課題や，「投影同一化」「エディプス」といった視点を導入してみたいと思います。

① 心理社会的発達課題からのいじめ理解

いじめに関しては年齢によってもその性質が異なる可能性が示唆されています。特に小学校高学年で増えはじめるいじめの特徴について，精神発達的な視点から見てみましょう。

エリクソンの発達段階説で見たように，児童期の心理社会的課題は「勤勉性」の獲得にあります。言い方をかえると，「まじめ」で「良い子」であることが求められる側面があるように思います。そのような振る舞いを身につけることで，養育者や教師をはじめとする大人の保護や関心，ケアを得られると言えます。そして自分自身も努力した結果，「できた」という達成感を得ることができます。そのような循環の中で児童期の子どもは成長していきます。

一方，思春期のテーマは「アイデンティティの獲得」です。大人との強い信頼関係の中で成長していく児童期とは異なり，思春期はいったん大人と距離を置いて，関係を再構築していくというこころの作業にも取り組む時期です。その結果が大人への疑念や反抗という形で現れたりします。

小学校高学年は思春期の入口であり，同じ学年の中でも，身体的発達同様，心理社会的発達に関してもかなり個人差が見られます。児童期的な振る舞いを続ける子どももいれば，思春期に差し掛かって，斜に構え，少し大人に反抗をしはじめたりする子どももでてきます。したがって，思春期の課題に取り組みはじめた子どもからすると，いつまでも「良い子」でいる同級生に腹が立ち，そういった思いがいじめという形になって現れてしまうと考えることができるでしょう。

② いじめと投影同一化

　続いて，第2章で見た「投影同一化」（図2-4参照）を援用しながらいじめについて考えてみましょう。いじめる側の子どものこころには何が起きているのでしょうか。いじめという行為自体を「排出」と捉えてみましょう。彼らには「抱えられないこころの痛み」があって，それを周囲に伝えようとしているという考え方です。つまり，「投影同一化」ですね。では，その感情の中身はどのようなものが考えられるでしょうか。家庭環境をはじめ，いじめる側の子どもの周りにいる人々への不安や怒り，さみしさ，悲しさ，こころもとなさ，みじめさといった感情かもしれません。そして，排出や「投影同一化」という視点で考えると，いじめられている側の子どもが体験している感情は，本来いじめる側の子どものものかもしれません。すなわち，いじめる側の子どもが感じていた気持ちを，いじめられている側の子どもが「感じさせられている」ということですね。

　こういったみじめさやふがいなさなどの感情は，他者に「コンテイン」される必要があるものです。学校現場において，いじめは「良くないこと」で「みんなが仲良く楽しく，協力して過ごすことが大事」といったように，道徳的に「きれいに」済ませる方向に流れがちのようにも思いますが，誰のこころの中にもみじめな部分や汚い部分，醜い部分があり，それを共有することがいじめ対応の第一歩であり，ともに抱えられるようにしていこうという対処があってもいいかもしれません。特にいじめに関しては，教師がいじめの存在を隠そうとしないことがまずは大事かもしれません。

③ 集団内におけるパーソナリティ部分の相互投影同一化

　さらに「投影同一化」という視点を集団にも拡張してみましょう。集団内で，個人が引き受けることになる役割をビオンが「原子価」と呼んだのは第2章で見た通りです。メルツァー（Meltzer, 1973）は，個人の中にもパーソナリティの様々な側面があることを指摘し，個人内のパーソナリティの部分が集団内で相互に投影されて，主にその役割を担うことになる人物が出てくることに触れ

ています。これを「相互投影同一化」と言います。つまり，少し単純化し過ぎているきらいはあるように思いますが，たとえば個人の中で陽気なパーソナリティの部分が多い人は，その集団内においても必然的に盛り上げ役を担ったりすることになると言えます。その他にも，「勤勉性」の部分が多い子どもは，クラス内で必要以上に「まじめ」な部分をクラスメイトから投影され，より「まじめ」に振る舞うようになり，本項①のような発達課題状況では，よりいじめの対象になりやすくなるといった理解もできそうです。

　個人内のパーソナリティ要因は，その大きさの違いであって，誰でもそのような部分はもっている（たとえば，誰でも「まじめ」な部分はある）という理解を集団で共有するよう教師がはたらきかけることが，過度に1つの「原子価」を担わなくて済むという点で重要かもしれません。ひいては，いじめのエスカレートを防ぐことにもつながるかもしれません。

④　スクールカーストのエディプス的理解

　近年，クラス内の力関係を理解するために「スクールカースト」という考え方が用いられています。「スクールカースト」とは，森口（2007）が最初に導入した考え方で，クラス内のステイタスを示し，「人気」や異性に「モテるか否か」で決定されると言います。そして，上位から「一軍・二軍・三軍」「A・B・C」などと呼ばれたりします。また，その決定要因として，「コミュニケーション能力」をあげ，その中には「自己主張力」「共感力」「同調力」が含まれています。「自己主張力」はリーダー的素養のことを指し，「共感力」は，他者の想いをくみ取る力，「同調力」は，教室内の雰囲気に合わせる力あるいは雰囲気を作り出す力とされています。これらを背景に，カーストの序列や「ランク」が決定されるという考え方ですね。

　ちなみに，思春期・青年期の子どもたちが，他者を「値踏み」する場面は様々な漫画で描かれているように思いますが，特に，車椅子バスケを取り上げた井上雄彦の漫画『リアル』には，その様子がとても「リアルに」描かれています。主人公の高校生である「高橋久信」は，自分を「Aランク」と位置付け，

周囲をそれ以下に「ランク付け」し，自分の優位性を誇示しようとします。背景には，両親の不仲による別居があります。しかし，あるとき交通事故に遭い，車椅子生活を余儀なくされます。その結果，「Aランク」がよりどころであった自身の存在意義が大きく揺さぶられるのですが，車椅子バスケに出会い，徐々にアイデンティティを確立していくという話です。

　平井・上田（2016）は，「スクールカースト制」の「下の身分」や「みじめな身の上」であることと，「エディプス状況」との関連について言及しています。つまり，そのような身分である体験は，「エディプス状況」での子どもの排除されている気持ちと密接に関わりがあり，思春期以降のアイデンティティと親密さをめぐる問題を，上下関係というヒエラルキー的仕方で取り扱おうとする防衛的試みであると理解できることを示唆しています。したがって，いじめの問題も，家庭などで排除されている感覚をもち，学級集団においては能力の高いカーストの上位層にいる者が，下位層を排除して牛耳り，いじめを行うという理解もできそうです。

　その後，友人やパートナーと親密な関係を築く中で，親との分離をめぐる「エディプス葛藤」や抑うつの痛みと格闘できるようになると，こうした制度から自然と抜け出していくとのことです。

　一方，近年話題になっているような，「ママ友」の関係にも，「カースト制度」の名残りが見られることから，「エディプス葛藤」をこころに収めることがいかに難しいかを痛感させられますね。

3　非　行

　続いて，非行について見ていきましょう。非行とは，社会の規律や規範に反する行為全般を示すのですが，ここでは子どもの非行について，つまり「非行少年」について見ていきましょう。

（1）非行の定義

少年法第3条によると，非行少年とは「①罪を犯した少年（犯罪少年）」「②14歳に満たないで刑罰法令に触れる行為をした少年（触法少年）」「③保護者の正当な監督に服しない性癖等の事由があり，少年の性格又は環境に照して，将来，罪を犯し，又は刑罰法令に触れる行為をする虞のある少年（ぐ犯少年）」を指します。

触法少年およびぐ犯少年は児童相談所に送致され，そこで措置が決まります。その結果，児童自立支援施設（犯罪などの不良行為をしたり，するおそれがある児童や，家庭環境等から生活指導を要する児童を入所または通所させ，必要な指導を行って自立を支援する児童福祉施設）や，児童養護施設（保護者のない児童や虐待されている児童など，環境上養護を要する児童を入所させ自立のための援助を行うことを目的とする児童福祉施設）への入所になることもあります。犯罪少年は，家庭裁判所や検察官へ送致され，調査や審判の結果，保護処分（家庭裁判所に送致された少年を更生させるために行われる少年法上の処分）としては保護観察（自宅から学校や仕事に通い，親の監督のもとで社会生活を送りながら，保護観察所の指導を受け，立ち直りを図っていく制度）や，児童自立支援施設・児童養護施設への入所，少年院送致となります。一方，保護処分が不必要と判断された場合には不処分となります。

（2）非行の種類

では，具体的にどのような非行があるのかを見ていきましょう。

第二次世界大戦後の混乱期では，困窮から生じる窃盗や万引きなどの「生活型非行」が中心でした。その後，高度経済成長期を迎えると，暴力行為や性非行が増加するなど，「犯行型非行」が目立つようになります。

さらに1980年代半ばから90年代前半の「バブル期」には興味本位で行われたり，スリルを求める非行が横行します。万引きやシンナー・薬物などが該当し，「遊び型非行」と呼ばれています。

90年代後半からは，一見「普通に」見える子どもが「突然」非行に走る「キレる非行」が出現するようになります。1997年に世界を震撼させた，中学3年生が小学生を殺害した「酒鬼薔薇聖斗事件」がその代表と言えそうです。その後，この「酒鬼薔薇聖斗」と同年代のいわゆる「1982年度生まれ世代」が「西鉄ハイジャック事件」や「岡山金属バット母親殺害事件」「秋葉原連続通り魔事件」「取手駅通り魔事件」「PC遠隔操作ウイルス事件」などの凶悪犯罪を次々に起こし，「キレる世代」としてマスメディアに取り上げられたりもしました。

その後，「つめこみ教育」や過剰な「受験戦争」の悪影響を危惧した文部省（当時）は，授業内容や授業時間を大幅に削減し，「ゆとり教育」に舵を切ります。ただし，非行とゆとり教育との関連については，あまりデータが出されていないのが現状です。

したがって，非行には時代や文化，社会的背景，世代体験も影を落としていそうです。

（3）非行の要因

非行の要因としては，「本人の特性」「家庭や地域環境」そして，先述のように「文化社会的要因」が考えられます。

「本人の特性」に関しては，知的な遅れや精神発達の遅れから，周囲についていくことができず非行に走るケースや，遅れの結果，善悪の判断ができずに行ってしまう非行などが考えられます。同時に，緻密に計画された非行もあり，個別の判断や対応が重要であるとされています。

「家庭や地域環境」の要因に関しては，経済水準や教育水準の低さによって保護者が子どもの教育に十分な関心を向けられないことや，その地域の中に古くからの悪しき名残である「被差別部落」が存在している場合，その社会や地域の縮図である学校にも差別が生じ，非行につながったりすることもあるようです。

「文化社会的要因」に関しては，社会情勢を子どもたちがメディアを通じて

敏感に取り入れることによって，非行に反映されているという考え方です。たとえば，1997年に人気アイドルグループSMAPの木村拓哉氏が，ドラマ『ギフト』の中で「バタフライナイフ」を扱うシーンに感化された中学生が，教師をそれで刺すという事件などはこれに該当するでしょう。

（4）「安心感の輪」を通じた理解

さて，ここからは，これまでの理論をふまえて非行について考えてみましょう。まずは「安心感の輪」を通じた理解が非行を理解するうえで一役買うように思います。

非行は，反社会的行動であり，外に向けて行為や行動を起こしている状態ですので，一見すると「安心の基地」を出て探索している，つまり円の上側として捉えられがちなように思います（図1-4参照）。しかし，本当にそうでしょうか。

非行の背景には，不遇な状況があることを前節では見てきました。それゆえ，本当は，不安やつらい感情を抱きつつ，「安全な避難所」に逃げ込みたい想いがあるのではないでしょうか。しかし，戻る「避難所」がない。その結果，コンビニ前でのたむろや，暴走族といった反社会的な組織を「仮の避難所」としている可能性が考えられます。したがって，その行為や行動の本質的なメッセージが何なのかを見極める必要があります。

（5）非行という投影同一化

「安心感の輪」を通じた理解と重なる部分も大きいと思いますが，もう1つの視点として，非行の「投影同一化」という性質についても見てみましょう。松木（1996）は，非行少年たちは「幼児期に家庭で，よい自己を充分に実感できるほど包んでくれる温かい対象を手に入れられなかった」寂しさを抱えた背景があることを指摘しています。そういった寂しさやみじめさ，無力感をこころのうちに抱いておくことはたいへんな苦痛を伴うので，他者や対象物を攻撃，支配する非行を通じて「排出」を試みているのだと言います。

したがって，十分に「コンテイン」されなかった，あるいは，「安全な避難所」が満足に提供されなかった結果の行動として理解することができるように思います。

4　自殺と自傷と自己破壊行動

続いて，「自殺」と「自傷」についても見てみましょう。いじめを通じた自殺は後を絶たず，この最悪の事態への対応が学校現場では急務です。また，思春期以降，自殺と並んで「自傷」も起こる現象です。よく混同されがちですが，「自殺（suicide）」と「自傷（self-injurious behaviors）」，「自己破壊行動（self-harm behaviors）」は，異なります。まずは分類を少し見てみましょう。

（1）自　殺

自殺は，文字通り「死のうとする意図がある」行為のことを指します。したがって，たとえば「手首を切る」行為1つとっても，深く切って死のうとする意図がある場合は「自殺企図（Suicide attempt）」に，浅く切って死のうとする意図がない場合は「自傷行為」になります。

「自殺論」で著名なデュルケーム（Durkheim, 1960）は，社会的状況から，3種類に自殺を分類しています。

①　集団本位的自殺

集団本位的自殺は，社会的統合力の強さが原因で起きる自殺のことを指しています。個人は過度に抑制された社会の中で起きる自殺です。デュルケームは，さらに，「義務的集団本位的自殺」と「随意的集団本位的自殺」，「神秘的集団本位的自殺」に分けています（表3-1）。「義務的集団本位的自殺」は，集団の規範的拘束により自殺が義務付けられている社会で起こります。彼は「未開社会」を想定しており，近代化された社会ではあまり見られない自殺と言えそうです。

表3-1 デュルケームによる自殺の分類

種類	内容	下位分類	
集団本位的自殺	社会的統合力の強さが原因で起きる自殺	義務的	集団の規範的拘束により自殺が義務づけられている社会で起こる
		随意的	個人を有形無形で自殺へと仕向ける社会で生じる
		神秘的	救済を求めて自殺
自己本位的自殺	社会的統合力の低下が原因で起きる自殺		
アノミー的自殺	社会の混乱に伴い規範的秩序が崩壊し欲望の規制がなくなる中で起きる自殺		

「随意的集団本位的自殺」は,「義務的集団本位的自殺」ほどあからさまに社会が個人に自殺を要求するわけではありませんが,有形無形で自殺へと仕向ける社会で生じます。自殺により賞賛が得られ,名誉を守ることができるとされています。江戸時代までの「切腹」がこれに該当するでしょう。

「神秘的集団本位的自殺」は,宗教的な自殺であり,救済を求めてする自殺を指します。自殺は,神と一体化するために行われます。アメリカで起きた「9・11」の同時多発テロにおいて,タワーに衝突した飛行機を操縦していたイスラム教徒もここに該当するかもしれません。

② 自己本位的自殺

「自己本位的自殺」は,社会的統合力の低下が原因で起きる自殺のことを指します。

個人と外界との関係が希薄になり,社会への関心を失っていく中で,存在意義を見出せなくなるという背景を想定しています。虚無的,懐疑的になり,自殺へと向かうのです。

③ アノミー的自殺

社会的規範が失われ,社会が乱れて無統制になった状態を「アノミー」と言

います。したがって，「アノミー的自殺」は，社会の混乱に伴い規範的秩序が崩壊し欲望の規制がなくなる中で起きる自殺のことを指します。欲望の肥大化は，満たされない感情，不満をもたらし，不幸を生み出すとされ，ひいてはそれが自殺へとつながるとデュルケームは指摘しています。

　さらに「急性アノミー」と「慢性アノミー」に分類しています。前者の「急性アノミー」は，社会の一時的な急変による混乱であり，混乱が過ぎれば正常に戻るため，社会的マクロな視点から見れば，一時的に自殺が増える状況と言えます。一方，後者の「慢性アノミー」は，社会システムそのものがアノミーとなってしまっている社会であり，経済的利潤を追求する社会や競争社会，学校システムそのものがこれに該当するとされています。よって，競争社会から脱落すること，たとえば，急なリストラなどによって生じる自殺などがここに該当します。

　また，デュルケームは，近代化が進むにつれて自殺の中心は「集団本位的」なものから「自己本位的」なものになっていくことにも触れています。「自己本位的自殺」と「アノミー的自殺」は「社会が個人の中に十分存在していない」といった類似点はありますが，前者の「自己本位的自殺」における欠如は「集合的活動」であり，後者の「アノミー的自殺」における欠如は「個人の情念」であると指摘しています。

　さて，学校現場で起こる最悪の事態である自殺は，どう捉えたらよいでしょうか。特に自殺が増えはじめる思春期は，エリクソンの発達段階説で見た通りアイデンティティを確立するために，こころも大きく揺れ動く時期ですから，未来に希望を見出せず，もがき苦しむ時期でもあります。したがって，デュルケームがあげた上述の分類のいずれも当てはまる可能性があります。いじめに遭い，あたかも自分は必要のない存在であるかのように扱われ，自殺へと仕向けられているように感じられることもあるでしょう。自殺がいじめの被害者には唯一の救済のように感じられることもあるかもしれません。また，対人関係が希薄になり，孤独感を感じ，居場所のない中で自殺を遂行してしまうことも

あるかもしれません。あるいは，いじめの構造は流動的ですから，加害者から被害者への移動も子どもたちにとってはある種の「アノミー」に該当する事態と言えるかもしれません。

いずれにせよ，避けるべき最悪の事態ですから，集団（学級やクラス）の様子や個人のこころの状態を吟味することから自殺を防止していくしか今のところ方法はないように思います。

（2）自傷行為

自傷行為（Self-Injurious Behaviors：SIB）とは「自殺の意図がない，身体表面への故意で直接的な行為」（Favazza, 1998）であり，自殺企図を含んだ直接的，間接的な自己破壊行動とは本来区別されるべきですが，日本では混同されて使われているきらいがあります。「身体表面」への行為として，クラエスとバンダーレイケン（Claes & Vandereycken, 2007）は，「ひっかく」「殴る」「焼く」「切る」「噛む」の5種類に分類しています。「切る」ことに関しては，手首をカッターなどで切る「リストカット」がよく知られています。また，ここに「抜毛」などを加えてもいいかもしれません。ちなみに，南条あや（2004）『卒業式まで死にません』というタイトルの手記には，「リストカット」代わりとして頻繁に「献血」に行く様子が描かれています。このような場合，献血の針を刺すことも自傷行為に含まれるように思います。

また，クラエスとバンダーレイケン（Claes & Vandereycken, 2007）は，自傷行為の機能として，「他者から関心を惹くため」などの対人関係からの理解と，「何かを感じるため」あるいは「ネガティブな感情を避けるため」といった感情調整機能をあげています。したがって，自殺と大きく異なる点は，自傷の中には「生きようとする」意図が多少なりとも見出せるところにあります。

（3）自己破壊行動

「自己破壊行動（self-harm behaviors）」は，自身を死に近づける行為としてはより自殺に近いですが，直接自殺を企図していない点（非致死的）で，自殺

とは異なります。過量服薬（オーバードーズ）やアルコールの過量摂取，摂食障害，肥満，喫煙，物質（薬物）乱用などがここに該当します。また，ファーベロウ（Farberow, 1980）は上記の中でも肥満，喫煙，物質（薬物）乱用を「間接的自己破壊行動」としています。

（4）学校での予防対策

　シェファーとグールド（Shaffer & Gould, 2000）は，学校での自殺の予防的取り組みが有効な理由として，集団を対象にしてアンケート調査や予防的プログラムをきわめて効率よく実施できることや，病院に通院するよりも，スクールカウンセラーなどに定期的に通うほうがたやすく，治療の場としても好都合であることをあげています。また，自殺企図は子ども同士で発見する機会のほうが多いことも，その一因として考えられるでしょう。

　そして，ホートンら（Hawton et al., 2006）によって，3段階の予防に分けられています。

　まず1つ目として一次予防，すなわち未然防止の段階です。自殺はストレスの結果であることや，10代の子どもは気持ちを受け止めてほしいときに同世代の友人を頼ることが多いこと，したがって，未然防止には友人や同級生の役割がきわめて重要であることを心理教育的に伝えていきます。

　二次予防の段階はすでに存在している状況が進行しないよう阻止する段階です。したがって，当事者を同定し，治療につなげることが最大の目標となります。そして最後に三次予防は，実際に自殺企図を起こしてしまったり，自殺によって子どもが死亡してしまった後の対応ということになります。自殺には「伝染性」があることが知られています。そのため，他者の自殺行動にさらされた者の適切な「喪の作業（亡くなった対象について，悼み，悲しみ，喪失を受け入れていく一連のプロセス。「対象」は，人や物に限らず，イメージや機能，役割なども含まれます）」の援助をすると同時に，同様に自殺のリスクを抱えていそうな子どもを同定し，援助につなげる体制を作り上げる段階です。

　上記のような対応は，未だ日本の学校現場に十分に浸透しているとは言い難

く，今後の進展が望まれる領域であると言えます。

5　学級崩壊

　授業が成立せず，子どもたちの知的発達や情緒的発達を妨げる「学級崩壊」への対応も，学校現場では急務と言えます。まずは定義と現状から見ていきましょう。

（1）定義と現状

　「学級崩壊」は，「子どもたちが教室内で勝手な行動をして教師の指導に従わず，授業が成立しないなど，集団教育という学校の機能が成立しない学級の状態が一定期間継続し，学級担任による通常の手法では問題解決ができない状態に立至っている場合」（学級経営研究会，2000）とされています。また，朝日新聞社会部（1999）によると，その特徴として，小中高等学校すべての段階で見られることや，子どもが「無邪気に」教師の指示に従わないこと，一部の「不良グループ」に限定されず，多くの子どもを巻き込んでの現象であることを指摘しています。したがって，集団や組織の問題として捉える必要のある事象であると言えそうです。

（2）要　因

　須藤（2015）は，「学級崩壊」の要因について社会学的な立場から，教育実践的な要因である「ミクロ要因」と，社会構造的な要因である「マクロ要因」に分けて考察しています。
　前者の「ミクロ要因」で特に顕著な結果として現れていたのは「学級規模」であり，25人以下の学級から顕著に授業妨害発生率の低下が指摘されています。学年ごとの違いは，小学校6年生の学級崩壊の報告が有意に高く，本調査からは他学年間での違いは見られていません。かといって，小学校6年生以外に「学級崩壊」が起きにくいわけではないので，注意が必要です。

一方，後者の「マクロ要因」では，大学進学率の上昇によって教師が「知識人階級」とは見られなくなった「教師地位低下」の影響があげられています。またインターネットの普及により，学校で得られる知識や情報が「最先端」のものではなく，「古臭い」「刺激のない」ものになり，授業に魅力を感じなくなった結果，「学級崩壊」が起こりやすくなったのではないかと考察しています。

（3）学級崩壊の精神力動的理解

　以上のような社会学的視点に加えて，精神力動的な立場からさらに検討を加えられる余地があるように思います。

　たとえば，「小1プロブレム（集団行動がとれず授業中に座っていられなかったり，先生の話を聞けないなどの学校生活になじめない状態が続くこと）」と呼ばれるような「学級崩壊」はどうして起こるのでしょうか。第1章で見たエリクソンの発達段階と照らし合わせながら考えてみましょう。小学校に「入学する」ことは，子どもたちにとってどのように体験されるでしょうか。まず，保育園や幼稚園までと異なり，長時間じっと座ることが求められます。そして，教師が提供してくれる学びの空間を楽しむことが重要になってきます。これらは，児童期の発達課題「勤勉性 対 劣等感」と合致しますね。言い換えると，「先生 対 子ども集団」の時間がそれまでに比べて長くなります。

　一方，幼児期までの課題は，1対1あるいは1対2程度が中心です。フロイトの「エディプス期」で見たように，「大人を独占したい」想いも顕著です。保育士や幼稚園教諭との間では受け入れられていた1対1に近い関係を，クラスに持ち込んでくる子どもがいると「先生，見て見て」を繰り返し，「集団」としては成立しにくくなってしまいます。それに周囲の子どもたちも反応して，1対1の関係を求めはじめ，その結果「学級崩壊」につながると考えることもできそうです。

6　投影同一化の視点から見た学校問題

　最後に，精神分析の主要な概念である「投影同一化」という視点から，上記の問題を捉え直して，まとめてみたいと思います。第2章で詳細に見たように，「投影同一化」は，自分で抱えられない感情を「排出」したり，想いを伝えたりする手段です。これを，学校現場で起きている事象に置き換えて考えてみることもできるように思います。つまり，母―乳幼児関係を「学校―子ども」関係としてみるわけですね。乳幼児が泣いたり，わめいたり，叫んだりして「排出」して，「コンテイナー」を求めている状況と，学校で噴出する「症状」や問題を同列とみなすとどのようなことが見えてくるでしょうか。

　岩倉（2013）は，学校現場における「こころの痛みの表現経路」として，以下の4種類をあげています。

（1）身体化

　まず1つ目に「身体化」は，何らかの問題が頭痛や腹痛，チックなどに置き換えられている状況と言えます。防衛機制の「抑圧」とも関連しているように思います。集団で起こっている，見たくない現象を「抑圧」するものの，そういった思いは逃げ場を求めており，症状として出てくるということですね。当然，これは，個人レベルでも集団レベルでも起こり得ます。それゆえ，「学級崩壊」も，学級という「身体（母体）」に「症状」を呈しているという意味で，「身体化」と言えるかもしれません。

　したがって，その集団（クラス）に属する個人の「症状」のみを対症療法的に治療しても，根本的な解決にはつながらないと言えます。

（2）行動化

　2つ目の「行動化」は，これまで見てきたように，非行や暴力行為，性的逸脱行動，自殺，自傷行為，授業から抜け出す「エスケープ」といった，抱えら

れない情緒を，行為や行動で排出することとして捉えられるものです。

「安心感の輪」においては，上側の行動に見られがちですが，本当は下側の，助けや避難所を求めているという理解が重要な側面と言えるでしょう（図1-4参照）。

（3）内閉化

3つ目の「内閉化」には不登校やひきこもりが含まれます。それまでの生活で「投影同一化」が十分に機能しなかったり，抱えられるものとして返ってこなかった経験を繰り返す中で，「外の世界は怖い場所だ」と体験したり，「外に出たくない」という想いが形作られてしまいます。十分な安心感が背景にある場合には，子どもにとって「外の世界」は，とても好奇心を刺激される，興味深いところとして体験されるように思います。こういった「内閉化」の場合は，子どもの中に「安心感」が醸成されることが何よりも大事なことのように思います。

（4）関係化

そして最後に，「関係化」にはいじめや学校に怒鳴り込んでくるような「モンスターペアレント」の問題が含まれます。抱えられない情緒を，いじめという形で周囲の子どもに体験させたり，大事にされていない想いを，保護者が学校に排出しにくるといった，「関係の中にもち込まれた痛み」という理解ですね。

「いじめられる側」や「学校」が「受け皿」になっているため，直接的な「痛み」が顕著に生じてきます。上述の3種類も同様ですが，1人ではなく，学校という「チーム」あるいは「組織」で抱えることが何より重要です。もちろん，その中の1人としてスクールカウンセラーの存在も必要でしょう。スクールカウンセラーを含めた心理職と多職種との協働関係については，また第4章で見たいと思います。

*

上記のような学校現場で生じる問題の背景にはどのような力動や関係性があるのか把握することが，問題を立て直す第一歩であるように思います。そのための理論として，第2章で見てきたビオンの集団力動モデルはたいへん有用であるように思いますし，それを第7章では湊かなえの小説『告白』を題材にして示したいと思います。

　また，「発達障害だから」「不登校だから」と，診断やラベルによって，本当にその子どもがどのような体験をしているのか分からなくなってしまうことが，より問題を難しくしてしまう側面があるように思います。子どもと関わるとき，その子どもがどのような体験をしているのかに接近しながら考えることのできる援助者や教育者，あるいは大人が切に求められている時代と言えるのではないでしょうか。そのために，児童・青年期の精神力動的理解は一役買うように思います。

第4章 児童・青年期に特徴的な病理・障害の精神力動的理解

　この章では，児童・青年期によく見られたり，対応を求められる「自閉症スペクトラム障害」や「注意欠如・多動性障害（AD/HD）」「限局性学習障害（LD）」「パーソナリティ障害」「摂食障害」について一般的な理解から力動的な捉え方まで幅広く見ていこうと思います。結果として，みなさんの中に「こころを見る」関わりとは何かという枠組みができ，「こころに対するアプローチ」について考えるきっかけを提供することが本章の目的です。

1　自閉症スペクトラム障害

　最新の精神疾患に関する診断基準であるDSM-5では，「自閉症スペクトラム障害」や「注意欠如・多動性障害（AD/HD）」「限局性学習障害（LD）」は，「神経発達障害群」という大きな括りの中に分類されています。

　そして現在の診断は「自閉症スペクトラム障害（Autism Spectrum Disorder：ASD）」となっていますが，まずはそのもとになっている診断である「自閉症」から見てみましょう（ここでは，中核的な自閉的特徴を示す場合には「自閉症」，スペクトラム全般を示す場合には「ASD」と表記します）。

　アメリカの精神科医であるカナー（Kanner, 1943）が「情動的接触の自閉的障害」として11人の「自閉症」事例を報告したところから「自閉症」というカテゴリーの歴史ははじまりました。その特徴（自閉的特徴）としては，他者や外界との接触が欠如していることや，コミュニケーションに言語を用いることが困難であること，知的能力が低いこと，同じ言動を繰り返して少しでも条件が変わるとパニックになることなどがあげられています。

そのわずか1年後の1944年には、オーストリアの小児科医であったアスペルガー（Asperger, 1944）が、カナーの「自閉症」とよく似た特徴をもつ子どもたちについて「小児期の自閉的精神病質」という論文で発表しています。しかし、カナーの報告と異なっていた部分は、アスペルガーが報告した事例では、言語的なコミュニケーション能力や知能が比較的高かった点です。1つ前の診断基準であるDSM-Ⅳ-TRには含まれていた「アスペルガー障害」の原型になった子どもたちをアスペルガーは診ていたのですね。

その後、ウィング（Wing, 1996）が「自閉症スペクトラム」という概念を提唱します。「スペクトラム」とは連続体を意味し、症状の程度が強い人から弱い人までを、グラデーションで捉えようとする考え方です。現在のDSM-5のベースになっている捉え方ですね。要するに「カナータイプ」の「自閉症」は、上記のような自閉的特徴が強く、「アスペルガータイプ」は、それよりも少し自閉的特徴が弱くなるといった理解です。これらの総称がASDというわけです。そして、この自閉的特徴のグラデーションにはかなり個人差があります。

現在ASDは、育てられ方の問題ではなく「器質的な障害（ある障害や病変の原因などについて、身体の器官のどこかが物質的、物理的に特定できる状態にあるという意味）」であることが明確になってきていますが、発症の原因論やメカニズム、対応に関しては十分に確立されておらず、未だ様々な理論が混在し、多角度からの理解が試みられています。ちなみにASDの現在の診断基準は、「社会的コミュニケーションと社会的相互作用における持続的な困難」や「行動、興味、活動のパターンが限られていたり、それを繰り返したりする特性がある」こととなっていますが、詳細はDSM-5を参照してください。

（1）育児や愛情の問題？

カナー（Kanner, 1943）が「自閉症」に関する事例を報告した当初は、「I cannot reach my baby」という自閉症児をもつ母親の表現が示すように、「気持ちが子どもに通じない」という「情動」の問題として捉え、自閉症児は「通常生物学的に準備されている、人との情動的接触を形作る生得的な能力をもた

ずに生まれてきた」という説を打ち立てました。

そして、早期からその症状を呈することから、1960年代くらいまでは、母子関係の問題、つまり自閉的特徴は母親の拒否的、攻撃的育児の結果として捉えられ、積極的に彼らに心理療法も行われていました（自我心理学派のベッテルハイム；Bettelheim, 1967など）。しかし実際は、育児の問題ではなく、生まれつきの生物学的な問題であるという結論に現在は落ち着いています。筆者の臨床経験では、ASDの子どもをもつ養育者は、非常に育児に熱心な方も多いといった印象も抱いています。

（2）脳や認知機能の問題？

その後、ラター（Rutter, 1968）が、何らかの器質的な要因によって生得的に生じる認知言語の障害が自閉症の中核的な障害であるとする「認知言語障害説」を打ち立てます。彼は、認知言語の障害によって、その後の社会性の問題も引き起こすのだと考えていました。

さらに、認知科学や脳科学の発展により、認知的問題あるいは中枢神経系の問題として捕捉される傾向が強まり、彼らに対しては療育や訓練によって、社会的な適応力を高めるという対応が主流となりました。その代表的なアプローチの1つとして「TEACCH（Treatment and Education of Autistic and Communication related handicapped Children）プログラム」があります。

近年では、ASDの成人男性に対してオキシトシンを点鼻投与したところ、内側前頭前野の活動が活性化され、対人コミュニケーションの障害が改善された（Watanabe et al., 2014）という報告があります。またコンら（Kong et al., 2012）は、親の加齢が遺伝子の突然変異に影響を与え、自閉症児が生まれるリスク要因になると報告しており、生物学的基盤がその背景にある障害であることが明らかとなってきています。

「自閉症スペクトラム」を提唱したウィング（Wing, 1996）は、自閉症を「身体的問題」と捉え、「親の育て方とは何の関係もない」と述べています。これらの視点は親の罪悪感を軽減する一方で、彼らの情緒や気持ちについて考え

る機会を奪ってしまってきたかもしれません。

（3）心の理論（Theory of Mind）

　ASD を理解するうえで，現在でも重要な位置を占めている考え方に，バロン・コーエンら（Baron-Cohen et al., 1985）が提唱した「心の理論」仮説があります。これは，「他者の視点になって物事や情緒を考える能力」のことを言います。それを確認する簡単な課題に「サリーとアンのテスト」（Frith, 1989：図4-1）があります。

　問題を一緒に見ていきましょう。

　「サリーとアンはお部屋で一緒に遊んでいました」
　「サリーはビー玉をかごに入れてから部屋を出ていきました」
　「サリーが部屋にいない間に，アンがビー玉を箱の中へ移し替えました」
　「サリーが部屋に戻ってきました」

　「さて，サリーはビー玉を見つけるために，どこを探すでしょう？」
　3歳児にこのテストをしてみると，箱の方を指します。なぜでしょうか？理由を聞いてみると，「（アンが）箱の方に動かしたから」という答えが返ってきます。つまり，自分が見た体験をそのまま答えにしていて，サリーの視点には立てていないことになります。

　しかし，4歳児に同じことを問うと，その多くがかごの方を指して正解することができます。つまり，サリーの立場で考えることができるようになってきているのです。

　したがって，「心の理論」は，生得的なものではなく，成長，発達によって獲得されるものであると言われています。そして，ASD においては，生得的な要因によって，「心の理論」の獲得が阻害されているという考え方です。

　また，杉山（2000）によると，旧来の診断基準の中にあった，知的レベルは健常域に属する ASD である「アスペルガー障害」や「高機能自閉症」の子どもの多くが，9，10歳以降には「心の理論」課題を通過することを指摘してい

第4章　児童・青年期に特徴的な病理・障害の精神力動的理解

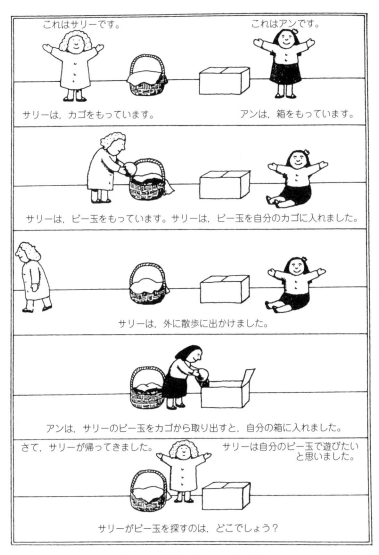

図4-1　サリーとアンのテスト
出所：フリス，1989/1991

ます。同時に，この時期には「自己同一性障害」（自分が他人とはどこか違って特殊な存在であることに気付き，悩み，否定的な自己感が作られてしまうこと）などの不適応も起こしやすくなることを示唆し，その要因として，他者のこころを推測するようになる一方で，その読み誤りも多く，自己不全感や被害念慮なども生じてきやすいためではないかと考察しています。この時期における彼らの傷つきをいかに減らせるかも支援として重要な視点かもしれませんね。

さらに，近年では，「心の理論」の障害だけではなく，「自己の心の理論（Theory of own mind）」（Williams, 2010）の障害も示唆されています。つまり，自分自身の気持ちに関しても気付けない，理解できない状態にあるということですね。

（4）感情認知障害説

ホブソン（Hobson, 1993）は，上記の流れに，さらに「「情緒」あるいは「情動」の問題は認知と不可分なもの」として自閉症を捉えようと試みています。これが「感情認知障害説」であり，自閉症における社会性の障害は，他者を認知して情緒的に反応する機能の障害によって引き起こされている，という説ですね。

彼は，自閉症児の中にも「特定の認知能力が損なわれずにすんで」いたり，「周りの大人がうながしさえすれば，遊びの中である物を他のものに見立てて代用したり，一連の出来事を最後まで再現することができるだけの能力を持ち合わせている」子どもがいることに着目し，そこに「情動的態度」が介在していない可能性を見出しました。つまり，遊びを「楽しんでいない」ということでしょう。

では，なぜ楽しくないのでしょうか？ ひるがえって，なぜ健常児は「楽しい」のでしょうか？ それは，相互的な体験，つまり他者とのやりとりが成立しているかどうかに依拠する事柄のようです。さらにその背景には「象徴化能力」の問題があることを示唆しています。たとえば，幼稚園児の2人が，公園の砂場で買い物ごっこをしているとします。この時，公園に落ちていた葉っぱ

を1,000円札に「見立て」て買い物のやりとりをする基盤には「象徴化能力」，つまり，「何かを何かに見立てて（あるいは置き換えて）やりとりする能力」がお互いに必要になります。1人はそれを「1000円」に「見立て」ていても，もう1人は「それは葉っぱだ」と言い続けていたら，文字通り「話にならない」ですよね。

　また，象徴形成に重要な要因として，「共有経験」をあげています。「相互主体的に協応された経験を通して初めて，乳児は"人"が"こころ"を持っている」ことに気付くことができるからです。そして，自分が他者と何かを「共有する」ためには，自分と他者の経験を何らかの意味で区別する必要が出てきます。この自他分化の問題は，精神分析理論でも精緻に考察されてきた部分ですので，後ほど見ていきましょう。

　また，「情動的態度」における他者の「態度」に関する知覚についても，ホブソンは言及しています。ASDにおいては，「指示対象（他者の指さしの先にある物）」に目を向けないことが問題になりがちなのですが，訓練によって他者が指したほうに「良いもの」があることを学習すると，目を向けられるようにはなると言います。しかし，他者がどのような「態度」をもって対象に目を向けているかを知覚することは未だ難しい状態にあるようです。

（5）直感的心理化と命題的心理化

　現在，ASDに対する発達心理学領域からの研究では，他者のこころを何となく感じて理解する「直感的心理化」と，なぜ他者がそういうこころを持つのかという理由付けも可能な「命題的心理化」の2つの心理的側面の発達からも検討されています（別府，2012）。定型発達の場合は前者を生後間もなくから形成しはじめ，そのうえに後者を積み上げていくというプロセスが想定されています。一方，ASDは，前者の土台がないままに後者を積み上げていくため，いわゆる「空気が読めない」状態に陥ると考えられています。

(6) 精神分析的理解

　ここからは，精神分析の理論を援用しながら，ASDの理解を試みましょう。現代の精神分析では，自分自身のこころ，つまり感情や情緒，対人関係のあり方などを「知っていく」ことに重きが置かれていることは，これまで述べてきた通りです。しかし，ASDの人々と関わろうとするとき，彼らは他者と交流をもつことを積極的に避けているようにも見え，また，まるでそこにこころなどないかのように，無機的な振る舞いをしているように感じられることもしばしばあるように思います。はたして，彼らにこころ，あるいは情緒はないのでしょうか。まずはそこから考えてみたいと思います。

　たとえば，ASDの子どもではないのですが，成人のASDの様子について描かれた映画に『レインマン』があります。この映画では，幼少期から別々に暮らしていたASDである兄「レイモンド」と弟の「チャーリー」の兄弟2人が，父の死をきっかけに再会し，旅をする中で，弟が少しずつ兄に情緒的に接触できるようになっていく様子が描かれています。兄の「レイモンド」は，ベッドの位置が窓際でなければならなかったり，ホットドッグを食べるときにシロップがテーブルに置かれていなければならなかったりといった強いこだわりがあり，この映画の中でも自閉的特徴が見られます。また床に散らばった爪楊枝の数を瞬時に数えられるなどの特殊能力ももっています。こういった能力をもつASDを「サヴァン症候群」と呼んだりもします。ただ，兄の「レイモンド」は，比較的言語的コミュニケーションが可能な部分もあり，どちらかというと「アスペルガー障害」に近いのかもしれません。この辺りも「スペクトラム」なので，どこまでが「自閉症」で，どこからが「アスペルガー障害」なのかといった明確な線引きは難しいですね。

　『レインマン』の中では，弟の「チャーリー」が旅の後に，兄「レイモンド」との関係について「We made a connection」と表現しています。つまり，「気持ちが通じ合ったんだ」ということですね。では，こうした情緒のつながりは，どのようにして生じ得るのでしょうか。精神分析の立場から見ていきましょう。

① 象徴化能力

　神経症からはじまった精神分析（的心理療法）がその対象を拡張していくにつれ、徐々にASDもその範疇に入ってくるようになります。子どもの精神分析を確立したクライン（Klein, 1930）は、「象徴化」がその基盤にあると仮定し、象徴的やりとりを通じて心的発達は促されると考えていました。そして、ASDにおいてはこの「象徴化能力」の障害が背景にあると考えられるようになってきました。まずは、ホブソンからの流れを汲み、「象徴化能力」について考えてみましょう。

　平井（2011）は象徴の定義として、「言語の基盤となるような非言語的な層を含む広大な領域であり、情動経験を表し、伝えるもの」としています。そして、象徴を生み出す「象徴化」は、「情動経験を消化する活動そのものであり、それを通じてこころそのものを育んでいく、そうした活動」であると言います。したがって、「象徴化能力」は「心の健康さの中核」であると結論付けています。

　少しホブソンの話に戻りますが、彼は「象徴化能力」を獲得するにあたって、「三項関係（relatedness triangle）」が決定的に重要な意味を及ぼすことに言及しています。これは、2者同士が見つめあっていたところ（二項関係）から、2者が同じ1つの対象を共に見ることができるようになるといった構図です。ちなみに子どもが、他者の指しているものを同時に見る様子を「共同注視」と言います。そして、ホブソンは「子ども―他者―外界（指示対象）」という布置を想定しています（図4-2）。中央の線は、指示対象に他者がどのような態度を向けているのかについて、子どもが関心を向けている様子や知覚している様子を示しています。同時に子どもに対して、他者がどのような態度を向けているのかの重要性も示唆しています。たとえば、動物園で母親が子どもに「ほら、キリン（＝指示対象）だよ、見てごらん」と、その「わくわく感（＝指示対象に他者が向けている態度）」を伝えようとしている場面などが想定できるでしょうか。その結果、子どもは自らの態度を他者の態度に同一化させ、視点の転換が生じます。さらにこの視点の転換を自覚することによって、子どもは「象徴化

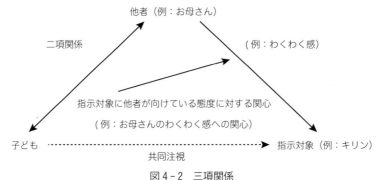

図4-2 三項関係
出所：Hobson, 1993に著者が加筆

能力」を手に入れるのだと言います。

② 分離性と附着一体性

ここまで見てきたように、「象徴化能力」の獲得には他者との相互作用や相互交流が不可欠であることが浮かび上がってきました。そして、他者とやりとりを行うためには、第2章図2-4のように、間にスペースがある必要があります。つまり、自他の「分離性」が問題になってくるのです。ASDは、この「分離性」の問題を抱えていると考えられます。

タスティン（Tustin, 1994）は、自己と対象との間の「分離性」がどちらかの破局を意味するような対象関係を、「附着一体性（adhesive at oneness）」と名付けました（図4-3）。つまり、情緒や抱えられないものを他者に伝える「投影同一化」が成立するような対象との間のスペース（第2章図2-4）が存在しない状態を図4-3は示しています。また、平井（2011）は、自閉症における対象関係を「結合双生児様の対象関係」と呼んでいます。「結合双生児」とは、体が結合している双生児のことであり、生命維持に必要な器官が共有されている場合（たとえば1つの心臓を2人が共有している場合）、分離は破局や死を意味します。つまりどちらか一方が「個」を主張した時点で、他方は消滅せざるを得ない状況にあると言えます。ASD児によく見られる、他者の手をあたかも自分の手の一部であるかのように動かそうとする「クレーン現象」も「分離

図4-3 自閉症スペクトラムにおける附着一体性（イメージ）

性」を排除する行為であると考えられます。それほどASDにとって，自分と違う他者が存在しているという「他者性」は脅威というわけですね。

またタスティンは，自閉症において「自分でないもの（not-me）」を体験すること，つまり，分離にまつわる破局的な恐怖を「ブラック・ホール」が出現するような，飲み込まれて存在基盤がなくなってしまうような恐怖であることにも言及しています。

③ 自閉対象

したがって，ASDにおいては，「分離性」や「他者性」を認めないようにする対象が生きていくうえで安定を得るために必要になってきます。図4-3の中央に描かれているような間を埋めている対象物を，タスティンは「自閉対象」と呼びました。具体的には，硬くて，無機的なもの，たとえば，石などが代表例でしょうか。またそれは，自分ではないものに対する気づきを取り除く，つまり「他者性」を排除するために用いられると考えられます。また，先述の分離にまつわる恐怖である「ブラック・ホール」を感じないようにする機能も有していると考えられています。

④ 中核的自閉状態とポスト自閉状態

ASDに対する精神分析的理解を探究し続けたメルツァーら（Meltzer et al., 1975）は，投影が成立しない「中核的自閉状態（autism proper）」（図4-3に相当）と，投影が成立する「ポスト自閉状態（post-autistic mentality）」（第2章図2-4に相当）に分類しました。

前者は，快や不快といった，感覚の水準でのみ世界を体験しているような状態です。たとえば，一定のリズムで砂をすくい上げては落とすことを繰り返す子どもの様子などがそれに該当するように思います。したがって，図4-3のように他者とのコミュニケーションややりとりが起こらず，必然的に図2-4における下側の矢印である「取り入れ同一化」も起きないため，他者から「良いもの」も受け取ることができず，こころの成長は阻害されたままということになります。

　またこのとき，視覚や聴覚，触覚，嗅覚，味覚といった，本来共感覚的に捉えられるべき対象が，それぞれバラバラになって体験されているのではないかとも，メルツァーは指摘しています。このバラバラでそれぞれ無意味なものとして体験される過程を「分解（dismantling）」と呼んでいます。たとえば，ワインは飲み物なので，主に味覚を楽しむものとして捉えられがちかもしれません。しかし，グラスを回すことによって香りが変化したり，グラスを傾けたとき，側面に残る「ワインの涙（あるいは脚）」によって，アルコール濃度の指標になったりするなど，視覚や嗅覚も同時に楽しめる飲み物として知られています。「自閉状態」にある場合，それら一つひとつが「ワインの属性」として，結びついていない状態と言えるかもしれません。つまり，ワインの匂いや色，味がバラバラに体験されていて，記号のように覚えているのかもしれません。

　ASDの当事者研究（綾屋，2011）でも，他者の身体的特徴やその動きについて「パーツ情報」で「バラバラなままたくさん蓄積しているので，それぞれのパーツを全体像として捉える」ことが困難であり，「他者の同一性を見失いやすい」ことが示唆されています。これは，上記のメルツァーの理論を裏付ける体験と言えるのではないでしょうか。精神分析の領域において指摘されてきた「固い背（殻）」で「柔らかいおなか」を守る（Tustin, 1981）と言われるような，バラバラになる自己を必死で守ろうとすることとも関連しており，総じてASDは，自他共に「バラバラ」の部分対象をどうまとめていくかが問題となっているこころの状態であると考えられます。

　後者の「ポスト自閉状態」は，「中核的自閉状態」から抜け出し，部分的に

でも「投影同一化」が成り立つ状態を指します。したがって，情緒のやりとりができる部分が存在するため，転移を扱う（精神分析的）心理療法も可能になります。しかし，「中核的自閉状態」の部分が完全になくなるわけではないので，いかに「ポスト自閉状態」の部分と交流できるかが鍵になります。

その後，ASD に対する精神分析的アプローチは，平井（2011）が示唆するように「通常自閉症をもつとみなされる子どももすべてが自閉症であり，交流不可能ということはなく，一部は交流可能な非自閉的部分が存在」しており，その部分と交流する伝統的な「象徴—解釈モデル」および，セラピストが「象徴化作用の基礎を支え，促進する」という「対人相互作用フィールド・モデル」の2つが考えられています。前者は第2章図2-4のように，「投影同一化」が成立する，つまり，情緒のやりとりが成立する部分ですね。

後者は「生きている仲間」（Alvarez, 1992）としてのセラピストを示していく必要があると言われています。平井（2011）は「アスペルガー障害」の中学生女子との事例をもとに，「彼女と二人で部屋にいながら，彼女の心のうちから排除されつつ，彼女の心の外側から彼女の心に関心を示す存在であり続ける」ことの重要性や，「取りつくしまもない状況で彼女への生きた関心が絶滅しないように持ちこたえ，彼女との間で共有できることを少しずつ育んでいく」というセラピー目標を打ち立てています。そして，「彼女の心の外側で，私が座っている位置から，彼女の表情などから推測できることを話すように努めた」という方法で，ASD において脅威である「自分でない存在」（つまり「他者性」）を，彼女は少しずつ認められるようになっていったことを示しています。

⑤ 自閉的心的外傷後発達障害

少し，問題が混乱してしまう可能性があるのですが，長きにわたり自閉症の精神分析的臨床を行ってきたリード（Read, 1999）は，生物学的要因の自閉症とは区別して，生後2年以内の，虐待などによる劣悪な環境における養育体験の結果，ASD と同じような症状を呈することを示唆しています。その状態を

「自閉的心的外傷後発達障害（Autistic Post-Traumatic Developmental Disorder）」としています。

呈している症状の水準としては類似しているため，「自閉的心的外傷後発達障害」のほうを意識しすぎると，環境を原因としがちで，環境調整や養育者の批判に流れてしまうきらいがあるように思います。一方で，ASDは生物学的なものだからと決めつけてしまうと，彼らの「こころを見る」ことや，どのように世界を体験しているのかに想いを馳せる本来の力動的心理臨床から離れてしまうきらいもあるように思います。まずは，生育歴を十分に聴取することからはじめ，さらに彼らの体験にいかに接近できるかが，「こころを見る」臨床家としては重要な視点のように思います。

⑥ 心的次元論

また，メルツァーは自閉症児のこころの変化について，その性質の違いを説明するために，一次元から四次元によって構成される「心的次元論」を提唱しています。

一次元性とは，無思考状態（マインドレス）であり，ある対象に対して無機的に一直線に関わる状態を想定しています。たとえば，自閉症児が，蛇口から出る水を，一定のリズムで指を使って切り続けている状態などがこれに該当するでしょう。象徴形成などのこころの活動はそこになく，空間や平面，時間的連続性がそこには存在せず，その瞬間においてのみ，刺激的な対象（先の例でいうと蛇口から流れ出る水ですね）と接触している状態です。メルツァーら（Meltzer et al., 1975）は，「記憶や考えに利用できない出来事の連続からなっているという特徴」を示唆しています。

二次元性とは，図4-3が示すように，他者とやりとりを行うスペースがなく，同時に，自身の中にも心的空間が存在しない状態を指します。したがって，対象に情緒を「投影」したり，対象から「取り入れ」たりすることができないため，こころも成長していきません。模倣や他者の発言をそのまま機械的に繰り返して言う「エコラリア」はこの次元で起こる現象と言えます。

第4章 児童・青年期に特徴的な病理・障害の精神力動的理解

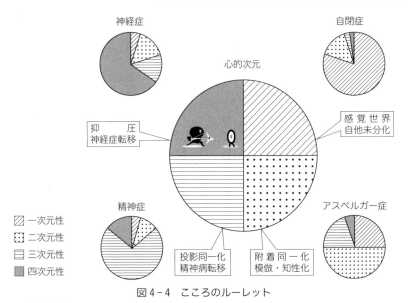

図4-4 こころのルーレット
出所：木部，2012，p. 184 より作成

　三次元になると，対象との「分離性」が存在するようになり，「投影同一化」が可能になります。自己の内側にも空間がある，つまり，こころを認識するようになります。したがって，何かを感じたり，考えたりすることも可能になります。ただし，第2章図2-4でいうところの上側の矢印である「投影同一化」のみが起こっているような状況であり，脈絡がなかったり，場に応じた時間感覚が欠落していたりして，場当たり的な行動として現れたりもします。
　四次元性とは，三次元性で見られるような空間の感覚に加えて，時間感覚の連続性も体験している状態です。さらに，第2章図2-4でいうところの下側の矢印，すなわち「取り入れ同一化」も可能になるため，他者とのやりとり，相互的なコミュニケーションを通じて，こころも成長していくという考え方ですね。
　この「心的次元論」は，クラインの「妄想分裂ポジション」理論同様，四次元性を獲得している人でも，その人が置かれた状況に応じて一次元から三次元を揺れ動くことがあるため，人間のこころの状態を表している概念であると言

うことができます。ちなみに，木部（2012）は，この次元論を援用して，「こころのルーレット」として図式化しています（図4-4）。

●漫画から学ぶ――『NARUTO』における「我愛羅の砂」

　みなさんは人気少年漫画の『NARUTO』に出てくる「我愛羅」という男の子をご存知でしょうか。『NARUTO』は，忍者の子どもたちが成長していくストーリーです。その中に登場する「我愛羅」は，祖国の忍者の里を守るためという理由から，出生時に「守鶴」という狸を憑依させられた人物です。彼の母親は，彼の出生と同時に亡くなってしまいます。父親は，その国の代表（漫画の中では「風影」と呼ばれています）であり，幼少期に「我愛羅」との接触はありません。彼が感情的（特に怒りをめぐって）になると，「守鶴」は暴走をはじめ，破壊性が顔を出します。「守鶴」の力をコントロールできない「我愛羅」は，その国の人々から疎外され，「化け物」と呼ばれたりと，たいへん孤独な幼少期を過ごします。さらに彼の存在は危険であるという理由から，何度も暗殺されかけたりもします。ただ，育ての親である「夜叉丸」（母の弟；叔父）には唯一こころを開いていました。

　また「我愛羅」は，砂の入ったひょうたんを背負っており，砂を自在に操ることができるという特殊能力をもっています。彼の身体に危害が加えられそうになると，その砂が自動的に彼を守るという「最硬絶対防御」も発動します。その結果，身体的な痛みを感じることなく年齢を重ねる彼ですが，「夜叉丸」に「痛み」とはどういう感覚かを教えてもらう場面では，胸を押さえながら「ここんとこがすごく痛い」と言い，内側にこころがあることを体験している様子もうかがえます。そして，「夜叉丸」から，「体の傷」と「こころの傷」があることや，「こころの傷」を癒せるものは他人からしかもらうことのできない「愛情」であることを教えられます。これは，まさしく図2-4の「投影同一化」と「取り入れ同一化」のやりとりの説明そのものですね。

　しかし，その「夜叉丸」にも暗殺を試みられてしまうという非常に「胸が痛い」ストーリーが展開されます。その際に「我愛羅」は，「夜叉丸」から「大

好きだった姉の命を奪って生まれてきたあなたが本当は憎かった。あなたは母にも愛されてなどいなかった」などと告げられ，彼は絶望の淵に立たされます。この「夜叉丸」の言動はすべて，父親である「風影」の命令であることが後に明かされるのですが。

これを機に「我愛羅」は，人との情緒的つながりは憎しみであるという心情のもと殺戮を繰り返すか，人と交流しようものなら自動的に「砂」が発動して交流を絶ってしまうという人物になります。前者は，ビオンが言うところの「H（Hate）」によるつながり，後者における砂は，タスティンが言うところの「硬い殻」に該当するものであり，「自閉状態」が示唆されます。ただし，「夜叉丸」の暗殺事件以前には，内側のスペースが想定されているため，この「殻」は「自閉的心的外傷後発達障害」の症状として捉えたほうがよいようにも思います。

また「我愛羅」の生育歴を鑑みるに，最早期から養育者との関わりが十分得られていたとは言い難い背景もあります。精神分析家であるビック（Bick, 1968）は，最早期の母子関係によって皮膚機能が形成される必要があることを論じています。彼女によると，最早期の時期において，パーソナリティの諸部分は生来的な結びつける力がまったくなく，受動的にまとめあげられることがなければ，バラバラになってしまうと感じていると言います。受動的にまとめあげられていることとは，身体が皮膚によってまとめあげられていると感じることと区別できない体験であると示唆しています。そして，「包み込む機能が取り入れられるまでは，自己の中の空間という概念は生じ得ない」，つまり皮膚のコンテイニング機能が確立されることにより，内的空間と外的空間の識別が成り立つと考えられているわけです。この過程がうまくいかないと，「とり入れ，すなわち，内的空間における対象の構築は障害され，必然的に投影同一化の機能は弱まることなく持続し，それに伴って同一性の混乱が現れてくる」としています。そして，代用物としての「第二の皮膚（second skin）」が形成されることを彼女は提唱しました。具体的には，筋肉の異常な逞しさや，言語能力が飛躍的に高い「言語的筋骨逞しさ」などとして表出されるとしています。

つまり，苦痛を生じさせない防衛として捉えられるでしょう。

『NARUTO』に戻って，最早期に母親やそれに代わる養育者から抱えられる体験が十分になかった「我愛羅」の「砂」は，この「第二の皮膚」としての機能も担っていたと言えそうです。この「砂」には「我愛羅を守る母親」という想いも含まれているということですが，「我愛羅」が空想の中で，母親から「守られている」想いを醸成し，自己のまとまりを何とかつけようとしていたと考えることもできそうです。「砂」によって，他者との交流が阻害されてしまっている面を考慮すると，「第二の皮膚」のような意味合いも強く帯びていそうです。一方で，砂の中に血が滲んだりするなどの情緒性も含まれていることから，「砂」の「非自閉性」も感じられます。

その後「我愛羅」は，同じような境遇で育った主人公の「ナルト」と出会い，自分の「痛み」や「苦しみ」は，他者に「知ってもらえること」や「分かち合える」ことを体験し，暖かな情緒的つながりが可能であることを経験から学びます。ビオンがいうところの，「Kリンク」や「Lリンク」を友情から学ぶわけですね。さらに，「我愛羅」自身が「風影」となり，里を守る立場へと成長します。そして，「第二の皮膚」であった「砂」は，里の人々に危険が及んだ際にはセーフティーネット（つまり「コンテイナー」ですね）となり，抱え，包み，守る機能を果たすようにまでなります。

「自閉状態」から「ポスト自閉状態」への心的変化が，「我愛羅」を通じてとても感動的なストーリーとして描かれている漫画のように思います。

2 注意欠如・多動性障害

続いて，注意欠如・多動性障害（Attention Deficit Hyperactivity Disorder；以下 AD/HD）について見ていきましょう。彼らには，動性，不注意などの行動特性によって，集団での学習や生活上の困難があります。いわば，教室で落ち着いて座って授業を受けられない状態ですね。そして，行動の自己コントロールがうまくいかないといった問題を抱えています。診断基準は DSM-5 を参照

してください。

AD/HDの治療に関しては，中枢神経刺激薬である「メチルフェニデート」（一般名）を服用することで，多動や注意集中困難が改善することが知られています。ただし，副作用として食欲不振や不眠などが出やすいことも指摘されています。

また，落ち着いて生活できるような支援をしていくことに重きが置かれています。学校現場では，彼らは注意欠如のため，行動のまとまりがなく，物事を最後まで遂行できず困っていることが多いと言えます。課題への取り組みが途中で中断した場合は，もう一度，先ほどまでやっていた課題を示し，教師（大人）との間で，落ち着いて取り組める環境を提供することが重要です。学校は様々な刺激があり，彼らにとってはとても気が散りやすい環境であるため，極力刺激の少ない環境（教室）を提供する必要もあると言えるでしょう。

また，行動スケジュールややりたいことの優先順位表などを作成し，見えるところに貼り，し終えたことをチェックするなど，視覚的に取り組めたことが分かるようにすることも1つの方法です。

3　限局性学習障害

「限局性学習障害（Specific Learning Disorder；以下LD）」を見てみましょう。LDとは，認知能力のばらつきが大きく，学習場面で学びにくさがみられる状態を指します。「聞く，話す，読む，書く，計算する，推論する能力」のうち，特定のものの習得と使用に著しい困難を示している状態です。生物学的な要因であることや，遺伝的素因が強いことは知られていますが，そのメカニズムに関しては，未だはっきりと分かっていません。診断基準はDSM-5を参照してください。

LDを理解するうえでのポイントは，全般的な知的発達には遅れはないということです。特定の分野の習得に困難を抱えている状態です。たとえば，ハリウッドの映画俳優であるトム・クルーズは，LDの中でも，失読症（ディスレ

クシア；Dyslexia）で知られています。失読症とは，文字を読むことや理解することに困難さを有するもので，文字の読み間違いが見られたり，規則的でない単語を読むことが難しかったりします。特徴的な症状としては，ｂとｄの区別ができないことなどがあげられています。しかし，それ以外の知的発達の問題はありません。そして，後はみなさんもご存知の通り，映画の世界で大活躍をしていますよね。したがって，周囲の適切な支援環境がいかに重要かを物語っていますね。

また，特定の分野のみ困難を抱えているため，できないことが理解されず，一見すると，怠けているのではないかと思われてしまうこともあるようです。たとえば，算数の計算は得意なのに漢字がまったく読めなかったりして，怠けているように映り，「やればできるのに」となってしまうような状況には注意が必要です。

LDに限らず，特別支援教育として重要な視点だと思いますが，支援として，まずどこでつまづいているのかを考える必要があります。たとえば，学校で「はい，みなさん，こちらを向いて」という，教師の指示に応じられない子どもがいるとします。この場合，少なくとも以下の4点に注意を向ける必要があると思います。

　　1．「先生の指示を聞いていないという不注意の問題」
　　2．「言われている意味が分からない理解力の問題」
　　3．「指示が聞こえていないという聴力の問題」
　　4．「指示は分かっているが優先順位が分からないという問題」

以上を見極めたうえで支援は開始されるべきでしょう。そして，LDの場合は，療育的な訓練によって，大なり小なり症状が改善されたりもするようです。たとえば，失読症の場合は，文字と音を正確に関連づける治療法が最初に行われ，読める量を増やしていくという訓練を行うことが多いようです。

4 パーソナリティ障害

　続いてパーソナリティ障害について見ていきましょう。パーソナリティ障害が社会に広く認知されるようになってきたのは，「境界性パーソナリティ障害」が注目されるようになった1960年代後半から1970年代にかけてであると言われています。第8章では青年期中期を描いた映画『17歳のカルテ』を用いてその時期のこころの状態や病理について見ていくのですが，この映画はちょうど1960年代後半が舞台となっており，パーソナリティ障害についても取り上げられています。したがって，第8章で登場人物の状態と照らし合わせながらパーソナリティ障害の理解を深めるために，本章ではまず精神力動的および精神医学的なパーソナリティ障害について概観しようと思います。パーソナリティ障害については，治療的・支援的関わり方がたいへん難しい障害であることが知られています。まずはどのような症状を呈し，どういったこころの状態にあるのかを把握することが必須でしょう。

(1) パーソナリティとパーソナリティ障害

　その前に，そもそも「パーソナリティ」とは何でしょうか。そこから考えていきましょう。パーソナリティの語源は「ペルソナ」（ギリシャ語）であると言われています。つまり，「仮面」を意味します。対人関係を築いていくうえで，ある程度適応的な関わり方をするために身につけるルールや作法と言ったらよいでしょうか。それが「仮面」ということですね。たとえば初対面の人に対していきなり家族のようにフランクに接しても，いぶかしがられたり，馴れ馴れしい人だと思われて，うまく対人関係を築けないかもしれませんよね。したがって，パーソナリティは社会的関係あるいは対人関係の中で身につけていくものであると言えそうです。

　一方，それと類似した用語に「性格」があります。これは，英語で「キャラクター」であり，「刻み込まれたもの」という意味があるそうです。したがっ

て，「パーソナリティ」は後天的なものであり，「性格」は「先天的」なものであると言えます。

　心理学の歴史の中では，パーソナリティ形成における遺伝的要因と環境的要因の影響が長きにわたり議論されてきました。最近では，双方の影響によって形成されるということで落ち着いてはいるようです。つまり「遺伝か環境か？」の議論から「遺伝も環境も」影響しているという考え方になってきたのですね。そして，そのパーソナリティに障害があるとはどういうことなのか理解することを目的に本節を進めていこうと思います。

●小説から学ぶ——『重力ピエロ』にみる「遺伝と環境」

　パーソナリティ形成における遺伝因と環境因を考えるうえでたいへん参考になる小説に，伊坂幸太郎の『重力ピエロ』があります。主人公は異父兄弟であり，兄は「泉水（いずみ）」，弟が「春（はる）」です。この2人がなぜ異父兄弟なのかと言うと，弟の「春」は母親が「強姦」されたときに授かった子どもだからです。「春」の実父は，その地域で「強姦」を繰り返して逮捕されますが，出所後も売春を斡旋する仕事をしており，また，かつての悪事を武勇伝のように語るなど，「完全悪」の人物として描かれています。一方，「泉水」と「春」を育てる父親は，平凡な公務員であり，母親は「春」が高校生のときに，交通事故で亡くなってしまいます。この交通事故は自殺の含みももたされているような描写になっています。

　「泉水」の特徴としては，父親と同じように非常にまじめで，遺伝の研究をして大学院を出た後も遺伝子を取り扱う企業で働いています。「春」は，街中に描かれたグラフィティアートを消す仕事をしている設定になっていますが，実は自分で描いては消すことを繰り返していることが物語の中盤で明らかになります。彼は，身体能力が高く，また絵の才能にも恵まれています。同時に暴力性が高い様子も描かれています。また，実父と同様，アルコールが飲めず，ジンジャエールが好きです。一方，育ての親の「嘘をつくとき唇を触る」という癖をもっています。

さて，こうした「春」の特徴は，どのように考えることができるでしょうか。アルコールが苦手であることや，身体能力の高さなどは，おそらく遺伝的な特性であると言えるでしょう。「唇を触る」癖は，環境の中で父親から「取り入れ」た行動ですね。議論の余地がありそうなのは，パーソナリティ的特徴として捉えられる暴力性の高さでしょうか。同級生をバットで殴ったり，実の父親を撲殺したり，放火をしたり，ゴミを蹴散らしたりといった描写がありますが，これらを実父からの暴力性の遺伝と捉えるのは短絡的な気もします。

　「春」は，幼少期から自分の出生の秘密に苛まれてきました。母親が亡くなったときに父親が「泉水」と「春」に話しかける場面があります。この時に「春」の出生の秘密が明らかにされるのですが，父親は即座に「春」を産む決心をしたことを語りかけます。そして「春は俺の子。俺の次男で泉水の弟。俺たちは最強の家族だ」と告げ，少なからずこの家族の中で育まれた温かな情緒も「春」の中にはある様子がうかがえます。

　また，「春」はガンジーを崇拝し，「非暴力・不服従」を座右の銘にして生きていました。しかし，内側から沸き起こってくる憎悪の感情は，どうしようもないものです。その結果が，暴力となって現れてきてしまっているようです。したがって，もともとの特性としての暴力性の高さもあるかもしれませんが，大変な境遇から生じる憎しみの感情によっても，この暴力性は助長されていると言えるのではないでしょうか。まさに「遺伝も環境も」といったところでしょうか。

　また，「重力」とは何を意味しているのかも非常に興味深い問いのように思いますので，そのことについて考えながらこの小説を読んでみるのも一興です。

（2）パーソナリティ障害の精神力動的および精神医学的理解

　では，「パーソナリティ」に「障害」があるとはどういうことでしょうか。精神分析の立場から松木・福井（2009）は，パーソナリティ障害は「行動の病」であることに言及しています。つまり，不快や苦痛な感情や思考をこころに置いておくことが耐えられず，行動を起こすことでそれらを発散，「排出」

している状態だと考えられます。その結果現れるものが，自傷や過食，性的逸脱行為，ひきこもり，家庭内暴力，薬物・アルコール依存，非行などの反社会的行為などというわけですね。

　そして，最新の精神疾患に関する診断基準であるDSM-5によると，「パーソナリティ障害全般」に関しては，青年期にはじまり，自己や他者の認知が極端に偏っていたり，感情や対人関係がたいへん不安定であること，衝動制御の困難さ，社会的，職業的，または他の重要な領域における機能の障害がその基準になっています。

　また，松木・福井（2009）は，「境界性パーソナリティ」がパーソナリティ障害の中核にあり，治療が進んでいくと，どの類型のパーソナリティ障害でも「境界性パーソナリティ」の特徴が現れてくるとも述べています。よって，「境界性パーソナリティ」の特徴も見てみましょう。「境界性パーソナリティ障害」が認知されはじめた1970年代におけるガンダーソンとシンガー（Gunderson & Singer, 1975）の「境界患者の定義」によると，対人関係や精神状態の不安定さ，衝動性，アンヘドニア（喜びを感じられない状態），一過性の精神病的状態（第8章に詳細記載）などがあげられています。確かに，パーソナリティ障害の中核には，「境界性パーソナリティ」があると言えそうですね。

　さらに，DSM-5では，A群，B群，C群に10のパーソナリティ障害が分類されています。A群は，「奇妙で風変わりな特徴を主体」としており，「妄想性パーソナリティ障害」「スキゾイドパーソナリティ障害」「統合失調型パーソナリティ障害」の3種類があります。

　B群は「ドラマティック，情動的および不安定な特徴を主体」としており，「反社会的パーソナリティ障害」「境界性パーソナリティ障害」「演技性パーソナリティ障害」「自己愛性パーソナリティ障害」の4種類があります。

　C群は「不安および恐怖な特徴を主体」としており，「回避性パーソナリティ障害」「依存性パーソナリティ障害」「強迫性パーソナリティ障害」の3種類があります。

（3）自己愛構造体

　そして，精神分析理論が発展していく中で，病理的なパーソナリティは自己愛の病理と結びついていることが明らかになってきました。したがって，ここではパーソナリティ障害を精神力動的に捉えるために，精神分析の主要な概念である「自己愛構造体（narcissistic organization）」について見ていこうと思います。

　フロイトは『ナルシシズム入門』（Freud, 1914）の中で，精神分析的なそれを展開しました。「ナルシシズム」すなわち「自己愛」は，個人が自分自身に向けて抱く愛を示すものとして言及されています。当初は，精神分裂病（統合失調症）の誇大妄想を説明するために用いた概念でした。そこでは一次的ナルシシズムと二次的ナルシシズムへの言及がなされています。前者は，自身と環境との境がほとんど意識されていないかのような原初的な状態であり，乳児がまだ対象（母親を想定したら分かりやすいかもしれません）の全体像を認識できておらず，自分自身にリビドーを向けている状態を指します。後者は前者を通過した個人が，それまで対象に向けていたリビドーを自我に向けるというリビドーの自我への再備給が生じることを示しています。フロイトは，対象へ向けられていたリビドーが完全に撤退した病像を「自己愛神経症」と呼び，「転移」が生じない（つまり，対象あるいは他者に関心が向かない）ために分析不可能だとしました。

　その後，パーソナリティ障害全般は，きわめて歪んだ対象関係によって生じる防衛的なものであり，病理現象を説明する概念として捕捉され，「自己愛構造体」と呼ばれています（Rosenfeld, 1971など）。これは，パーソナリティ形成の過程において，十分に抱えられる対象を内在化しうることの失敗によって，「妄想分裂ポジション」から「抑うつポジション」への移行が妨げられ，「妄想分裂ポジション」状態で固定化されるパーソナリティ構造です。このパーソナリティ構造が形成される当初は「健康な部分」を対象の迫害から守るための防衛として用いられるのですが，徐々に構造化されていくと強固なパーソナリ

ティシステムとなり，それ自体がパーソナリティとなっていきます。迫害的な対象ではなくとも，自動的にこのパーソナリティ構造が作動してしまうため，抱えられる対象を内在化することがますます困難になっていくのです。先に言及した漫画『NARUTO』における「我愛羅の砂」は，自動的に作動し，他者との交流を遮断しているところから，1つのパーソナリティ構造としてみなすこともできるかもしれませんね。

その後，ローゼンフェルト（Rosenfeld, 1987）は，自己愛的なクライエントについて，「自分たちはだれの助けも借りずに自分を食べさせ，育てることができたと信じるように決心させられ」「自分たちが（両親，特に母親を表している）精神分析家に依存しているという事実に直面させられたとき，その事実を認めるよりもむしろ死を，非存在となることを，自分が生まれたという事実を否認することを，すべての精神分析的なまたは個人的な進歩や洞察が得られること（両親を意味する精神分析家によって創られたと感じられる，クライエントの中の子どもの部分を表している）を破壊することを選ぶ」と指摘しており，治療的関わりの難しさを示唆しています。さらに，「死がすべての問題解決として理想化される」とさえ言っています。

また，ローゼンフェルトは，自己愛的な内的対象関係で外界を能動的に覆い，外的現実をコントロールしようとする「厚皮（thick skinned）自己愛」と，「薄皮（thin skinned）自己愛」とに分類しています。後者は対人関係を回避しようとする「スキゾイド」や「ひきこもり」であり，シュタイナーが概念化した「心的退避（psychic retreat）」にも通じます。

（4）病理的組織化と心的退避

シュタイナー（Steiner, 1993）は，クライエントが「耐えることのできない不安を避けようと期待している特別な様式の防衛組織」が発達してしまった状態をパーソナリティの「病理的組織化（pathological organization）」と呼びました（図4-5）。彼によると，この組織は「健康な妄想分裂ポジション，抑うつポジションの不安や葛藤に対し防衛的に働き，こころの発達を阻害してしま

第 4 章　児童・青年期に特徴的な病理・障害の精神力動的理解

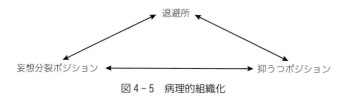

図 4-5　病理的組織化

う」ものであることや，変化に対する強力な抵抗があると言います。

　また，そのために対象や現実との接触から「ひきこもっている」状態を「心的退避」としました。そして，そのような「退避所」は，「鎧」や「隠れ家」としてはたらき，クライエントから語られる素材としては，「家」や「洞窟」，「砂漠地帯」などで表現されることが多いと言います。

　人気バンドの BUMP OF CHICKEN には，「ギルド」（2004）という「人間という仕事」について描かれた楽曲があります（歌詞 4-1）。どこか厭世的な雰囲気を漂わせながら，他者や現実との接触から退避した人間の様や，そこから（「退避所」から）出ていく必要性について歌われているようにも読み取れます。「愛されたくて吠えて　愛されることに怯えて　逃げ込んだ檻　その隙間から引きずり出してやる」というフレーズもありますが，まさしくこの「檻」は，「退避所」を示しているように思います。「休みをください」の「休み」も「退避所」でしょうか。また，「腹を空かせた抜け殻　動かないで　餌を待って　誰か構ってくれないか　喋らないで思っているだけ」と，「退避所」の中にいる人間の本質に触れているように思います。

　その他にも「スキゾイド」心性を見事に描いた映画に，「シザーハンズ」があります。主人公の人造人間「エドワード」は，生みの親である博士が，「エドワード」を完成させる前に亡くなってしまい，文字通り手がハサミの状態で，研究所（城）がある山中に取り残されます。その後彼は山を降りて街に出て，植木や散髪などの卓越した技術によって，人気を博します。しかし，彼の手はハサミですから，人と親密になろうとしたり，つながりをもとうとすればするほど，他者を傷つけてしまいます。結果，また研究所にひきこもることになるというストーリーです。この話から，「退避所」は，「砂漠」のような不毛な場

125

「ギルド」
作詞・作曲：藤原基央

人間という仕事を与えられて　どれくらいだ
相応しいだけの給料　貰った気は少しもしない

いつの間にかの思い違い　「仕事ではない」解っていた
それもどうやら手遅れ　仕事でしかなくなっていた

悲しいんじゃなくて　疲れただけ
休みをください　誰に言うつもりだろう

奪われたのは何だ　奪い取ったのは何だ
繰り返して　少しずつ　忘れたんだろうか
汚れちゃったのはどっちだ　世界か自分の方か
いずれにせよ　その瞳は　開けるべきなんだよ
それが全て　気が狂う程　まともな日常

腹を空かせた抜け殻　動かないで　餌を待って
誰か構ってくれないか　喋らないで　思っているだけ

人間という仕事をクビになって　どれくらいだ
とりあえず汗流して　努力をしたつもりでいただけ

思い出したんだ　色んな事を
向き合えるかな　沢山の眩しさと

美しくなんかなくて　優しくもできなくて
それでも呼吸が続くことは許されるだろうか
その場しのぎで笑って　鏡の前で泣いて
当たり前だろう　隠してるから　気付かれないんだよ
夜と朝を　なぞるだけの　まともな日常

愛されたくて吠えて　愛されることに怯えて
逃げ込んだ檻　その隙間から引きずり出してやる
汚れたって受け止めろ　世界は自分のモンだ
構わないから　その姿で　生きるべきなんだよ
それも全て　気が狂う程　まともな日常

与えられて　クビになって　どれくらいだ
何してんだ　望んだんだ　選んだんだ「仕事ではない」　解っていた

歌詞4-1　BUMP OF CHICKEN「ギルド」

所であるのと同時に，研究所が山中にあることから，「高みの見物」といった，他者や現実との接触を避けながら「見下す」ことのできる場所になっていることにも気付かされる映画であるように思います。

（5）見ることと見られること

その後，シュタイナー (Steiner, 2011) は，「病理的組織化」における「退避所」から出てくるときの人間の様子についても理論化を図っています。心理療法において，クライエントが自分の不安や苦痛，孤独，恐怖などをセラピストに「分かってもらえる」「理解してもらえる」かもしれないと感じられると，「退避所」から出ようとする動きが生じてきます。その際，今まで接触を回避していた現実や対象との接触を余儀なくされます。簡単に言うと，周囲をよく見ざるを得なくなるということでしょうか。換言すれば「現実検討能力」の「復元」や「獲得」ということになるかと思います。実際に筆者が今までに出会ったクライエントの言葉を借りると，「世界に光が満ちた」といった表現になり，「明るさ」に触れる感覚があるようです。また，それまで真っ黒の服を身に纏っていたクライエントの服装が少し明るくなったりする印象もあります。

一方で，「守られていた退避所」から出てくるわけですから，他者の視線にも曝される感覚が大なり小なり出てきます。「批判される」感覚や「恐怖を植え付けるようなものの見方で観察されている」体験となり，「恥」を感じるのだとシュタイナーは言います。そして，この「恥」の体験は，「決まりの悪さ」から「屈辱」まで，スペクトラム（連続体）になっていることを体系化しています。

つまり，シュタイナーは「退避所」から出てくるときに感じられる「見ることに向き合う不安」と，「見られることに向き合う不安」について，分類しているわけですね。先ほどの BUMP OF CHICKEN の「ギルド」の中には，「退避所」から出てくる感覚についても描かれているように思います。たとえば，「いずれにせよその瞳は開けるべきなんだよ」や，「向き合えるかな　沢山の眩しさと」といった，「檻」という「退避所」から出てきたときの，「眩しさ」つ

「オンリーロンリーグローリー」
作詞・作曲：藤原基央

そしてその身をどうするんだ　本当の孤独に気づいたんだろう
溢れる人の渦の中で　自らに問いかけた言葉
放射状に伸びる足跡　自分だけが歩き出せずにいる

死んだ心をどうするんだ　忘れた振りして覚えてんだろう
突き放しても　捨ててみても　どこまでも付いて来るって事
闇に守られて　震える身に朝が迫る

置いてかれた迷子　遅すぎた始まり
さあ　何を憎めばいい
目隠しをしたのも　耳塞いだのも
全てその両手

ロンリーグローリー　最果てから声がする
選ばれなかった名前を呼び続けてる光がある
オンリーグローリー　君だけが貰うトロフィー
特別じゃないその手が　触れることを許された光

そして僕らは覚悟した　本当の恐怖に気づいたんだよ
隠れてみても　逃げてみても　いつかは照らされるって事
位置について　息を吸い込んで　吐き出して
合図を待つ

笑われる事なく　恨まれる事なく　輝く命などない
眩しいのは最初だけ　目隠し外せ
ほら　夜が明けた

ロンリーグローリー　大丈夫どうやら歩ける
一人分の幅の道で　涙目が捕まえた合図
オンリーグローリー　僕だけがもらうトロフィー
一人に凍えるこの手が温もりと出会うための光

息絶えた心を撫でた
殺したのは他ならぬ僕だ
傷跡に　雫が落ちた
動いたんだ　僅かでも確かに

まだ生きていた、僕の中で一人で
呼吸を始めた、僕と共に二人で

僕だったから　それが見えた
「おはよう、ごめんな、思い出せるかい」
孤独を知ったから　また出会えた
孤独じゃない

歩き出した迷子　足跡の始まり
ここには命がある
選ばれなかったなら選びにいけ
ただひとつの栄光

ロンリーグローリー　最果てなど無いと知る
この歩みよりももっと速く　飛び続けてる光ならば
オンリーグローリー　それこそが狙うトロフィー
特別じゃないこの手を
特別と名付ける為の光

歌詞4-2　BUMP OF CHICKEN「オンリーロンリーグローリー」

まり「恥」の感覚についても言及していると言えそうです。出てきたときの世界は「気が狂う程　まともな日常」ということなのでしょう。これは，「妄想分裂ポジション」と「抑うつポジション」の間の揺れ動きを示唆しているようにも聴こえますね。その他にも，「オンリーロンリーグローリー」（2004）で，「闇に守られて」や「最果て」「隠れてみても　逃げてみても」などの「退避所」と思われる表現が見られ，その中にいる様子を「死んだ心」や「息絶えた心」「迷子」「孤独」と表しているようです。さらに，「退避所」から出てくることに関しては「笑われる事なく　恨まれる事なく　輝く命など無い　眩しいのは最初だけ　目隠し外せ　ほら夜が明けた」と歌っています（歌詞4-2）。彼らにはこのような「退避所」に言及した表現や，そこから出てくるときに抱く気持ち，そこから出て「人間らしく生きていこう」というメッセージを発信している楽曲が多いように思います。

5　摂食障害

　ここでは，児童期から青年期（思春期）に移行する時期に特に発症しやすいとされる摂食障害について見ていこうと思います。日本では，1960年代から注目されるようになりました。近年では，男性の摂食障害も増加傾向にあるようですが，圧倒的に女性に多く見られ，「やせ」が歓迎されるという社会・文化的な要因を含んだ，身体で表現された精神的な病理として理解されてきています。そして，「神経性無食欲症」と「神経性大食症」および「過食性障害」に大別されます。前者はいわゆる「拒食症」，後者2つは「過食症」と呼ばれるものです。

　まずは，診断基準から見てみます。摂食障害の診断に関しては，それほど複雑ではありません。ただし，対応や治療，援助に関しては，たいへん難しい障害であると言われており，適切な病態の把握が重要です。さらに，ここでは精神力動的な視点からも捉えることで，彼ら（彼女ら）のこころの本質に接近してみましょう。力動的にはパーソナリティの問題が中核であるとされているた

め，ここまでの流れとつながりますね。

まずはそれぞれの障害の特徴を確認しつつ，事例で理解を深めていきましょう。

（1）神経性無食欲症

「神経性無食欲症（Anorexia Nervosa：AN）」は，必要量のカロリー摂取を制限することで低体重を求め，維持し，期待される最低体重を下回っている状態です。また，体重が増加することや肥満になることに対する強い恐怖が存在し，体重増加を妨げる持続した行動も見られます。そして，現在の低体重の深刻さに対する認識が欠落しています。たとえば，どんなに低体重でも「私はやせていない」と言ったりします。さらに，ボディイメージの障害（適正体重やそれを下回っているにもかかわらず太っていると思うことなど）や，自己評価に体重や体型が過剰に影響しているなどの特徴もあります。ちなみに，低体重の重症度については，body mass index（BMI：体重(kg)÷{身長(m)×身長(m)}）という計算式で出される肥満指数を参考にします。18.5〜25未満が「普通体重」）にもとづき，軽度がBMI≧17 kg/㎡，中等度がBMI 16〜16.99 kg/㎡，重度がBMI 15〜15.99 kg/㎡，極度がBMI＜15 kg/㎡とされています。統計上もっとも病気になりにくいとされる値は22と言われています。

さらに，下位分類があり，「神経性無食欲症」の中でも「摂食制限型」と「過食・排出型」に分けられます。

① 摂食制限型

「摂食制限型（Restricting type：AN－R）」は，過食や排出行動（「自己誘発性嘔吐」，下剤の不適切な使用，浣腸の乱用など）のエピソードがないことを特徴とします。そして，食事自体を拒否したり，過度に制限したり，あるいは過剰な運動によって体重減少を希求，維持します。

② 過食・排出型

「過食・排出型（Binge-purging type：AN-BP）」は，低体重を維持するために，過食や排出行動が繰り返されている状態です。また，「自己誘発性嘔吐」は「パージング」とも言われ，自分の指を喉に押し入れて，吐くことを誘発し，その際に，指を噛むことも多いため，指の付け根に「吐きダコ」なるものができるクライエントもいます。

③ 架空事例で見る神経性無食欲症（摂食制限型）の発症までの経過

Gさんは，17歳の女子高校生です。地域で有数の進学校に通う高校2年生です。1年の冬までは，身長162 cmで体重50 kgでした。1年の3学期に，同じクラスの友達と，女性週刊誌を参考に興味半分でダイエットを開始します。自分ではそんなに太っているとは思っていませんでしたが，顔が丸く見えることは気になっていました。

はじめは，帰宅後の間食をやめ，昼食の弁当を残すようになります。母親は，肉類を残すことに気付き，Gさんに理由を尋ねました。しかし，Gさんはダイエットをはじめたことは言えませんでした。その後，Gさんは昼食の弁当の残りを学校で捨てるようになります。空腹感にはひたすら耐えていました。

春休みに入った頃，体重は47 kgとなり，それをたいへんうれしく感じ，1日3回も体重を測るようになります。その頃，一緒にダイエットをはじめた友達はすでに食事制限の辛さに耐え切れず，ダイエットをやめていました。

高校2年の夏には，体重は42 kgになっており，それまで規則正しくあった月経がこなくなりました。体も軽くなり，月経に煩わされることなく，勉強に励むことができるようになったと，むしろ無月経を肯定的に捉えていました。

その後，夕食の摂取量も極端に減り，肉類や炭水化物を避けるようになります。また，栄養学や料理の本を読むことが増え，その日の摂取エネルギーを細かく計算しないと気がすみませんでした。また，食べる時間は2時間もかかるようになり，食べ物を細かく刻み，少しずつゆっくりと食べていました。

両親は，娘の食事量の著しい減少や急なやせ方を心配し，何とか量を食べる

ように説得しましたが，Gさんは頑なに拒否していました。一方で，前にも増して熱心に勉強するようになり，成績も伸びました。

高校2年の秋には，さらに食べるものが限定されるようになり，海藻やこんにゃくを中心として，1日の摂取量を700kcalまでに抑えていました。

体重はついに36kgに落ち込みます。そして家や学校で，何らかの理由をつくって，1人で食べるようになってしまいます。

母親は病院を受診させようとしますが，「やせたいとは思っていない」「こんなに元気で，どこも悪くない。病院にいく必要がない」と言ってAさんは応じませんでした。しかし，学校の体育の時間に頻繁に気分が悪くなり，養護教諭を通じて心療内科受診を強く勧められて12月に受診しました。

④　神経性無食欲症の経過

上記の架空事例をもとに，典型的な「神経性無食欲症」の経過を段階に分けて少しまとめてみましょう。

まずは，「1a. 正常なダイエットの時期」と呼べるような時期があります。児童期から思春期に差し掛かってくると，少なからず自身の身体に対する関心が高まり，「やせ」を賛美するような文化的要因も相まって，「やせ願望」が高まります。自分の意志でダイエットをはじめ，目標体重を目指して，さらに努力を続けます。そして，体重減少に対する達成感もある時期と言えるでしょう。

続いて，「1b. ストレスの中で体重が減る時期」に入っていきます。ダイエットを自分の意志だけで続けるのは，特に食べ盛りである思春期の子どもにはなかなか難しいものがありますから，諦めてしまうことも多いものです。しかし，その後摂食障害を患うようになるクライエントは，さらにダイエットを押し進めていきます。背景には何事も完全にこなさないと気がすまないような「完璧主義」の要因があると言われています。勉学や仕事，クラブ活動，および人間関係などのストレスを，食事を制限して体重が減少することで得られる満足感や達成感で「置き換え」ます。その結果，気が付くと体重が減っていて，食欲不振や身体症状（悪心・嘔吐，下痢）で発症にいたります。

そして、いよいよ「2．病気として診断が可能となる時期」になります。目標の体重となっても、自分では食事制限が止められず、やせすぎに対する周囲の指摘や心配に反発や無視をします。さらに、診断基準を満たす症状や、病的な「肥満恐怖」、徹底した「やせ願望」、「ボディイメージの障害」、無月経などが現れます。

さらに恐ろしいことに、「3．症状が一人歩きする時期」がやってきます。病気の引き金となった現実的な問題が解決しても、症状はなくならず、食事制限ややせるための行動は自分ではまったく止められなくなります。頭の中は食事と体重のことでいっぱいになってきます。

そして、「4．病気がアイデンティティとなる時期」に到達してしまいます。単に「神経性無食欲症」にかかっているだけでなく、その障害を抱えていること自体が自分の存在価値となってしまいます。したがって、障害（拒食症状）がなくなると、自分には何も残らないという恐怖も背景にはあり、障害を「手放す」ことがますます難しくなっていきます。

（2）神経性大食症

「神経性大食症（Bulimia Nervosa：BN）」は繰り返される過食のエピソードが中心的な特徴です。過食とは、明らかに多く食物を食べ、また、食べることを制御できないという感覚（例：食べるのをやめることができない、または、食べる物の種類や量を制御できないという感覚）と定義されています。そして、体重の増加を防ぐための反復する不適切な代償行動が見られます。このあたりは、「神経性無食欲症」の「過食・排出型」と同じですね。

① 架空事例で見る神経性大食症の発症までの経過

Hさんは、大学を卒業後、事務職として働いている26歳の女性です。155 cm、48 kgでした。仕事はかなりハードで、24歳頃からは女性の同僚との関係もうまくいかずに悩んでいました。学生時代から付き合っていた男性が就職してからは、会う時間も少なくなり、相談する相手も他にいませんでした。25歳から、

入眠障害や頭痛が出現します。近医内科にかかり，頭痛薬と睡眠薬をもらっていました。食生活は不規則で，朝食抜き，昼食も軽く取る程度で，夕食や夜食に重きを置いていました。

　ある日，仕事で夜遅く帰ったとき，突然何もかもが嫌になって，家に置いてあったお菓子やパンなどをやけ食いしてしまいますが，それによって気分が落ち着くことを知ります。それからほぼ毎日，帰宅時に2～3人分のケーキやクッキーを買い，食べて寝るようになります。すると，不思議と睡眠薬なしでも眠ることができました。

　26歳時には，付き合っていた男性と別れ，気分の落ち込みが続きます。そんなとき，体重が50kgに増えており，何もかもうまくいかない自分が嫌になり，やけ食いをした後に，自ら口に手を入れて嘔吐します。そのときは，やってはいけないことをしてしまったという感情に苛まれましたが，その後ほぼ毎日，夜食と嘔吐を繰り返します。「どうせ後で吐くから」という理由で，次第に夜食の量が増えていきます。午後10時頃から1時間ほどでケーキを5個，スナック菓子を3袋，ピザを2枚ほど食べるといった具合です。朝食や昼食はほとんど抜くようになっており，結果的には体重は減少しはじめました。

　ある夜，過食して嘔吐した後に強い落ち込みを感じ，こんな自分は生きていても仕方ないと思い，余分にもっていた睡眠薬と頭痛薬を衝動的に合計20錠飲んでしまいます。しばらくしてもうろうとしてきたHさんは，急に死ぬのが恐ろしくなり，母親を呼びます。救急搬送され2日間入院しました。退院時，体重は45kgでした。

　退院後も，食生活や気分の落ち込みに顕著な変化はありませんでした。43kgになった時点で無月経となります。睡眠薬と頭痛薬を処方してもらっていた医師に，過食や嘔吐，自殺未遂のことを打ち明け，精神科に紹介されて受診となりました。

② 神経性大食症の経過

　「神経性無食欲症」同様，「神経性大食症」の典型的な経過もまとめてみま

しょう。

「神経性無食欲症」と同様に「1a．正常なダイエットの時期」があるケースもあれば，衝動的な過食からはじまるケースもあります。Hさんの場合は，後者ですね。

次の段階は「2．意図しない過食行動が出現する時期」です。ダイエットをして，体重が減少する一方で，飢餓に対する反応によって比較的短時間に大量の食物を摂取するという行動が生じます。これが，自分の意志ではない過食行動へとつながっていきます。Hさんの場合は，生物学的な飢餓感というよりは，こころの飢餓感，つまり空虚感を埋めるための過食と言うことができるかもしれません。

「神経性大食症」の「3．病気として診断が可能となる時期」には，飢餓から過食行動に走り，その結果，落ち込みや自己嫌悪，病的な肥満恐怖が生じ，体重増加を防ぐための代償行動（「自己誘発性嘔吐」や下剤，利尿剤乱用）を行うという悪循環の中で，診断基準を満たすようになります。

「4．症状が一人歩きする時期」においては，過食は単なる飢餓に対する反応だけではなく，嫌な気分や不安を和らげる対処法として，確立されてしまいます。つまり「嗜癖化」してしまうわけですね。さらに，過食・嘔吐を止めようとすると，強い不快感に襲われ，また，吐くために過食をすることもあるようです。積極的に行動することも厭うようになります。

「5．病気がアイデンティティとなる時期」は，「過食」をしている自分がアイデンティティとなり，病気がなくなることを考えると強い不安を覚えるようになります。

（3）過食性障害

その他の摂食障害として，最新の診断基準 DSM-5 で新しく追加された診断として「過食性障害（Binge-Eating Disorder：BED）」があります。「神経性大食症」との違いは，その過食が「神経性大食症」の場合のように反復する不適切な代償行動とは関係せず，「神経性大食症」または「神経性無食欲症」の経

過の期間のみに起こるのではないという点です。

（4）病態のクロスオーバー

エディら（Eddy et al., 2008）の縦断的研究によると，「神経性無食欲症」のクライエントの20〜50％が，時間とともに「神経性大食症」に移行する可能性や，「神経性無食欲症制限型」の62％が「神経性無食欲症過食・排出型」へ移行することが示唆されています。

さらに，「神経性無食欲症」から「神経性大食症」間へのクロスオーバーは，発症後5年以内にもっともよく起こることも示されています。また，「神経性大食症」から「神経性無食欲症」への移行については，可能性が少ないことにも言及されています。

（5）環境的要因

では，上記のような摂食障害を発症する背景には，親子関係や，家族関係，さらには社会的要因など，どのような環境的要因があると言われているのでしょうか。

① 母子関係

摂食障害はその病態理解の歴史において，母子関係の問題が取り沙汰されてきました。典型的なストーリーとしては，過保護な母親に適応するために「良い子」として児童期までは育ってきたケースを描くことができます。実証的なデータとしても，「母親の神経症的傾向と過干渉」（石川ら，1960）が示されていました。上記の架空事例でも，そのような側面を読み取ることができるでしょう。

しかし，思春期に入り，「アイデンティティ」を確立していく課題に直面した際に，これまで親に合わせてきたため，自分の中には「何もない」「空っぽだ」「むなしい」といった情緒が浮上してくることになります。そういった情緒を感じないようにするために体重という「数字」に価値を見出し，「やせて

いる自分は優れている」と思い込み，拒食は進行していくというストーリーが考えられてきました。あるいは過食という行動で物理的に空虚感を埋めたりし，万能的に振る舞うこともあります。

② 家族病理

また，母子関係の問題のみに留まらず，家族病理としての視点からも検討がなされてきました。両親の性格として，父親は，「無力で権威に乏しいタイプ」と「専制的で家庭的でないタイプ」などが指摘されてきましたが，共通する点は放任気味であるところでしょうか。また，母親は，活動的で気が強く，支配的な養育態度などが取り上げられてきました（下坂，1961など）。

その他にも，両親の不和であるといった，家庭内の不穏な空気の影響も考えられています。たとえば，摂食障害の家族コミュニケーション形態としてミニューチン（Munichin, 1978）は，以下のような特徴をあげています。すなわち，家族メンバー間で個人の境界が不鮮明で，過剰な一体感があることや，家庭外部に対して過度に防衛的で，緊張や葛藤に敏感に反応し合って子どもを過保護にしている状態，現状維持に固執し，家族の変化の必要性を認めない様子，両親間の問題に子どもを巻き込むなどです。その結果，子どもの変化や成長は家族にとって脅威に感じられ，子どもが摂食障害を発症することで，成長することを阻害しているといった考え方ですね。

さらに，親のうつ病またはうつ状態といった精神障害の存在や，父親のアルコール依存などの影響も報告されています（下坂，2001）。

③ 社会的要因

こころの状態に影響を与える社会的要因についても見てみようと思います。やせ礼賛と肥満蔑視の社会風潮や，女性の社会的自立，飽食の時代，ファーストフードやコンビニエンスストアの出現なども摂食障害に影響を与えていると言われています。

少し余談になりますが，筆者がケニアの精神科病院を訪問した際，そこで働

く精神科医が摂食障害はほとんど見たことがないと言っていました。生存に晒される社会では、あえて食を媒介とした病理にはならないということでしょうか。また、自傷行為を行うクライエントもほとんどおらず、一方で自殺へと向かうクライエントのほうが多いとのことでした。

（6）特徴的な病態

さて、ここからは摂食障害に見られる、行動面や心理面の特徴的な病態を見ていくことにしましょう。摂食障害病理を、摂食行動や心理的特徴を包括的かつ多面的に測定する代表的な質問紙に、ガーナーら（Garner et al., 1983）によって作成された摂食障害調査票（Eating Disorder Inventory；EDI）があります。これは、64項目からなり、その中には摂食障害を説明する要因として、心理的特徴を捉える「無力感」や「完璧主義」「対人不信」「内部洞察（の低さ）」「成熟恐怖」、および摂食行動や体型に対する態度に関する「やせ願望」や「過食」「体型不満」の、合計8つの視点が含まれています。一人ひとりの病態によって、これら8つの程度は異なります。少し、精神力動的な視点も交えながら、これら8つの要因について見ていきましょう。

① 無力感

松木（2008）は、摂食障害のクライエントからは、無価値な自分で過ごしているという「傷つきやすさ」や「孤独感」「劣等感」「恥辱感」が感じられることを示唆しています。その背景には、乳幼児期に母親との関係において体験された「母親の愛情の喪失に対する不安」がおそらくあり、「喪失に圧倒されたこころに生じたもの」が摂食障害病理の基盤になっていることにも言及しています。

その結果、こころの中核には「むなしい」「自分には何もない」「からっぽだ」という想いがあり、それを「やせておく」ことで、他者より優れていることを示し、そういった気持ちを体験しないようにしているのだと言います。したがって、「無力感」は、摂食障害の中核的情緒、あるいは「こころの痛み」

と言うことができそうです。

② 完璧主義

「完璧主義」は，すべてを自分の思うようにコントロールし，完璧にこなさなければ気がすまない様であり，したがって，第1章で見たように「肛門期」と関連があると考えられます。松木（2008）は，摂食障害が「肛門性格」であることを示唆しています。それはとても「けち」な様子や，カロリーや体重に極端にこだわる几帳面さ，拒食時の「強情さ」や過食時の「わがままさ」などに現れていると言います。また「自己誘発性嘔吐」は，口が排出経路となって「倒錯的に肛門化」しているとも考えられています。また，「強情に」ダイエットを続けられてしまうのも「完璧主義」のなせる業でしょう。

③ 対人不信

先述の架空事例からも分かるように，摂食障害発症前のパーソナリティ的な特徴として「良い子」であったことが一般的には言われています。小学校では，非常に優等生で学級委員なども積極的にこなし，リーダー的な役割を引き受けていたというエピソードもよく耳にします。また，心理療法の経過の中で，「自分が中心になって，クラスが一致団結して1つの目標（運動会で自分のクラスが優勝するなど）に向かって取り組んでいる小学校中学年くらいの感じが一番よかった」といった，児童期の心性に非常に親和性のある体験が語られたりもします。これは，エリクソンの発達段階で言うところの「勤勉性」に該当する部分ですね。思春期以降のアイデンティティの獲得の課題に向き合うことがなかなかできないとも言えそうです。

そして，「良い子」で振る舞わないといけない背景には「対人不信」の問題があると考えられています。両親に頼らず，自分で何とかしないといけない想いともつながりそうです。さらに，前川ら（2011）の実証研究からは，「神経性無食欲症」において，「きょうだいに対する親和的態度」の高さが「対人不信」の高さに影響を及ぼしていることが示唆されています。つまり，良いきょ

うだいであろうとする，きょうだいに対して優しく愛情深い態度で接しようとする，「おもねる」振る舞いは，対人的な信頼感のなさから生じているのではないかと考察しています。したがって，きょうだい間においても「良い子」の振る舞いをしていると言えそうです。

④ 内部洞察（の低さ）

「内部洞察」の低さは，「自分の気持ちが分からない」「自分の気持ちをうまく人に伝えられない」といった質問項目に代表されるように，自分のこころの状態に関して，十分に把握できていないことを指しています。この背景には，摂食障害を発症するまでの生育歴の中で，養育者から気持ちを十分に「コンテイン」してもらえなかったことや，「気持ちを落ち着かせて」もらう経験に乏しかった様子がうかがえます。その結果，「良い子」にしていれば，養育者の「庇護」や「保護」を得られるため，そのような振る舞いを「防衛的に」身に付けてきたと考えられます。しかし，情緒について，他者に十分に考えてもらっていませんから，自分のこころの状態が分からないことにつながるのでしょう。

⑤ 成熟恐怖

女性に多く見られる摂食障害は，成熟拒否や，女性性の拒否，女性としての自己を受け入れること，あるいはアイデンティティを確立することの拒否という見解が，これまで示唆されてきました（下坂，1963など）。それに加えて，松木（1997）は，「ジェンダー・ロール・アイデンティティ」という視点を追加しています。すなわち，自分は「男性である」あるいは「女性ではない」といった，「性同一性」の問題ではなく，「自分が女性である」とは分かっているものの，女性としての振る舞いや態度，役割を受け入れようとしない点での問題として捉えようとしています。また，男性に愛情を向けることを素直に肯定できない女性の摂食障害のクライエントもいることから，性愛対象の方向性の障害についても示唆しています。

さらに松木は，臨床経験から「神経性無食欲症」のクライエントの父親の

「ジェンダー・ロール・アイデンティティ」についても言及しています。彼らの，「受身的」で，「回避的」「傍観者的」「指導性や意欲に欠ける」という特徴を描写しています。そして，父親のそのような特徴が，摂食障害のクライエントの「母親との病的な結びつきを増強させたり，促進させる」媒介となる可能性も考慮してよいかもしれないと述べています。

⑥ やせ願望

現代社会，特に先進国においては，社会文化的な背景として，肥満が多くの身体的疾患を引き起こす原因となるという健康上の理由に留まらず，美容上の理由からも，やせた，あるいはスリムな体型が理想化されている風潮があるように思われます。その影響を受け，多くの女性がモデルのようにやせた身体を望み，ダイエットに関心を向けるようになります。草野（2000）は，「ひとより少しやせている」ことが他者との差異化を図るうえで，重要な要因となり，また「やせている」ことが自己効力感になることを指摘しています。自己効力感が低い，あるいは，無力感が高い摂食障害，特に「神経性無食欲症」のクライエントは「やせている」ことに効力感を見出すため，発症する要因として，強い「やせ願望」があると言えます。

⑦ 過　食

「過食」に関しては，不適切な「防衛機制」や「ストレスコーピング」のあり方として捉えることができそうです。あるいは，「拒食」が続いた後の「生命維持本能」としての衝動性と考えることもできるかもしれません。「食欲がない」「空腹感がない」という発言は「否認」であり，背後には「食べること」への強い衝動があり，それが暴発したときに「過食」へとつながるとも言えそうです。

⑧ 体型不満

摂食障害は身体を用いた精神的な病理であると考えられることから，自身の

身体への関心や不満が背景にあると考えられます。前川（2005）は，「体型不満」に影響を及ぼす要因として，「体型に関する指摘」をあげています。つまり他者から「やせたほうがいい」と言われたり，「太っている」ことを指摘されたりすることが，「体型不満」を助長させると考えられます。ただし，それが直接摂食障害に結びつくかは，考慮すべきことだと思います。そのような指摘を受けても，平気な人や受け流せる人ももちろんいるわけですから。一方，興味深いデータとして，前川（2005）は，「父親の過干渉傾向」が強いほうが，「体型不満」の低さを予測する因子になるという結果を示しています。そして，過干渉で過保護な父親の養育行動が，「体型不満」を高めない可能性についても言及しています。

タイソン（Tyson, 1982）もまた，子どもの「ジェンダー・ロール・アイデンティティ」の形成には，父親の「支持的」「断定的」「活動的」な側面の重要性を示唆しており，それは「過干渉傾向」とも関連しているかもしれません。

⑨ 自傷行為

上記の8種類に加え，自傷行為の併存も指摘されています。

1980年代になると，摂食障害に自傷行為（Self-Injurious Behaviors：SIB）が併存するケースが増えてきていることが報告されるようになります。シヴィルコとハートン（Svirko & Hawton, 2007）のレビューによると，摂食障害における自傷行為の並存率は25.4〜55.2％と，強い関連が示唆されています。摂食障害における自傷行為は，衝動性やうまく情緒をコントロールできないこととの関連，そしてその背景には幼少期の虐待などが示唆されており，クライエントが抱える怒りも無視できないと言われています。

また，臨床的にこのような事例は難治例とされ，治療は困難をきわめることが知られています。そして，適切な治療法が確立されているとは言い難く，医療現場では暗中模索の段階が続いているのが現状です。

フジモリら（Fujimori et al, 2011）は，質問紙で摂食障害（Eating Disorder：ED）のクライエントに自傷行為（Self-Injurious Behaviors：SIB）の有無を調査

表4-1 摂食障害病理および養育体験の3群
(ED+SIB, ED/no SIB, 健常群) の比較

摂食障害重症度	ED+SIB＞ED/no SIB＞健常群
父親ケア	ED+SIB＜ED/no SIB, 健常群
母親ケア	ED+SIB, ED/no SIB＜健常群

出所：Fujimori et al., 2011

し，1か月以内に自傷行為が認められた群（ED+SIB群）と，1か月以上前あるいは行ったことのない群（ED/no SIB群）に分類し，健常群も含めて3群で，摂食障害病理の程度の差異および，養育体験の違いについて，検討を行っています。その結果，1か月以内に認められた（ED+SIB群）のほうが，摂食障害病理が重症であることが明らかになっています。さらに，EDの2群は健常群に比べ，母親のケアが十分でなかったと感じていることや，1か月以内に認められた（ED+SIB群）はそうでない（ED/no SIB群）や健常群よりも父親のケアに関しても十分でなかったと感じていることが明らかにされています（表4-1）。

（7）病態の力動的理解

ここからは，もう少し精神力動的な視点から，摂食障害の背景を捉えてみましょう。

① コンテイナー-コンテインド関係の反転

ウィリアムズ（Williams, 1997）は，摂食障害を発症するクライエントの乳児期について，「乳児自身の不安が母親（養育者）によってコンテインされず，その代わりに未消化な形で押し戻されるだけでなく，母親（養育者）自身の不安の一部が（上乗せされて）乳児に投影されていた」可能性についても言及しています。ちなみにビオン（Bion, 1962）は，「コンテイン」されずに未消化な形で押し戻されることを「言いようのない恐怖」と呼びました。つまり，乳児が「母親の不安のはけ口」になってしまっているという考え方ですね。しかし，このような母親からの投影を消化する手段は当然ながら乳児はもち合わせておらず，「進入禁止型防衛システム（no-entry system）」を発達させると言います。

その結果，良いものも取り入れることができなくなり，成長が阻害されるわけですね。このような，母親（養育者）の不安の受け皿に乳児がなるような状況を，ウィリアムズは「コンテイナー－コンテインド関係の反転」と呼びました。このようなメカニズムが，摂食障害発症の背景にはあるのではないかというわけです。そして「拒食」は，取り入れることを積極的に「拒んで」いる「進入禁止型防衛システム」が具現化していると考えられそうです。また，このシステムが作動している結果，援助の拒否や自分自身であるという感覚の欠如，耐えられないものの外界への過剰な投影も見られることもウィリアムズは示唆しています。

②　自己破壊的超自我

ビオン（Bion, 1962）は，「正常な超自我」と「病的な超自我」を区別し，後者を「自己破壊的超自我（ego-destructive superego）」と呼びました。それは，非常に過酷な「超自我」であり，自由に，主体的に生きることを放棄させるよう「自我」にはたらきかけたり，「自我」自体を機能しないように破壊しようとしたりします。この「破壊的超自我」は，「羨望」の強さに関連しています。「羨望」に関しては第8章の『17歳のカルテ』を通じて詳細に見ていきますが，簡潔に述べると「良い対象に対する破壊的攻撃」であり，「持続的な欲求不満に対する反応」であると考えられます。したがって，①の「コンテイナー－コンテインド関係の反転」によって，十分に不安を「コンテイン」されずに欲求不満状態が持続した結果「破壊的超自我」は助長されると言えるでしょう。「拒食」はその「破壊的超自我」の現れというわけですね。ビオンはまた，「自己破壊的超自我」の「学ばない能力」および「建設的な活動をしない点」が，「正常な超自我」あるいは「良心」と対照的であることにも言及しています。

③　健康な自己と病的な自己

松木（2008）は，精神分析の立場から，摂食障害をパーソナリティの病理であると見立て，「中核的な摂食障害」と，その周辺にいる，摂食障害の表面的

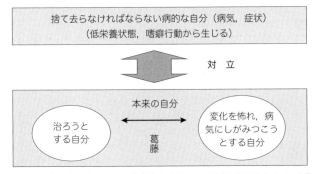

図4-6 「健康な自己」と「病的な自己」の分裂と葛藤（イメージ）

な症状を呈しながらも本質的には異なる群との区別化を図っています。そして摂食障害の中核は「自己愛」の病理であり，「極度にやせた身体であろうとすることで自分を理想化し，万能であろうとして自己についての優越的誇大感を維持しようとしている」と言います。

　その結果，「健康な自己」と「病的な自己」とが，彼ら（彼女ら）の中には分裂して存在することになります。前者の「健康な自己」は，現在の極端にやせている状態や過食が「おかしい」「治さなければならない」，しかし，摂食障害を手放す怖さも感じている自己の部分と言えます。

　一方で，後者の「病的な自己」は，自分に関心を向けてくれたり，本当に心配してくれるような「良い対象」への依存や，自分の無力さ，能力の限界を否認し，万能的に振る舞おうとする自己の部分です。背景には，他者のほうが自分よりも良いものをもっているという「羨望」の強さが潜在的にはあるのですが，それを逆にやせることで「羨望」される側にまわるという対処をしている状態です。その結果，やせた状態は維持し続けられてしまうのです。

　したがって，図4-6のように，「病的な自己」と「健康な自己」が対立し「病的な自己」のほうが優勢になっている状態から抜け出すことが治療的には重要だと言われています。ただし，「健康な自己」はたいへんな無力感や絶望感，無価値観を感じているため，セラピストと協力しながらこのつらい感情にもちこたえて，さらに自分を確立していく，つまり「アイデンティティ」の問題に取り組む必要があると言われています。

(8) 治　療

　ここからは，治療について見ていきましょう。身体治療や行動療法・認知行動療法，力動的心理療法を以下にあげています。摂食障害病理の重要度によって，外来での通院治療から入院治療まで幅広く行われています。

①　身体治療

　摂食障害，特に「神経性無食欲症」は，一際死に近い病理としても知られています。上記では，分裂したこころの状態の理解を試みてきましたが，まずは身体的に死から遠ざける必要がありますので，ここでは少しだけ身体治療も見てみましょう。

　標準体重の80%以上（70%以下は危険な状態）を目標に，経口栄養剤や輸液，薬物療法，経鼻腔栄養摂取などを行います。

　注意すべき状態としては，「リフィーディング症候群（Refeeding syndrome）」があげられます。これは，極端に栄養状態が低下している患者に急激に栄養補給を行うときに生じる低リン血症を中心とした病態であり，急性心不全や急性呼吸不全や，肝機能障害，横紋筋融解症，多臓器不全，低カルシウム血症，低マグネシウム血症などを引き起こします。

　低栄養状態が重度になると，ボディ・イメージの歪みがさらに悪化したり，妄想的な肥満恐怖が出現したり，ときに幻覚妄想も現れてきますので，医学的に正常な身体状態の回復がまずは先決であると言えます。

②　行動療法・認知行動療法

　身体療法と並行して，あるいは，それに続く形で行動療法や認知行動療法が行われることも多いようです。「神経性無食欲症」は，体重増加に対する条件付けられた恐怖または不安によって生じるという考えから，体重増加に関して，徐々に馴らしていく「系統的脱感作法」などが用いられたりもします。

　また，「やせている私は価値がある」「少しでも体重が増えた私は生きている

価値がない」といった「全か無か」の「認知の歪み」についても認知行動療法で修正していきます。

③ 力動的心理療法

本書の目的は，精神力動的に児童・青年期のこころを理解するところにあるので，少し，詳細に摂食障害における力動的心理療法について見ていきましょう。

精神力動的な立場からは，先述のように，摂食障害のクライエントのこころの中には，「健康な自己」と「病的な自己」があり，「健康な自己」と手を組むことが重要であると言われています。

まずは，心理療法のプロセスで，クライエントのこころの中に「健康な自己」と「病的な自己」がいることを共有することが前提となります。ここで注意が必要なのは「頑張ろうとしている部分」はどちらの「自己」であるのかということです。たとえば自分が極度にやせていることを自覚しはじめて，問題であると感じながら「体力をつけなきゃ。筋トレをはじめようと思います」という発言は，やせた状態にしがみつこうとしている「病的な自己」かもしれないのです。「健康な自己」は悲しみや無力感，絶望感を感じており，それがセラピストにも伝わってくるかどうかがポイントとなりそうです。そして，そういったつらい感情をいかに共有できるかが，治療的進展において重要な点であると言えます。したがって，セラピストはこういったつらい感情を感じているような「健康な自己」の部分と協働関係を築く必要がでてきます。

しかし，心理療法経過の中では，そうした無力感などが強烈にセラピストや治療スタッフに投影され，治療スタッフがその情緒を担う事態になることが往々にして起こります。結果，自分の言うことを聞いてくれる「良いスタッフ」（この場合，クライエントに振り回されるようなクライエントのパーソナリティの病理に巻き込まれ加担する部分を示します）と，「悪いスタッフ」（この場合，治療構造を維持しようとして治療から逸脱するようなクライエントの主張は聞かないが，クライエントの健康な部分と協力して治療に取り組もうとする部分を示します）の

第Ⅰ部　児童・青年期のこころを理解するために

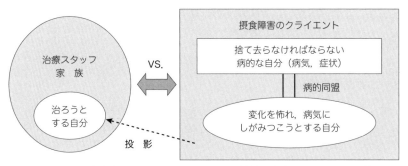

図4-7　摂食障害のクライエントのこころの状態と治療スタッフとの関係

分裂が起きて，スタッフは協働関係の中での仕事が困難になっていきます。そういった意味では，正式な診断名ではありませんが，対象の分裂が生じやすい時期である思春期に発症することが多い摂食障害を「思春期やせ症」と呼ぶのも頷けますね。この投影，あるいは分裂排除された情緒（「悪いスタッフ」とされた部分）とどう向き合うのかが，摂食障害治療の根本であると考えられています（図4-7）。

　そもそも摂食障害のクライエントは，自身の生育歴から協働関係を築くのが難しい，あるいは協力的な「内的対象」がこころの中に不在であるという背景に対する認識が，治療スタッフ側には必要であるようにも思われます。それは，まず母親（養育者）との協働関係の構築が難しいことにはじまり，「良い子」という防衛を身につける中で，自分1人で身の回りの課題や情緒に対処し，発症後はやせた身体を維持することによって，依存を否認してきたという背景に裏付けられています。結果，治療スタッフにも協働関係の難しさが投影され，スタッフ間での分裂も往々にして起きるように考えられます。

　ひるがえって，治療スタッフの協働関係をクライエントが取り入れることができれば，治療も進展すると言えるのではないでしょうか。したがって，いかに治療スタッフ間での協働関係が重要か分かりますね。治療スタッフ間の協働関係はクライエントの体験として，クリエイティブな，つまり，クライエントを摂食障害から解放する創造性を備えた対象として立ち現れることが重要であると考えられます。特に精神分析的な立場から見た摂食障害の治療は，セラピ

表4-2 摂食障害スクリーニングツール「SCOFF 質問紙」

The SCOFF questions（質問項目）	英　語	日本語訳
S	Do you make yourself Sick because you feel uncomfortably full?	おなかがいっぱいになると嫌な気分になりますか？
C	Do you worry you have lost Control over how much you eat?	食べる量をコントロールできなくなったのではないかと不安になりますか？
O	Have you recently lost more than One stone in a 3 month period?	最近3か月で6kg以上体重が減りましたか？
F	Do you believe yourself to be Fat when others say you are too thin?	まわりの人からやせすぎだと言われるが自分では太っていると思いますか？
F	Would you say that Food dominates your life?	食べ物のことで日常生活が支配されていると思いますか？
Further two questions（追加項目）		
1	Are you satisfied with your eating patterns?	自分の食習慣に満足していますか？
2	Do you ever eat in secret?	今までに隠れてこっそり食べたことがありますか？

出所：藤森, 2015

ストと他のメディカルスタッフとの協働関係および，セラピスト－クライエント関係から創造される考えを，クライエントが内在化していくプロセスにその本質があるのではないでしょうか。

（9）早期発見・予防

アメリカでは，SCOFF 質問紙という，5つの質問項目で摂食障害をスクリーニングする質問紙がよく使用されています。（表4-2参照）。5つのうち2つ以上「はい」と回答した場合には，さらに追加項目に答えてもらい，「過食」の可能性も探っていきます。早期に実施すれば，より早く治療に取り組むことができ，回復も早く，経済的にも有益であるという考え方が背景にはあります。多くの摂食障害治療者が早期対応，治療の重要性を訴えていることからも，スクリーニングが重要であることに異論はないように思われます。

　問題は予防的側面に関してです。多くのケースが気軽なダイエットからはじまり，それがエスカレートして「拒食」の発症に至るというのが風説としてあ

るように思われますが,はたして「極端な」ダイエットをしないような心理教育が普及すれば摂食障害は減少するのか,という問いは残されたままのように思います。まず摂食障害（特に拒食）発症のプロセスとして,極端なダイエットを止められないという病理があります。これは「完璧主義」の影響を受けた要因でしょう。この背景を突き詰めていくと,パーソナリティの問題,さらにその背景には家族関係や親子関係の問題があることはつとに指摘されてきた通りです。摂食障害に関する鼎談（松木ほか,2014）の中で鈴木は,摂食障害の予防に関して「家庭の中でどれだけ自分がものを考えてやっていくか,失敗も含めて,それを受けいれてもらえるような家庭,受け入れてもらえるような社会ということがないと予防はできないのではないか」と述べています。同様に松木も「予防があるとするなら」と前置きをしたうえで,「家庭のあり方」や「親子関係のあり方」にアプローチする必要があると述べ,そこに親密さや子どものことを受け入れる度量をいかに育むかが重要であろうと示唆しています。つまり,思春期に入るまでに協力的な両親（結合両親対象）や友人の像（内的対象）がこころの中にどれだけ根付くかが,発症の歯止めになるのだと考えられそうです。予防的見地からすると,スクリーニングにあたって,特に協力関係を問うような家族や両親像の把握も不可欠な因子になると言えるかもしれません。

　また,個人によって最適な体重が異なるのだという文化的な認識も重要かもしれません。「セットポイント」と呼ばれる自分の身体にちょうど良い体重があり,それは個人によって異なるのです。これはスポーツでも言えることですよね。プロ野球のイチロー選手も「本来の自然な自分の身体」があることをTVのインタビューで述べていました。トレーニングによって必要以上に身体を大きくすることに関して,「自分のもって生まれたバランスを崩してはダメ」で,「筋肉が大きくなっても支えている関節とか腱は鍛えられない」ため,重さに耐えられず故障してしまうのだと言います。もって生まれた美しさの重要性を物語っているようにも感じますね。

第Ⅱ部
物語を通じた児童・青年期のこころの力動的理解

第5章 児童期の無意識・空想理解
──漫画『20世紀少年』から

　第Ⅱ部では，小説・漫画・映画作品を用いて，第Ⅰ部で見てきた児童期・青年期のこころにまつわる概念をより理解しやすい形で提示していこうと思います。まずは，児童期からはじめましょう。ここでは，漫画『20世紀少年』を通じて，心身の発達段階と照らし合わせながら，児童期の子どもがどのような空想を抱くのかについてや，対人関係の様子について詳細に検討してみたいと思います。

　まずあらすじを確認していきますが，可能であれば以下を読む前に，浦沢直樹の漫画『20世紀少年』（全22巻）（浦沢，2000～2007）および『21世紀少年』（上下巻）（浦沢，2007）に目を通しておいてください。ちなみに『20世紀少年』は映画化もされています。

1　あらすじ

　『20世紀少年』の冒頭には，主人公である「ケンヂ」が中学2年生のとき，給食の時間に放送室を占拠し，T. Lex（ティ レックス）の「20th Century Boy」を流す場面が挿し込まれています。しかし，ストーリー自体は，1970年前後と1990年代後半の日本がパラレルに進行し，小学生グループを率いる悪ガキ「ケンヂ」と，その成長した姿である冴えないコンビニの店長の「ケンヂ」を中心に展開されます。そして物語は，後者が至極平凡な社会生活を送っているところからはじまります。ただ1点，彼の優秀な姉「キリコ」が逃亡し，まだ乳児であるその娘「カンナ」を「ケンヂ」がおんぶしているところが気がかりなところであります。

　そんな90年代後半のある日，「ケンヂ」は小学校の同窓会に参加し，ある噂を耳にします。それは「ともだち」と呼ばれる教祖を中心とした新興宗教の話

題であり，指と目を組み合わせたシンボルマークをもつ団体についてのそれでした。彼はそのマークをどこかで見たことがあるのですが，なかなか思い出すことができません。その団体の教祖である「ともだち」は，つねに「忍者ハットリ君」のお面をつけているのが特徴であり，信者が急増しており彼を盲信している状況がそこにはありました。

同時に，70年前後のストーリーも進んでいきます。「ケンヂ」は小学校4年生のとき，同級生の仲間とともに，空き地に草を結んで秘密基地を作ります。その中で彼は地球に「悪の組織」がやってきて，世界の大都市で細菌が散布され，人類が滅亡に向かうという空想を「よげんの書」として記します。そこに自分たちが立ち向かっていくいわばヒーローになり，地球を救うという内容ですが，「よげんの書」では，9人の戦士が「立ち上がった」ところで終わっています。また，「ケンヂ」が小学校5年生の夏には「大阪万博」が開催され，仲間の間ではこの話題でもち切りとなっている状況が描かれています。

1990年代後半のストーリーは進行し，「ケンヂ」は，新興宗教のシンボルマークは，かつて自分たちが子どもの頃に作ったものであることを思い出し，さらに上記のような地球の異変が，自分の書いた「よげんの書」通りに起こっていることに気付きます。さらに，「ともだち」がそれを実行しているという手がかりを摑み，彼のコンサートへと乗り込みます。そこで「ケンヂ」は，「ともだち」に出会い，彼から「カンナ」の父親は自分（「ともだち」）であることを告げられ，その衝撃とともに，そのまま会場の外へと放り出されてしまいます。一方「ともだち」も，その宗教のある集会で小学生の頃を回想し，涙を流している場面が描かれており，何らかの傷つきを抱えている様子がうかがえます。

事態は「よげんの書」通りに進行し，2000年に東京に巨大ロボットが襲来する「よげん」に備え，「ケンヂ」は小学校時代の仲間を募ります。そして大みそか，彼らはやはり現れた巨大ロボットに立ち向かいます。その仲間の中に「ともだち」がいることも知らずに。また，世界ではテロが多発し，そのロボットにより，東京も「血の海」と化していきます。「ケンヂ」は，そのロ

ボットと対峙したとき,自分の空想していたロボットはこんな「オンボロな」出来損ないではないと幻滅し,怒りを覚えます。しかし,その爆発とともに,「ケンヂ」の消息は不明になってしまいます。物語の中では,後に「血の大みそか」として,歴史に刻まれる事件です。「ケンヂ」たちは「血の大みそか」の「テロリスト」にされ,「ともだち」が世界を救った英雄として迎えられます。「ともだち」はその後,自分への洗礼を受けさせるために作られた遊園地「ともだちランド」に,「バーチャルアトラクション」という,ともだちが住んでいた1970年前後の町を体験できるシステムを作りあげます。

　時は流れ,幼児だった「カンナ」が高校生になっているところからストーリーは再開されます。彼女には不思議な力が備わっており,マフィアの抗争に巻き込まれても銃弾が当たらなかったり,カジノのギャンブルで,まるで相手の手の内が見えているかのように大勝してしまったりします。また,小学生の頃の「よげんの書」に続く「しんよげんの書」を,「ケンヂ」たちのグループに入れない「ともだち」たちが作っていたことも明らかになります。その「しんよげんの書」通りに,世界各地では殺人ウイルスが散布され,地球の人口は激減してしまいます。そんな中,2015年に「ともだち」は母校の小学校に行きます。そこで,小学生の頃の「ともだち」の事情を把握していて,一緒に「しんよげんの書」を作っていた同級生に殺されます。これ以上の「ともだち」の悪事を止めるためにですね。そして,忍者ハットリ君のお面の下に隠されていた「ともだち」の素顔は同級生の「ふくべえ」であったことが判明します。

　さらに時代は進み,死んだはずの「ともだち」がまた現れます。それは「ともだち」の入れ替わりによって起こったのですが,その「新ともだち」はあたかも同一人物かのように振る舞い,「ともだち」は生き返ったこととされ,神のように崇められ,西暦から「ともだち歴」へと移行します。「新ともだち」は1970年前後の東京の匂いまで再現し,生活レベルは1950～70年代まで衰退します。この「新ともだち」は,「カツマタ君」と呼ばれる「ケンヂ」たちの同級生で,小学生の頃に「ケンヂ」が犯した駄菓子屋での地球防衛軍のバッチの万引きを自分の万引きとされてしまい,いじめの対象となり,さらには死んだ

ことにされてしまっていた人物でした。彼はたいへん大きな傷を抱えながら生きてきました。しかし，いわゆる自己愛の傷つきは結局誰にも扱われることがなく大人になってしまっていたのです。その後，「新ともだち」は地球滅亡計画を発表し，自分がすべての事件の黒幕であることを告白します。しかし，「ケンヂ」たちがそれを阻止して，ストーリーは終焉を迎えます。

2 問 い

漫画『20世紀少年』および『21世紀少年』に関する以下の問いをふまえてから，児童期における遊びや空想について検討していこうと思います。これまでに学習した児童期の発達論や精神力動論を含めて以下の①〜④の問いについて考察してみてください。

① 子どもにとって「遊び」が重要だと言われますが，こころの成長という視点から，どのような点で大事だとあなたは考えますか？『20世紀少年』に出てくる子どもたちを例にあげて考えてください。

② 『20世紀少年』に出てくる子どもたちが原っぱで取り組んだ秘密基地作り，そして，秘密基地で遊ぶことには，こころの発達上どのような影響があると思いますか？

③ 「ともだち」は，自己愛の問題を大きく抱えていると考えられますが，その「ともだち」に対してどのような援助ができるか（あるいは必要か），幼少期と大人の「ともだち」両方に対して考えてください。

④ 「ともだち」の娘である「カンナ」に特殊能力があるのはなぜだと思いますか？「ともだち」の想いと関連させて考えてください。

3 遊びと空想と秘密基地

ここでは上述の問いをふまえて，特に精神分析的観点から，「遊び」の重要

性や，空想を共有して理解されることの意義，さらに，「遊び」の受け皿としての秘密基地について見ていきます。

（1）遊び

　子どもにとって「遊び」が重要であることは，つとに指摘されてきていることです。町沢・吉本（1986）は「遊びを抜きに生きることは普通の人間なら不可能」で，「人間ほど遊びに夢中になる動物はいない」と言い切っています。しかし，「遊び」とは何かを定義することはきわめて難しいように思います。一般的には，想像力や創造力を育むこと，コミュニケーションの発達の基盤となることなどがあげられるでしょうか。ひとまず，精神分析の領域の中でも，遊ぶことそれ自体の意味や機能に着目したウィニコットの論から見てみましょう。

　ウィニコット（Winnicott, 1964）は遊びの1つの機能として「攻撃性の消化」をあげています。しかも，条件として「憎しみや攻撃的な衝動を表出しても，それに対して憎しみや暴力の報復がなされることがないということを見出すことに子どもが価値を置く」ことが重要だと示唆しています。また，「不安の克服」や「自己の発見」もあげています。同時に遊ぶことは「無意識の入り口」であると考えていたようですね。この辺りはメラニー・クラインと通ずるところがあるように思います。

　ひるがえって，「遊び」を通じてだからこそ，こころの中の攻撃性や不安を外在化させることが許容されるのでしょう。たとえば「ヒーローごっこ」の中でなら悪者を「懲らしめる」ことが許されますが，現実の場面で誰かを殴ったり，危害を加えたりすることは，子どもとて許されることではないでしょう。

（2）空想と受け皿

　また「○○ごっこ」には，空想が関与しています。第2章や第4章で見たように，「○○ごっこ」は「象徴化能力」とも密接に関連します。つまり，何かを何かに見立てて代用し，他者と共有しながらやりとりをするということですね。

さらに「遊び」を許容する物理的な空間が「外側」に存在している必要があるとも言えそうです。『20世紀少年』の中では大別して，小学生の「ケンヂ」を中心に作られた健全な空間としての「秘密基地」と，「ともだち」の空想が外在化し，病理的空間となった「宗教」あるいは「地球」の2つが空想の受け皿となっていると考えられます。それらは子どもの心理療法においては，プレイルーム（以下PR）に相当するものでしょう。現代日本において，特に都市部の生活は，コンクリートで覆われ，物理的に空想の受け皿になる空間が希少になっています。子どもたちはそれを自身の部屋，あるいはコンピューターゲームの中に求め，空想を外在化する機会を奪われてしまっているようにも感じられます。筆者は，部活中に「テニスラケットを銃に見立てて撃ち合っていた」生徒たちを見た中学校の教員から，「どうしてあんなに幼いのか」と，質問を受けたことがありますが，まさに幼少期に空想を表現できる外的な空間が僅少であった結果がそこにあると思われます。ただ，現代日本の社会的背景に関する論議は他に譲るとして，いかに「秘密基地≒PR」が重要であるかを中心に据えて話を進めていきたいと思います。

（3）秘密基地

さて，『20世紀少年』に戻って，ここからは秘密基地について考えてみましょう。空き地に作られた秘密基地は，「ケンヂ」たちが小学校6年生時にボーリング場の建設に伴い破壊されてしまいます。これは，よくも悪くも，万能的な空想に浸っていられる「潜伏期」から，そうしていられなくなる思春期の到来を暗に示唆しているように思われます。現にこの後，仲間の「オッチョ」は中学受験に向けて現実と向き合いはじめますし，「ケンヂ」はある種のアパシー状態（無気力状態）に突入しながらも，ギターという他の生きがいを見つけます。しかし，もともと秘密基地が秘密基地として機能していなかった，つまり同年代の仲間と徒党を組めなかった「ともだち」は，ここに停滞，固執し続けます。このような場合，遊ぶこと自体に浄化作用があるという視点では，「ともだち」の病理を抱えることはできない気がします。彼は教祖とな

第 5 章　児童期の無意識・空想理解

り，自ら空想の受け皿となるいわば「偽‐容器（false-container）」である新興宗教を作り出すのですが，ここには同じような病理を抱えた信者が集い，「絶交」という名の下に殺戮を繰り返す集団と化しています。ヒンシェルウッド（Hinshelwood, 1994）は，万能的な形態の「投影同一化」は，自分自身と対象とが分離していることを否定し，自分と対象は別の人間であることを否定するために作動すると述べています。つまり，自他の区別がなくなってしまうわけですね。「ともだち」の信者たちも，「ともだち」に「同一化」することで，集団内には「過剰な投影同一化」が飛び交い，分離を否認した殺戮集団が出来上がったのだと思われます。分離を否認して，他者の気持ちを考えないようにしているのですから痛みも伴いません。また殺戮の苦痛や罪悪感も抱くことがありません。

　漫画で描かれているのは「ケンヂ」との関係が主ですが，養育環境なども含めたより根深い部分の「ともだち」の傷つきは，誰かがそれに理解を示し，触れ続けられる体験でないと，癒されるものではないのではないでしょうか。第2章で見たように，ビオンは，心理療法でセラピストが関心を払い続け，クライエントも自分のことを知りたいと思い，分析が展開していくことを「Kリンク」と名付けましたが，「ともだち」が作り出した宗教では，決して自分自身に向き合おうとしていないし，お互いに他人のことを知ろうともしない「－K（マイナスK）」で結ばれていると言えます。その証拠に宗教の集会で，「ともだち」が涙を流している場面がありますが，誰もそれについて，疑問に思ったり理解を示したりする信者はいません。心理療法においてもセラピストが単に「共に遊ぶ」だけで，クライエントのことを知ろうとしたり，理解しようとしたりすることを試みる存在にならなければ，こころや気持ちについて考えないようにする「－K（マイナスK）」に加担する危険もあることがこの漫画を通じても理解できるのではないでしょうか。ゆえに子どもの精神分析的心理療法とは，空想を表現できる空間と，そこにいる子どものこころ，空想を共に考え，触れ続ける大人（セラピスト）によって，作り出される創造的な空間であり，本来は，発達過程で得られるべき過程を，集中的にそして人工的に再構築して

いる場であるとも言えそうです。

4 遊戯療法と子どもの精神分析的心理療法

（1）日本における遊戯療法

　子どもにとって「遊び」が重要なのと同様に，子どもの心理療法においても「遊び」が非常に重要な役割を果たします。また，子どもの心理療法には「遊戯療法」や「児童分析」といった別名があります。

　日本の「遊戯療法」は，大きな PR で子どもとセラピストが一緒になって元気いっぱい遊ぶことで子どもの中にある不満や押さえつけていたものが表出され，症状や問題行動などが改善されるという，いわば「カタルシス（浄化）」モデルのイメージが先行してきたように思います。こういったモデルの場合，子どものこころの中に，ほどよい「内的対象」が存在しつつ，厳しいあるいは忙しいなどの環境因によって，リビドーが抑圧されていることを想定しているように思います。そのため，子どもとセラピストが早期に信頼関係を築き，子どもが感情を自由に表現できるような温かい空間作りに重きが置かれます。そして，子どもの自然治癒力，すなわち遊びを通じて自ら解決していく能力を尊重することが大事だとされています。

（2）子どもの精神分析的心理療法

　一方，子どもの精神分析的心理療法（児童分析）を考案したクライン以降のクライン派は，子どもとセラピストが一緒になって遊ぶことに重きを置かず，子どもの「遊び」は，彼らのこころの中を知るための媒介として捉えます。そして，第2章で見たように，子どもの行っている遊びに関心を示し続け，その意味を考え続けることで，「内的対象」がよりよい対象へと変化することを重視します。こちらを「児童分析」あるいは「精神分析的心理療法」と言ったりします。

　クライン派の子どもの精神分析的心理療法に対して「セラピストはなぜ，子

どもと一緒に遊ばないのか」といった批判が向けられがちですが，こういった考え方とはそもそもの目的が違ったり，子どもにとっての「心理療法」の「役立ち方」が違ったりするように思われます。つまり，「遊び」そのものが目的で，それ自体に「カタルシス」作用があるという前提の考え方と，子どものこころに触れ続けていくことがその目的であり，遊びはそのための手段であり，一緒に遊ぶか遊ばないかは，それほど重要な問題ではないという考え方の相違であると思われます。たとえば，児童養護施設で生活を送っていて，被虐待体験があるような，非常に厳しい環境の中で育ってきた子どもほど，一緒に遊べないか，あるいは遊ぶことによって，セラピストが動かされているような操作されている感覚，見たくないものに蓋をすることに共謀してしまっている感覚を抱きます。そのような場合，子どもは，いわば，虫歯の上から必死で歯を磨いているようなもので，セラピストも加担して，そこに虫歯があるのに，触れぬようにしている印象があります。

　また，子どもの心理療法においては，子どもたちにとってPRが「安心の基地」となったり，空想を表現する場，換言すれば「心的空間」になったりもします。その心的空間となったプレイ空間での「遊び」あるいはセラピストとのやりとりを通じて，子どものこころを理解していく，セラピストの理解を伝えていく，そして，子どもも自身のこころや空想に触れていくことが精神分析的心理療法の醍醐味でしょう。「安心の基地」のようにPRそのものが受け皿になることや，セラピストのこころの中に「コンテイン」される，もしくは自分のことを「考えてくれる大人（セラピスト）」の存在を感じるといった体験を通じて，自分自身の不安，傷つき，寂しさなどと向き合っていく作業が精神分析的心理療法の特質であると考えられます。

　少し子どもの精神分析的心理療法の事例を見てみましょう。

（3）架空事例から学ぶ子どもの精神分析的心理療法

　幼稚園年中のクラスに所属するケイスケ君は，友達にすぐに手を出してケガをさせてしまったり，幼稚園の花子先生の話を落ち着いて聞くことができませ

ん。花子先生が注意をしても「うるさい，ババア」と，悪態をつくばかりです。しかし，ひらがなが書けたり，足し算，引き算などの計算ができるなど，学習の能力はあるようでした。ご両親に幼稚園での様子を報告しても，事態は一向に変わりません。困り果てた花子先生は一度心理療法を受けてみてはどうかとご両親に提案されました。

　そして，お母さんと2人で心理療法を行っているフジモリ先生のところへやってきました。フジモリ先生と2人になり，はじめに「ここで，一緒にケイスケ君の思ってることを考えようと思ってるんだ」と伝えると，「フジモリ？ ふん，チャライねん」と言い，1人で人形遊びをはじめました。フジモリ先生はおいてけぼりにされた感覚を抱き，とても寂しくなりました。これが「逆転移」ですね。どうやらケイスケ君のこころの中には自分の気持ちなんか聴いてくれない大人（内的対象）が存在しているようでした。そしてフジモリ先生は，ケイスケ君が相手にされずとても寂しい思いを抱いてきたのではないだろうかと想像しました。この心理療法の場面ではセラピストであるフジモリ先生がおいてけぼりにされる寂しさを感じており，「投影同一化」が起こっていると言えそうです。この気持ちを大人に理解してもらう（「コンテイン」してもらう）ことが必要だと思い，週1回50分の心理療法を続けていくことにしました。

　同時にお母さん面接も並行して行われました。そこでは担当のサトウ先生に「私たちは忙しくて，全然ケイスケの相手をしてあげられなかった。ケイスケが言うことを聞かず，怒ってばかりいたんです」といったことが語られていました。その後も，ケイスケ君はフジモリ先生に悪態をつき続け，気持ちの交流を閉ざそうとする時間が続きました。それはまるでこころに防具をまとって，小さく傷ついた子どものケイスケ君を守っているかのようでもありました。そして，この防具によって，人との温かな交流をする機会が奪われていると考えられました。この防具は第4章で見た「第二の皮膚」や「我愛羅の砂」などとして捉えられるものでしょう。

　それでもフジモリ先生は関心をもってケイスケ君の表現していることを見続け，ケイスケ君が想っていそうな言葉をかけ続けます。すると，1年ぐらい

経ってから人形遊びの中で，フジモリ先生と仲良く遊園地に遊びに行くケイスケ君を表現しはじめました。また，寂しい子どもがお父さんと休みの日にキャッチボールをするという表現も人形遊びを通じてしはじめました。ケイスケ君が心理療法にやって来た当初と異なり，この頃にはとても落ち着いて遊んでいるようにも見受けられ，PR が「安心の基地」になってきているようでした。

そして，次第にケイスケ君はこころの中に「自分のことを考えてくれる大人」という存在を見つけられるようになります。換言すればより良い「内的対象」をこころの中に見出せるようになったと言えそうです。こうして，ケイスケ君の「問題児」の部分は「コンテイン」されて，幼稚園でも落ち着きが見られるようになりました。またお母さんも仕事を何とか減らし，ケイスケ君に関わる時間を増やそうと努力するようになりました。

幼稚園の卒園式のときには，花子先生との別れが寂しくて，園庭でいつまでも花子先生に手を振って別れを惜しむケイスケ君の様子も見られました。これには花子先生も感極まるものがありました。ケイスケ君とうまく関われず悪態をつかれ続けた日々を思い出しながらも，このように温かな情緒的交流ができるようになったケイスケ君のこころの成長を強く実感していたのでした。

このように，数年単位での長い取り組みが実を結ぶことも精神分析的な心理療法の特徴です。そして，心理療法は魔法のようなものではなく，じっくりと気持ちを考えるという作業であるため，子どもをとりまく大人との連携が不可欠であり，むしろ養育者や保育者との協働関係の中で子どものこころは発達していくものだと考えられます。

5 自己愛と万能感

『20世紀少年』を俯瞰すると，「ともだち」および「新ともだち」の自己愛病理が浮き彫りになってきます。したがって，ここでは精神分析的視点からの自己愛病理の変遷とその表れである万能感についてたどった後，彼らに対してど

のように関われるか検討していくこととします。

（1）「ともだち」の自己愛病理

まずは自己愛の病理的な側面を分かりやすく捉えるために『20世紀少年』の「ともだち」を引き合いに出しながら、第4章で見た「自己愛構造体」について検討していきましょう。

先述の通り「ともだち」は、ある宗教団体のカリスマ的教祖であり、熱狂的な信者を抱えています。結局「ともだち」は「ケンヂ」たちの同級生「ふくべえ」であったのですが、「ふくべえ」の本名は「服部」であり、彼は忍者ハットリ君のお面を被ることを通じて自分は「ふくべえ」ではなく、「はっとり」であることを主張していたのだと、同級生たちは「ともだち」の正体を知ってから気付きます。顔や名前は自分が何者であるかを示す象徴のようなものであり、ニックネームを付けられることと、居場所を獲得することは密接に関係しているように思います。ニックネームによって、集団に対する帰属意識が芽生えたり、あるいは排除の対象になったりすることは児童期から思春期にかけての大きなテーマでもあります。小学生の「ふくべえ」がお面を取ると、顔が真っ白になってパーツが何もない場面があり、まるでジブリの大人気映画『千と千尋の神隠し』における「カオナシ」が想起されます。「ともだち」はこの時点でアイデンティティの問題を抱えていたと言うこともできそうですね。

とは言え、「ともだち」こと「ふくべえ」の養育体験の情報には限りがあります。ただ、親の影が見えない点からは、彼の養育体験の危うさが垣間見えます。彼の部屋がある程度整然としているところから鑑みるに、完全にネグレクト状態ではない感じはうかがえるものの、子どもに対して自由に膨大な漫画を買い与えているところを見ると、両親ともに仕事で忙しいか何かで、ほとんど彼と関わる時間がなく、あるいはお金をその代替物として与えていたであろうことも推測されます。彼からすれば、あまり愛情を感じることのできない家庭であったと言えるかもしれません。

少し脱線しますが、「甘え」と「甘やかし」の違いをここに見ることもでき

ます。前者の「甘え」は，子どもにとってある程度満たされる必要があるものです。「安心感の輪」を通じて考えると「甘え」は左側の両手（第1章，図1-4）の中で「安心感」や「安全感」として提供されるものであり，情緒的欲求が満たされることを指します。ある程度満たされた結果，外側へ「探索」に出られるという考え方ですね。一方，「甘やかし」は，代理物による欲求充足の提供であり，いつまでたっても情緒的欲求は満たされることがありません。たとえば，家の中で椅子から落ちてとても怖い体験をした子どもが，母親にくっつきに行こうとしましたが，母親は夕食の準備で忙しく，「アメでもなめときなさい」とかまってあげることができませんでした。アメの「甘さ」から一時的に満足感は得られるのですが，怖い想いについては扱われないままです。このような対応を繰り返されるとアメのような代理物がいつまでも必要になったりします。また，指吸いという形で現れるかもしれません。本来の「甘やかし」は，こういった情緒的欲求を逸らす対応のことを指します。

　そして，「ともだち」もこのような対応をされてきたのであろうと推測されます。小学生時代の「ふくべえ」は，クラスで人気者であった「ケンヂ」に強烈な「羨望」を向けていました。万博の話を「ケンヂ」にすると，クラスはその話題で持ち切りになるのですが，結局その話題の中心は「ケンヂ」にさらわれた形になり，クラスでの注目は得られません。さらに，「ふくべえ」は万博へ行けなくなったのですが，夏休み中，家にひきこもり万博旅行を装っていました。誰も「ふくべえ」の夏休みの様子など気にかけていないにもかかわらず，虚勢を張り続けていたのです。さらに彼はTV番組にスプーンを曲げられる超能力少年として取り上げられる予定だったのですが，イカサマがばれて放送されず，同級生に馬鹿にされていじめられ，それを深く根にもち復讐を誓っていました。このように，自分には超能力があるといった考えも，万能感の一形態ですね。こういった万能感は，当初は自分を守るために用いられる防衛的な側面が強いのですが，それが徐々にパーソナリティとして固定化され，「自己愛構造体」として組織化されていき，対人関係上つねに発動してしまうようになるのです。

また，死んだことにされた「新ともだち」こと「カツマタ君」の病理はさらに根深く，匂いまで小学生当時を再現しなければならず，自己愛病理の深刻さがうかがえます。精神分析の概念では，苦痛に満ちた体験や人間関係を強迫的に繰り返すことを「反復強迫」と言います。被虐待者が，無意識的に暴力を振るうような人をパートナーに選ぼうとする傾向もこれに該当します。したがって，「新ともだち」による小学生当時の匂いの再現も「反復強迫」であり，当時の傷ついた体験をこころの中で消化できていない様子がうかがえます。また，当時に戻ってやり直したい想いも背景にはあるのかもしれません。

（2）万能的空想

さて，臨床場面において，自己愛的な病理を抱えるクライエントのこころに触れていこうとする際に，往々にして万能的な空想が大きな壁としてそびえているように思われます。彼らは，傷ついた自己を見せまいと万能感に浸り続けます。時に，セラピストがクライエントの傷ついた部分に触れようとしようものなら，怒りを滲ませながら，セラピストからの解釈をはねのけ，さらに強固な万能的空想を創り上げてくるという場面に筆者も幾度か出会いました。ここに自己愛を「精神分析的に」扱うことの難しさがあり，上述のようにかのフロイトも先送りにしたテーマでした。

また，第4章で見たフロイトの自己愛理論以後，コフート（Kohut, 1971）が新たに自己愛理論を提唱しています。その中で，自己愛に2つの発達ラインが想定されました。「自体愛」「自己愛」「対象愛」という流れと，「自体愛」「自己愛」「高度な自己愛」という流れを区別したのです。フロイトは，自己愛を病理として考えていましたが，コフートは自己愛の健康的な側面を捉えようとしたのです。しかし，以後彼の主な論点は「自己」へと変遷していき，病理としての自己愛的側面に関する説明は十分ではなかったと考えられます。

ここで興味深いのは，自己愛病理においては，あえて迫害対象としての「悪」を「外側」に作り出す必要があるということです。つまり，他罰的になり，自分を認めない「社会が悪い」という思考の存在です。「ケンヂ」たちは

小学生のときに地球に襲来する「悪の組織」を作り出し，それに立ち向かう空想に取り組みました。児童期は，現実的に親に依存して生きていかねばならず，子どもは無力な存在であるとも言えます。この無力感が「外側」に投影され，「悪」として帰ってくるのが，児童期の心的なメカニズムでしょう。換言すれば無力感との戦いでもあります。しかし，一方で，適切に養育される心地よさによって，子どものままでもいいと思える部分も育ち，子どもは成長していきます。

また，この時期は「ギャングエイジ」とも呼ばれ，10名前後の徒党を組んで遊ぶことが重要な時期だとも言われています。この集団は閉鎖的，排他的であり，基本的に仲間と認められた子ども以外，所属することができなかったりします。一方で，そうした閉鎖性の強い集団を構成することによってメンバー間には他の友達との強い仲間意識が形成されるのです。この仲間意識は，その後思春期に入ってから親友を作る基礎となります。思春期に差し掛かり，それまで絶対的な存在であった親（養育者）から離れていくにあたっては，同性の少人数での友人関係の構築，すなわち「チャムシップ」が欠かせません。同性の友人は自分を映し出す鏡であり，友人を通してまた，自分を見るのです。同時に，思春期の荒波を共に支え合う役割も担っています。結果，他者の喜びや悲しみを自分のものとしても感じられるようになっていくというプロセスと言えるでしょう。

しかし「ともだち」の場合は「ケンヂ」たちの仲間に入ることができず，大人になってからも敵は「外側」にいます。つまり無力感を引き受けられていないのです。「新ともだち」にいたっては，死んだことにされているため，その存在基盤すら危うく，「ともだち」をコピーするしか術がありません。迫害対象にされた「外側」の対象は，ただただ巻き込まれて犠牲になっていきます。『20世紀少年』ではそれが地球規模で行われたということでしょう。

（3）「カンナ」の特殊能力と万能感の受け皿

もう一人『20世紀少年』には興味深い登場人物がいます。それは，「ケンヂ」

の姪にあたる「カンナ」です。彼女の母親は「ケンヂ」の姉である「キリコ」です。「キリコ」は「カンナ」を残して失踪していますが，科学者でもあり，「血の大みそか」で撒かれたウイルスを作った女性です。そして，実父は「ともだち」です。「カンナ」は叔父の「ケンヂ」に育てられたため，彼がアタッチメント対象になっています。アタッチメント関係が実の親子関係に依らない好例ですね。

　また彼女は，マフィアの抗争に巻き込まれても銃弾が当たらなかったり，カジノのギャンブルで，まるで相手の手の内が見えているかのように大勝してしまったりします。背景として，彼女が生まれる前，つまり「キリコ」が妊娠中，「ともだち」はいろいろな薬を「キリコ」に施し，いかに特殊能力を「カンナ」に与えられるかを試案している場面が描かれています。幼少期から強烈な無力感を体験してきた「ともだち」は，「万能的な子ども」の父親になることで，無力感を埋め合わせようとしたのでしょう。つまり，万能感の受け皿として「カンナ」を利用しようとしていると考えられます。現実の世界でも，アイドル子役を育て上げることに熱を上げる「ステージママ」などは，子どもに夢や万能感を投影してその受け皿にしているという精神力動として理解できるかもしれません。無力感と万能感は表裏であり，いかに無力感の受け皿が重要かうかがえますね。

　その他にも，高校生の「カンナ」のこころの状態の特徴として，「自分の世話をしてくれた良い父親」としての「ケンヂ」と，「自分を生んだ悪い父親」である「ともだち」とに「父親対象」が分裂してしまっています。思春期以降，両親を1人の大人として認めていくためには，良い部分と悪い部分を一人の中に見出していく必要があることは，第2章において，映画『千と千尋の神隠し』を通じて見ることができると，少し指摘しました。しかし「カンナ」は，「良い対象」と「悪い対象」が分裂してしまったままです。「血の大みそか」以降，「ケンヂ」の消息は不明であり，その後カンナは「氷の女王」として，軍隊を作り，自身の死と引き換えに「ともだち」の暗殺計画を企てます。これは，「悪い父親」の「ともだち」に「同一化」し，「ともだち」と同じように殺戮を

試みているという点で,「良い対象」と「悪い対象」が分裂している結果引き起こされた事態として見ることができるように思います。ちなみに,その後「ケンヂ」が生きていることを知り,生きる道を選ぶことができるのですが。こころの中で,「良い対象」と「悪い対象」が極端に分裂していると,「悪い対象」への「同一化」も生じやすく,問題行動につながる可能性を示唆する好例と言えますね。

(4) 自己愛の病理をコンテインすること

　本章の最後で,臨床に活かすような視点を得るために,青年期以降の自己愛病理を「コンテイン」することについても俎上に載せたほうがよいでしょう。「自分はすごい」「特別だ」という「自己愛構造体」の牙城にどのように接近し,どのように彼らの傷ついた部分に対する理解を提示したらよいのでしょうか。

　ビオンが,人間の成長には「知りたい(Knowing)」という情動,すなわち「K」が非常に重要であることを指摘したのは,第2章で見た通りです。これは特に精神分析(的心理療法)を続けていくうえで大きな動機となります。そもそも,「自分自身について知る」ことが,精神分析(的心理療法)の中核的な目標ですから。

　一方で,自己愛病理によって支配されたこころは「全部知っている」という「-K(マイナスK)」に蝕まれ,こころの成長を大きく阻害していると言えます。精神分析(的心理療法)過程では,この2つの力がせめぎ合っており,大きなこころの揺れを体験しながらもそれを「理解」という形で抱えられる(「コンテイン」される)ことでこころは成長していくと考えられています。しかし,自己愛病理があるであろうと考えられるクライエントの面接経過では「それは全部知っている」かのように話をされ,まったく地に足のついていない空間となっていきます。セラピストの「逆転移」としては,「もう聞きたくない」「つまらない」「眠い」などの感覚に襲われたりすることが多いように思います。『20世紀少年』で「ともだち」が遂行しようとした地球規模の話をされたりして,まったく興味をもてなかったりすることもあります。たとえば,

病院に来て心理療法を受ける以外には,まったく外出せず,ひきこもっているクライエントが,「世界平和」に必要な対人関係について,切々と心理療法場面で説いている状況などもそれに該当するでしょう。そして,どこかに傷つきがあるのだろうと探索する気力も奪われ,まさに「−K」でつながれた,否,つながれない状況へと陥ります。

　「分からなさ」は怖さでもあると考えられますが,この怖さにどう耐えていくかが,特に自己愛病理を抱えるクライエントとの面接では至上命題であると考えられます。技法論としては,シュタイナー（Steiner, 1993）が述べているように,「患者中心の解釈」と「分析家中心の解釈」とを併用していく方法があります。前者の「患者中心の解釈」は,クライエントが考えたり感じたりしていることや空想を,不安や恐怖とともに解釈していくことです。後者の「分析家中心の解釈」は,セラピストのこころの中に起こっていることについて関心を払わせる解釈を行うことを指します。ここには,対象にもこころが存在していて,動きがあることを認識させる,いわば「心の理論」（第4章参照）のような側面と,対象のこころの動きを取り入れて,気持ちとして同じように表現できるようにさせるという側面があるように思われます。総じて対象から撤退したリビドーを復旧する作業であるとも換言できそうです。また,「退避所」からクライエントが出てきて,再び関係を形成するための支援をするために用いられるとも言えそうです。具体的には「今日は私（セラピスト）が○○（特につらい気持ち）を感じることになっているんですね」などという形で伝えていくことが多いです。ここで注意が必要なことは,シュタイナーが指摘しているように,あまりに多すぎる後者の解釈は,セラピストが自分自身ばかりにこころを奪われており,クライエントとその問題を観察し反応できていないと感じられてしまうことがあるということです。特に自己愛病理を抱えるクライエントとの面接では,お互いが自己愛的になって何も変化しない状況が生じかねません。

　また,オショーネシー（O'Shaughnessy, 1981）が指摘するように,「自己愛構造体」を形成してこころに平穏をもたらすことが,そもそもこれらの病理の

目的であり，それが破綻したときに不安と混乱を抱えながらクライエントは我々のもとを訪れるといっても言い過ぎではないでしょう。うがち過ぎた見方をすれば，平穏を得るために新たな病理構造を獲得しに来談しているとも言えてしまいます。実際，そのように安定を取り戻して，去っていくクライエントも少なくないように思われます。オショーネシーは，8年間もの分析を行ったクライエントも，決してこの組織化が解体されたのではなく，そのような組織は存在しているにもかかわらず，対象や現実との接触を続けることができるクライエントの部分が強化されたのだと述べています。したがって，この「自己愛構造体」という牙城の解体に挑むのではなく，あくまで傷ついたクライエントの部分を探索しながら，接触を保ちつつ「理解」という名の「コンテイナー」を示していくというセラピストのあり方に行き着きそうです。

　ちなみに『20世紀少年』の最後には，「ケンヂ」が幼少期の「ともだち」を傷つけてきた場面が描かれており，「ケンヂ」は謝罪をするのですが，「時すでに遅し」の感は否めません。幼少期のうちに，「自己愛構造体」が強固に組織化されてしまう前に，自己愛の傷つきを扱ってもらうことがいかに重要か，たいへん示唆深い漫画のように思います。

第6章 児童虐待がこころに及ぼす影響
―― 映画『誰も知らない』から

　第5章では，漫画『20世紀少年』を通じて，児童期の子どもがどのような空想を抱きやすく，どのように抱えられる必要があるのかを見てきました。同時に，自己愛の病理も登場人物から検討しましたね。さて，この章では映画『誰も知らない』を用います。児童期の子どもの心身の成長を妨げる環境要因としての児童虐待について見ていくためです。この映画は，1988年に実際にあった「巣鴨子ども置き去り事件」をモチーフに制作されています。ネグレクト（育児放棄）という児童虐待がこころに及ぼす影響についてとても分かりやすく描かれているように思います。

　まずあらすじを確認していきますが，可能であれば以下を読む前に，映画『誰も知らない』を鑑賞しておいてください。その後，実際の「巣鴨子ども置き去り事件」を把握してから，『誰も知らない』の登場人物を取り巻く環境や，親子の関係性，その環境が子どものこころへ及ぼす影響について見てみましょう。

1　あらすじ

（1）巣鴨子ども置き去り事件

　「巣鴨子ども置き去り事件」とは，事件発覚当時40歳の母親が，子育てを放棄していた（ネグレクト）ことが重大な問題として取り上げられた事件です。この母親の背景を見ていきましょう。彼女は，高校卒業後，服飾専門学校へ通っていました。歌手を目指していたこともあり，レコードも数枚出しています。20歳頃からデパート派遣社員となり，職場の男性と同棲をはじめます。こ

の男性との結婚を両親に猛反対され，子どもができますが，養子に出すこととなります。25歳のときには，同じ男性との子（長男）を出産するのですが，結婚していないため「怖くなり」，結局出生届は出していませんでした。その後，結婚はせぬまま少なくとも3人の男性との間に，6児を出産しています。37歳のときに仕事から帰宅すると次男が哺乳瓶を銜えながら死んでおり，処置に困って遺体を隠してしまいます。39歳のときには，西巣鴨に転居します。その際，大家には「長男と2人暮らし。長男は立教中学に通っている。外交官だった夫は，数年前に死亡した。私はデパート外商部勤務」と，だまし入居しています。14歳の長男には「いつか学校に行けるようにしてあげる」と言い聞かせ，市販の教材を買い，勉強させていました。しかし，その頃から愛人宅へ入り浸るようになり，「仕事で大阪に出張する」と，子どもたちに言い残し，常習的に家を留守にします。時折，子どもたちに2，3万円を送金し，たまに姿を見せたりもしていたようです。長男は不在の母親に代わり，食事を作ったり，妹たちの世話をしていました。しかし，長男が近所で中学1年生の2人と知り合って以降，彼らは頻繁にこの家に出入りするようになります。遊びに来ていた友達と長男で，三女（2歳）を「いじめて」，押し入れから何度も落として殺してしまいます。そして，三女の遺体をボストンバックに詰めて，友人と雑木林に捨てに行くのですが，その友人は「夜遅くなると叱られる」と，電車を降り，長男が1人で三女を遺棄しに行きます。その後，「親は帰って来ないし，不良の溜まり場になっている」との，大家の通報でこの家族の悲惨な状況が発覚し，子どもたちは児童相談所に収容されます。母親はその事実をテレビで知り，出頭します。母親は保護責任者遺棄罪で逮捕されます。

　長男について，児童相談所の職員曰く，「本当に優しい子だと感じた。社会の汚れに染まらず生きていて，母親も絶対的な存在。友人との出会いで，子どもの世話をするのが重荷になったのでは」と陳述しています。

　その後，母親には懲役3年，執行猶予4年の判決が言い渡されます。「子どもの出生を届けず，学校にも通わせないなど母親の自覚がなく，子どもの生命が失われる危険もあった。親の責任を放置した罪は重いが，同棲相手と結婚し

てやり直すと誓っていることを考慮，今回に限り，自力更生の機会を与えることとした」との判決理由でした。

（2）映画『誰も知らない』

上記の事件をモチーフに映画『誰も知らない』は作られています。映画では，この事件の事実に少し改変が加えられているので，本章では，映画を題材に検討していきたいと思います。主な登場人物は，母親の「けい子」，12歳の長男の「明」，長女「京子」（「明」より数歳下の設定のようです），次男「茂」（二女「ゆき」の数歳上の設定のようです），5歳の二女「ゆき」，明の友人の「沙希」です。物語は家族が新居（古いアパート）に引っ越すところからはじまります。「茂」がスーツケースの中からにこやかに出てくる場面に，違和感を覚えた人もいるのではないでしょうか。

この家には，母親が子どもたちに押し付けた約束事や，特殊な状況があります。「絶対に外に出ない（学校に行かない）」ことや「ベランダにも出ないこと（京子だけは洗濯のため出てよい）」「明はみんなの面倒をみること，勉強すること，買い物に行くときだけ外に出てよいこと」などが目につく約束事でしょうか。子どもにとってはかなり無理のあるルールだと言えるでしょう。また，「茂」が騒いだので引っ越しをしなければならなかったなどと，責任転嫁をするかのように母親から語られていることや，4人それぞれ父親が違うこと，4人とも戸籍がないことなども特徴と言えるでしょう。総じて，母親の養育能力のなさがうかがえます。ただ，子どもたちは母親を慕っているようにも見えます。

目を惹くストーリー部分をいくつか以下にあげてみましょう。

① 引っ越しして間もない頃の朝，起きる前に母親は涙を見せています。起きると子どもたちと楽しく遊んでいるのですが。
② 「明」の，棒読みのようなイントネーションのない単調な発語も目に付くところでしょうか。母親が家に帰ってこなくなり，同い年の友人と「つ

るむ」ようになってからは，少し感情が荒々しくなっているようにも見受けられます。

③　「明」が母親と1対1になった場面で，「いつになったら学校行かせてくれるの？　だいたいお母さん勝手なんだよ」と訴えるのですが，母親は「誰が一番勝手なの，あんたのお父さんが一番勝手じゃないの。一人いなくなって。私幸せになったらいけないの？」と，「明」の父親に責任を転嫁したり，自分の「幸せ」の話にすり替えています。

④　「京子」は母親にマニキュアを塗ってもらいながら，「お母さん，学校行きたい」と訴えるものの，母親は「学校行ったって面白くないよう。お父さんいないといじめられるよ」と一蹴してしまいます。

⑤　クリスマスに，母親は子どもたちが待つ家に帰って来ず，「京子」が「お母さん，帰って来なかったね」と，寂しさや不信感を漂わせながら発言するのですが，「明」は「仕事だったんだよ」と母親をかばいます。

⑥　母親が帰って来ず，家計のやりくりにも困り，コンビニの廃棄食をもらおうとするときに，店員から「警察や福祉事務所とかに相談したほうがいいんじゃないの？」と言われるのですが，「明」は「みんなが一緒に暮らせなくなるから」と，主張します。

⑦　ベランダにカップめんの容器で苗を植える場面も特徴的ですね。

⑧　「明」は，中学校でいじめられていた「沙希」と親しくなります。

⑨　電気や水道を止められ，家計がひっ迫してくる中，「明」は，同年代の男子と「つるむ」ようになり，「京子」は，母親の服が入っているクローゼットに引きこもるようになります。一方，その間「沙希」はこのきょうだいのもとを訪れなくなります。

⑩　椅子から転落して「ゆき」は死んでしまいます。

⑪　「明」と「沙希」は，「ゆき」を羽田空港の空き地に埋めに行きます。

⑫　その後も淡々と日常が続いていきます。

2　問　い

　以下の問い①〜③について，これまでの章で見てきた理論や概念をふまえながら考え，読み進めてください。

① 『誰も知らない』に出てくる母親と 4 人の子どもとの関係を，アタッチメント理論や「投影同一化」「対象恒常性」という視点から考えてください。
② ネグレクトという虐待は，『誰も知らない』に登場する 4 人のきょうだいにどのような影響を及ぼしていると考えられますか？　4 人のきょうだいそれぞれの特徴から考えてください。
③ なぜ虐待は連鎖すると言われるのでしょうか？「内的対象」という概念をふまえて考えてください。

3　児童虐待とは

　児童虐待は 4 つに大別されます（表 6-1）。すなわち，①殴る，蹴る，叩く，投げ落とす，激しく揺さぶる，やけどを負わせる，溺れさせる，首を絞める，縄などにより一室に拘束するなどの「身体的虐待」，②言葉による脅し，無視，きょうだい間での差別的扱い，子どもの目の前で家族に対して暴力をふるう（ドメスティック・バイオレンス：DV），きょうだいに虐待行為を行うなどの「心理的虐待」，③家に閉じ込める，食事を与えない，ひどく不潔にする，自動車の中に放置する，重い病気になっても病院に連れて行かないなどの「ネグレクト」，④子どもへの性的行為，性的行為を見せる，性器を触る又は触らせる，ポルノグラフィの被写体にするなどの「性的虐待」です。
　厚生労働省（2015）の報告によると，2014年度の児童相談所における児童虐待に関する相談対応件数は，88,931件にのぼります。この件数は年々増加傾向

表6-1 虐待の分類

種類	内容
① 身体的虐待	殴る，蹴る，叩く，投げ落とす，激しく揺さぶる，やけどを負わせる，溺れさせる，首を絞める，縄などにより一室に拘束するなど
② 心理的虐待	言葉による脅し，無視，きょうだい間での差別的扱い，子どもの目の前で家族に対して暴力をふるう（ドメスティック・バイオレンス：DV），きょうだいに虐待行為を行うなど
③ ネグレクト	家に閉じ込める，食事を与えない，ひどく不潔にする，自動車の中に放置する，重い病気になっても病院に連れて行かないなど
④ 性的虐待	子どもへの性的行為，性的行為を見せる，性器を触る又は触らせる，ポルノグラフィの被写体にするなど

にあります。また，虐待の種類別内訳は，心理的虐待が43.6％でもっとも多く，次いで身体的虐待（29.4％），ネグレクト（25.2％），性的虐待（1.7％）となっています。そして，虐待者は実母の52.4％がもっとも高く，次いで，実父（34.5％），実父以外の父（6.3％），実母以外の母（0.8％），祖父母や伯父伯母等のその他（6.1％）のようです。虐待を受けた子どもの年齢別構成は小学生の34.5％がもっとも多く，次いで3歳～学齢前の23.8％，0歳～3歳未満の19.7％，中学生の14.1％，高校生等の7.9％となっています。

4 被虐待児の言動

虐待がはびこる環境に置かれると，子どもたちはいつまた虐待されるか分からない不安と緊張に包まれます。子どもは1人では生きていけませんから，虐待される不適切な養育環境にも適応していかなければなりません。そして，そういった虐待環境に適応するために，学校生活などに支障をきたす様々な問題が生じてきます。その結果生じる特徴的な言動を見ていきましょう。

（1）多動性，衝動性，注意力低下，不注意

勉強に集中できず，授業中に立ち歩いたり，ヤジを飛ばしたり，他の子どもにちょっかいを出したりして，けんかが頻繁に起きたりします。その結果，学力にも深刻な影響を及ぼします。また不注意のために些細なケガなどが見受け

第6章　児童虐待がこころに及ぼす影響

られることも多いようです。

これらは，第4章で見た AD/HD 児と同様の症状として現れますが，虐待という環境因から生じてきているのが特徴です。

（2）意欲低下，やる気のなさ，被害的受け取り

また，何事に対しても投げやりであったり，授業や行事に積極的に参加しなかったりする意欲低下や，やる気のなさの問題も生じます。

「何で自分だけ？」「私はいらない子（必要のない子）」といった被害的受け取りをしやすくなったりする一方，「大人のせいだ，自分は何も悪くない」といった他罰的傾向も現れたりします。

（3）暴言・暴力

些細なことでも「キレ」たりする，暴言や暴力の問題も深刻です。これは，親の行動や思考パターンを身に付けた結果，他の子どもや教師など周囲の大人に対して自分の親のように振る舞っていると考えられます。

虐待の連鎖も，親の暴力性を「取り入れ」た結果として見ることができるように思います。また暴力を繰り返すことで，自分が受けてきた虐待に対するとてもつらく抱えきれない感情を排出・緩和しようと試みているとも言えるかもしれません。

（4）非行・反社会的行動

さらに，被虐待児によく見られる行動として，非行・反社会的行動があげられます。その中でも，家出，金品持ちだし，窃盗，万引き，無免許運転，暴走行為といった，「虐待回避型非行」や，器物破損，暴力行為，傷害，恐喝といった「暴力粗暴型非行」，飲酒や覚醒剤・シンナーの使用といった「薬物依存型非行」，援助交際や売春，強姦・盗撮などの性的犯罪を含む「性的逸脱型非行」に分類されます。

これらの非行は，虐待環境から逃れたい想いが背景にあります。たとえば，

虐待環境から逃れるために家出・万引き・金品持ちだし等

帰る・怒られる・殴られる

図6-1 「虐待回避型非行」の悪循環（イメージ）

「虐待回避型非行」の場合，家出や万引き，金品を持ちだすことでそういった環境から逃げ出そうとするのですが，結局家に帰ると，怒られる，殴られるといった状況が待っており，またその環境から逃れるために上記を繰り返すといった悪循環にはまり込んでいきます（図6-1）。

（5）自傷行為

被虐待児には，自傷行為も多く見られます。自傷行為の具体的な種類や方法は，第3章を参照してください。これは親から取り入れた暴力性が，他者ではなく自分自身に向けられている状態と言うことができるかもしれません。

また虐待されること自体が，自分の身体を大事にされていないという感覚を植え付けられますから，自分でも自分の身体を大事にできないことが自傷行為へとつながるのかもしれません。

5　被虐待児のこころの状態

上述のような言動を示す子どもたちの背景には，以下のような特徴的なこころの状態が見られると木部（2012）は指摘しています。

（1）外的世界の遮断

ネグレクトに見られるように，親からの十分な反応が得られない環境で育つと，現実との接触を避けたり，接点をもとうとしないような特徴が生じてくることがあります。その結果，他者への「基本的信頼感」を獲得できず，ひきこ

もりになったりもします。これは物理的に部屋にひきこもることに留まらず，他者との情緒的な交流からも撤退することを意味します。『誰も知らない』においては長女の「京子」が，母親がいなくなった後に，母親の服を抱きしめながら，押し入れにひきこもっている様子などがこれに該当するでしょう。

（2）興　奮

　虐待が起こっている家庭内はたいへん不穏で喧噪状態にあることは想像に難くないでしょう。そういった状況に適応するために子どもは喧噪に「同一化」します。つまり，自分を興奮状態にもっていくことで，周囲の環境の苦痛を紛らわせようとする試みとして理解できそうです。こういった子どもは，精神医学的な診断基準では AD/HD に該当するように思いますが，環境要因も精査しておく必要があるということですね。

　『誰も知らない』においては，4きょうだいのもとに母親が出入りしているときはまだそこまでではありませんでしたが，母親が帰ってこなくなり，「明」の友人が入り浸るようになってから，特に「茂」の興奮する度合いが増したように見受けられます。おもちゃを乱雑に扱ったり，攻撃的に振る舞うことで，どんどん散乱していく部屋に対する苦痛に押しやられないようにしていたのかもしれません。

（3）解　離

　解離は，第2章の防衛機制で見たように，こころに留めておけない出来事の記憶を飛ばしてしまうという，かなりこころに負荷がかかったときに用いられる手段です。虐待は子どものこころに，強い痛みや絶望感，恐怖感，無力感，嫌悪感を引き起こします。解離はこうした苦痛な感覚や感情を経験しないように自分のこころを守る試みなのですが，解離による痛みの麻痺がある場合は，痛みに対する感覚に欠け，相手の痛みにも共感できないようになります。したがって，相手の気持ちが分からず，暴力と愛情が混乱した養育環境の中で育ってきたがために，また自分も子どもに手をあげてしまうという虐待の連鎖も生

じるのです。

『誰も知らない』における「茂」も，まるで覚えていないような振る舞いをしており，解離を用いている様子もうかがえます。

また，解離が用いられた結果，対象や記憶の連続性，一貫性も損なわれます。あるいは，第1章のマーラーの理論で見たように，「対象恒常性」が育ちにくくなります。ちなみに，筆者は早期はく奪体験がある幼児や，養育者が頻繁に変わってしまうような一貫した養育環境に身を置けない児童が，部屋や教室の電気を消して回る場面や，蛇口の水がいつ出なくなるか不安そうに問い，すぐにとめてしまう場面に出くわしたことがあります。これらの言動は，「対象恒常性」が根付かない結果生じてくる言動のように思われます。

（4）攻撃者への同一化

虐待される子どもは，虐待者に対して怒りなどの攻撃衝動を感じるのですが，それは，虐待者である親に投影され，攻撃衝動の主体は虐待者であるという認識を抱きます。しかし，自分の感情なのか，虐待者の感情なのかの混乱も生じはじめ，結果的に虐待される子どもも，同じように攻撃者となっていくのです。

ラニャードとホーム（Lanyado & Home, 2009）は，苦しい体験から生き残るための過剰な防衛機制として，解離と「攻撃者への同一化」をあげています。後者の攻撃者への同一化についてアンナ・フロイト（Freud, A., 1936）は，攻撃者の暴力を永続化させ，また被害者から加害者への転換が起きるため，たいへん問題の多い防衛だと指摘しています。そして，これらは「有効性がとうになくなっても維持され，精神的健康を脅かし，新たな問題を生じさせるような形で，心的現実を否認する手段になる傾向が強い」とし，恐怖が過ぎ去った後の治療の目標をこれらの機制を和らげて「圧倒的ではない程度の苦痛に持ちこたえられるようになること」であると論じています。

『誰も知らない』の中では，直接暴力を振るわれるシーンはなく，表だって暴力性に関しては描かれてはいませんが，徐々に「明」や「茂」が攻撃的になっていく様子が見てとれます。

（5）過剰適応

また，虐待された子どもの中には，必死で「良い子」を演じ，過剰に周囲に合わせようとする子どももいます。虐待をする親の様子をうかがい，気分や機嫌を敏感に察知することで，虐待を避けようとする結果，身に付ける対処と言えます。そして，あたかも大人であるかのように振る舞うため，子どもらしさが感じられません。しかし，あくまで表面的な対処であるため，そこに真の情緒的接触はありません。そのような様子について，「偽りの自己」（Winnicott, 1965）や「偽成熟」（Meltzer, 1975）という概念が提唱されています。

『誰も知らない』の中では，母親がいるときには，「明」や「京子」が家事をして，母親との約束を守る「良い子」として描かれているように思いますが，この防衛も母親が不在になることで，破綻します。

（6）『誰も知らない』に登場する4きょうだいの特徴

ここまでの，虐待が心身の発達や言動に与える影響をふまえて，『誰も知らない』に登場する4きょうだいそれぞれの特徴を見てみましょう。それぞれ少しずつこころの特徴が違ったり，きょうだいの中で担っている役割が違ったりするように思います。

① きょうだいの共通点

まずは，4きょうだいの共通点から見てみましょう。目を惹くストーリー⑥からは，家族（きょうだい）のつながりが強く意識されている様子がうかがえます。きょうだいの「絆」によって，人間関係における信頼感を保とうとしているところもあるのかもしれません。また目を惹くストーリー⑦のように，このきょうだいがベランダで必死にカップ麺の容器で植物の苗を育てている様子からは，その苗や容器に自分たちの不遇な境遇を投影しながら，心身ともに成長したい想いや，十分にお世話をしてもらいたい想いもうかがえます。

この4きょうだいのもう1つの特徴としては「誰も泣かない」ことがあげら

れます。一方で目を惹くストーリー①にあげているように，母親が涙を流している場面は描かれているのですが。母親がいなくなっても，「ゆき」が亡くなっても，誰も泣かないのです。人生は，出会いと別れの繰り返しであり，対象（人に限らず，イメージや気持ちなども含まれます）を失うことを「対象喪失」と言います。そして，喪失した対象を悲しむこと自体は，健全なこころの働きであると考えられます。また，その悲しむ過程を「喪の作業」と言います。しかし，この４きょうだいには，悲しんでいる余裕などないように見えます。かろうじて「ゆき」が亡くなり（目を惹くストーリー⑩），空港に埋めに行く場面（目を惹くストーリー⑪）で「明」が「何かすごく，すごく……」と喪失感を吐露しているようにも見えますが，十分言葉になりません。

　さらに，精神分析の領域では，「喪の作業」の失敗が抑うつへとつながっていくと考えられています。「喪の作業」の流れは，茫然自失や無感覚といった失ったことを認めまいとする時期にはじまり，失ったことに対する怒りや不機嫌さ，快活さ（気丈に振る舞う）を呈しながら，徐々に諦めていくという過程をたどります。したがって，本来，「喪の作業」には「こころの痛み」が伴うのです。つらいのですから。しかし，こういった過程が十分に見られないのも，このきょうだいの特徴と言えるでしょう。養育が一貫しない母親に対して，急にいなくなったりすることを毎回悲しんでいたら，気持ちがもたないという影響もあるのかもしれません。したがって，一貫して自分に関心を払ってくれる「内的対象」がこのきょうだいには，十分内在化されていないと言うことができそうです。

② 明

　続いて，長男である「明」の特徴を見てみましょう。目を惹くストーリー②にあげたように，発語における抑揚のなさがとても特徴的です。感情（憎しみ，悲しみ，つらさなど）を出せない，あるいは出してはいけない，出すとこころが不安定になってしまうといった想いが背後にはありそうです。また，表出したところで，「誰も抱えてくれない」と思っている節もありそうです。たとえ

第6章　児童虐待がこころに及ぼす影響

ば，目を惹くストーリー③であげたように，学校に行かせてもらいたいことを訴え，行かせてくれず好き勝手をしている「母さんは勝手」という，至極まっとうな発言をしても「あんたのお父さんが一番勝手」と返ってくるだけであり，どこか諦めもあるのかもしれません。したがって，発語における抑揚のなさはこころに負荷を背負っているようなサインとしても捉えられるかもしれません。さらに，母親は，子どもの苦痛を抱えられず，子どもに依存しており，その受け皿を「明」が担っていると言えそうです。

　一方，妹や弟たちの世話をしているという自分の役割があることで，自分を保てている部分もありそうです。親役割を引き受けることで安定を得ているわけですね。「勤勉性」が課題となる児童期には可能な対処ですが，思春期に差し掛かってくると，母親への不信感が増大し，この役割を放棄しはじめるのも「明」の特徴と言えます。あるいは，家計をやりくりするなど「まじめに」振る舞っていた「明」は，「偽りの自己」や「偽成熟」であったのかもしれません。クリスマスに帰ってこなかった母親を「仕事だったんだよ」とかばい（目を惹くストーリー⑤），子どもらしい振る舞いをさせてもらえない環境が大きく影を落としていそうですね。下のきょうだいに対する「明」なりの気遣いでもあるのでしょうが。

　また，先ほども見たように，「ゆき」を埋める場面では「何かすごく，すごく……」と言葉にならない喪失感を吐露しています。抱えてくれるかもしれない存在として「沙希」（目を惹くストーリー⑧）を意識しているところもあるのかもしれません。しかし，彼ら4きょうだいに待ち構えている現実はたいへん厳しいものがあります。映画の最後の場面で「明」は飛んでいく飛行機を眺めているのですが，「茂」に裾を引かれます。飛んで行く飛行機は去って行く対象，つまり母親や「ゆき」であり，裾を引く「茂」が現実に引き戻しているようにも見受けられます。「対象喪失」を感じている余裕などない，文字通り今を生きることに精一杯なのだ（目を惹くストーリー⑫）と言わんばかりの「茂」のようにも感じられますね。

③ 京子

　長女の「京子」は「明」以上に行動範囲が限定されています。家の中およびベランダにしか出ることができません。小学校高学年の女子からしたらとても窮屈に感じられていたのでしょう。しかし、「お母さん、学校行きたい」ときわめてまともな主張をしても「学校行ったって面白くないよう。お父さんいないといじめられるよ」（目を惹くストーリー④）と、母親に強引な理屈で一蹴されてしまいます。また、「お母さん、ほんとはどこに行ってたの？」と、なかなか帰ってこない母親に問うのですが、「仕事」だと言いくるめられ、あげく、母親がクリスマスに帰ってこなかった際には、「私がひどいこと言ったからお母さん帰って来なかったのかな」と、罪悪感を植え付けられ、感情の行き場を失ってしまいます。「明」同様、感情を抱えられる機会が非常に乏しい様子がうかがえます。

　母親が帰ってこなくなってからは、母親の服を抱いていたり（目を惹くストーリー⑨）と、対象喪失に向き合おうとする萌芽はありますが、とても向き合えるような環境でなく、抑うつが顕著になってきています。

　一方、ストーリーの序盤に母親が帰ってきて、マニキュアを塗ってもらうと元気になる場面も描かれているように、一番母親の必要性を痛感していたのも「京子」であったのかもしれません。

④ 茂

　「茂」は、いつも「へらへら」と「ばかな振る舞い」をしているように描かれています。ムードメーカーと言えば聞こえは良いのですが、まるで喪失を感じさせないような対処をしており、「こころの痛み」をこころから切り離してしまっているような印象を受けます。解離の機制がはたらいているのかもしれません。

　また、実はもっとも母親からぞんざいに扱われていた子どもと言えるかもしれません。スーツケースから出てくることなどは、まさにその最たるものでしょうか。ほとんど「茂」の感情については考えてもらえていないため、自分

の感情のコントロールもできず，突然衝動的に振る舞ったりもしていたのかもしれません。引っ越しの直接の原因となったとされている前の家で騒いだエピソードとも何か関連があるかもしれません。

⑤　ゆき

「ゆき」は4きょうだいの中で，もっとも描写が少なく，さらに後半では亡くなってしまうため，こころの状態や特徴について考えるのに限りがあります。

あえて，特徴的な描写をあげるとすれば，終始母親の絵を描いているところでしょうか。まだ幼児であり，置かれた状況も十分に把握できないため「良い子」にしていれば母親が帰ってくるという空想もあったかもしれません。また，「沙希」が来なくなってから「沙希ちゃん来ないの？」と，いなくなった対象について言及はできるなど，ある程度，体験の連続性はありそうです。

5　虐待する親の想いと虐待の連鎖

最後に，虐待してしまう親の想いと，世代間の連鎖についても見ていきましょう。虐待を繰り返す親から話を聞くと，いくつか特徴的な彼らの捉え方や体験が浮かびあがってきます。

(1) 育児の手段としての「虐待」

まず，頻繁に子どもに手をあげてしまう親からは，「これは虐待じゃなくてしつけです」「どこまでがしつけで，どこまでが虐待なんですか？」「じゃあ何でも言うこと聞いて何でも許して甘やかしたらいいってことですか？」といった意見を耳にします。したがって，子どもに手をあげることはその親なりの子どもの問題行動や不適切な言動を正す方法であり，どうやらこれをしつけと呼んでいるのだろうと考えられます。換言すれば，手をあげるという罰以外の方法を知らないとも言えそうです。ここに「自分も叩かれて大きくなった」という意見を加えると，子育ての参照枠はやはり親自身の育てられ体験，すなわち

精神分析的に言うと「内的対象」との関係に依拠する部分が大きいように思います。こういった虐待の場合は，第1に子どもを育てようとする意思はあることを支持し，親自身の養育体験を振り返りながら，より適切な子どもとの関わり方を模索していくという援助が可能かもしれません。また『誰も知らない』の母親が，朝起きると涙が頬を伝っていた（目を惹くストーリー①）ように，どこか潜在的には，自分自身がかまってほしい，寂しい想いをしてきたといった背景も考えられそうです。そして，『誰も知らない』の母親の場合は，男性にかまってもらうことで，そういった感情を埋め合わせしようとし，子育ては二の次になってしまっていたのかもしれません。

（2）罰と即効性

続いて，以下のような意見も耳にすることがあります。「いくら言っても聞かないから罰を与えたんです（体罰）」「約束を守らないから叩いたんです」「嘘をつくから殴ったんです」「聞いても黙って何も言わないから，つい腹が立って」といったものです。こういったケースは，受けるべき罰として暴力を正当化している側面があります。学校現場での体育会系の部活動などにおいても体罰はよく問題にあがってきますが，ではなぜ罰が用いられるのでしょうか。1つは罰には「即効性」があるからでしょう。子どもに対して，どなったり，叩いたりすると，子どもは恐怖で言うことを聞きますよね。しかし，罰によって本当に良くないことをしてしまったという反省が促されればよいのですが，そうでない場合は，つまり恐怖から言うことを聞いている場合には，すぐに効果は薄れます。その結果，言うことを聞かせるために罰はどんどんエスカレートしていくのです。

さらにこういった罰の背景には，親の権威が喪失してしまうことに対する恐れがあると考えられます。強く見せないと子どもは親をなめるだろうという恐れがあり，ルールばかりが増え，子どもはがんじがらめになっていきます。部活動で上級生からされてきた罰を下級生に繰り返すことも，同じメカニズムで考えられるように思います。

（3）感情のはけ口

　その他にも，親の感情のはけ口として虐待が行われることもあります。子どもの言動に腹を立てて怒りを感じ，それを解消するためにしてしまうのですね。こんなはずではなかったと後悔しつつも，同じことを繰り返してしまうところに虐待の恐ろしさがあります。背景には，自分自身の気持ちについて考えることができないことが影を落としていると考えられます。考える前に手があがってしまっているという状況ですね。子どもと関わっているときに，なぜそのようなイライラしたり腹立たしい気持ちになったりするのか一旦立ち止まって考えてみることができるかどうかも，思慮深い「内的対象」との関わりによる部分が大きいのかもしれません。

　また「心理的虐待」や「性的虐待」はしつけではなく，親が感情によって動かされている面が大きいと言えるでしょう。その背景には，「支配─服従」関係を求める親の気持ち，さらにそのような関係の中で育てられてきた親自身の生育歴の問題もあると考えられています。

（4）しつけと虐待

　先述の親の意見のように，しつけと虐待は紙一重なのでしょうか。しつけとは本質的には人格を形成するために行われるものを指します。つまり，対人関係や社会生活をよりよく，快適に過ごせるように行われるべきものだと言えます。たとえば，幼児期にご飯をこぼさず食べることをしつけられた結果，その後きれいにご飯を食べられることによって，周りを不快にせずに済むかもしれません。一方，虐待は人格を崩壊させていくものと言うことができるでしょう。したがって，しつけと虐待は対極にあると言えそうですし，それがしつけか虐待かは，人格が形成されているか崩壊するほうに流れているかで，子どもを見れば一目瞭然とも考えられます。しつけは，かならずしも「即効性」があるわけではないのは，子育てを体験していたり，教育現場で指導している人ならば少なからず頷けるところでしょう。時間をかけて行うものがしつけであり，子

育てであるように思います。『誰も知らない』は，親の目がないところで育つ子どもの深刻さを教えてくれる映画のように思います。

第7章 青年期前期（思春期）のこころとクラス力動理解
——小説『告白』から

　本章からいよいよ思春期に突入します。児童期の比較的平穏な時期とはうって変わって，心身共に大きく揺れ動く時期に入ります。以下の章では，青年期を3段階に分けて細かくその段階での心理社会的課題や病理等について見ていこうと思います。便宜的に，小学校高学年～高校生前期（10～15歳）くらいを青年期前期（思春期），高校生～大学生前期（16～20歳）くらいを青年期中期，大学生後期～社会人数年（21～25歳）くらいを青年期後期として話を進めていこうと思います。青年期を通じての心理的変化の流れは図7-1のようなイメージでしょうか。

　本章では，思春期の心理社会的課題とクラス力動について，湊かなえの小説『告白』（湊，2008a）を用いて見ていこうと思います。第2章で見た，ビオンの集団力動の概念をより理解できるように，小説『告白』を読んでいけたらと思います。

　まずあらすじを確認していきますが，可能であれば以下を読む前に，小説『告白』に目を通しておいてください。この小説は中学生のクラス力動も見事に描かれているように思います。さらに，問題児とされている生徒2人の親子関係の描写も鮮明であり，児童期から思春期の親子関係の変化にも言及しようと思います。ちなみに『告白』は映画化もされています。

1　あらすじ

　物語の舞台はとある中学校1年生の1クラス。そのクラスの3学期終業式後のホームルームの時間から物語ははじまります。クラス内は，私語が絶えな

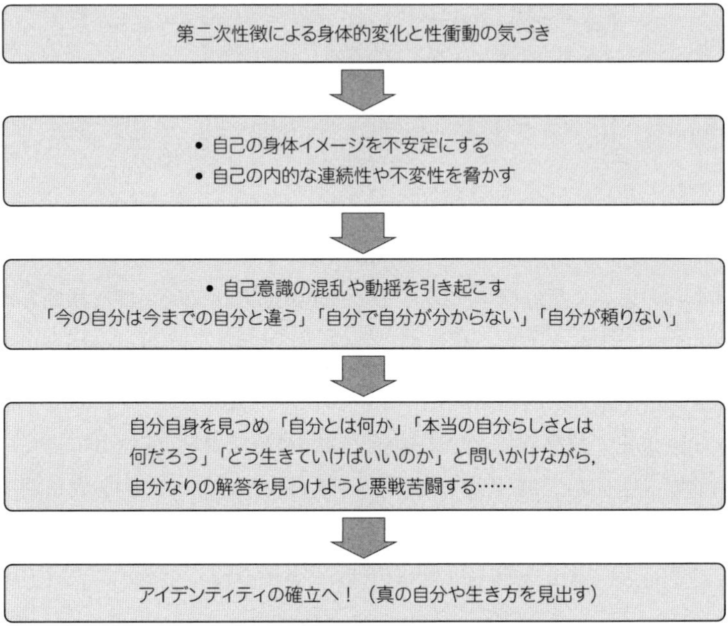

第Ⅱ部　物語を通じた児童・青年期のこころの力動的理解

第二次性徴による身体的変化と性衝動の気づき

- 自己の身体イメージを不安定にする
- 自己の内的な連続性や不変性を脅かす

- 自己意識の混乱や動揺を引き起こす
「今の自分は今までの自分と違う」「自分で自分が分からない」「自分が頼りない」

自分自身を見つめ「自分とは何か」「本当の自分らしさとは何だろう」「どう生きていけばいいのか」と問いかけながら，自分なりの解答を見つけようと悪戦苦闘する……

アイデンティティの確立へ！（真の自分や生き方を見出す）

図7-1　青年期を通じての心理的変化

かったり，ボールが飛び交ったりと，半ば学級崩壊状態です。そんな中，担任の「森口悠子先生」が生徒たちにその日で退職することを告げます。生徒たちは彼女の話を耳に入れてはおり，完全に教師を無視している状況ではなく，「やった！」という声もクラスからあがります。彼女は，数か月前に学校のプールで娘「愛美」を亡くしており，死因は溺死とされていましたが，実際はそうではないという話をクラスに向けて話しはじめます。そして，犯人はこのクラスの少年Ａと少年Ｂだと「告白」をします。クラスは一瞬ざわつきますが，その後静かになり，彼女がクラスの「焦点」となっていきます（通常の学級では，教師が生徒の「焦点」になるのは当然なのですが）。無論，生徒たちは憶測で犯人捜しをはじめます。彼女は匿名性を保ちながらも徐々に「犯人」を明らかにしていくような口調で話し，生徒たちの攻撃性を煽っていきます。最後まで名前は明かさないものの，クラスの誰もが少年Ａは「渡辺修哉」，少年Ｂは「下村直樹」だと気付きます。ちなみに「修哉」は，開けると電流が流れる

192

「盗難防止びっくり財布」で「愛美」を殺害しようとしました。一方「直樹」は，「盗難防止びっくり財布」で感電し気絶をした「愛美」が死んでしまったと思い動揺し，プールに投げ入れてしまいます。ただ，実際には投げ入れる直前に「愛美」が目を開けたにもかかわらず，投げ入れてしまっているのですが。

「森口先生」はまた，家庭でも問題を抱えていました。夫の「世直しやんちゃ先生」こと「桜宮正義」はエイズに罹患し，余命わずかだと言われていたのです。そして，ホームルームの最後に，「少年A」と「少年B」の牛乳に彼の血液を混入したと言い残し学校を後にします。

その後，クラスはクラス変更なく2年生になり，新たな担任「ウェルテル」こと「寺田良輝先生」がやってきます。彼は「世直しやんちゃ先生」に憧れる，いわゆる熱血教師です。「ウェルテル」は，「森口先生」とは異なり，生徒のことを親身になって考えているような態度ですが，そのように親身に関われると思っている自分に酔っているところがある教師で，結果，誰も彼にはクラスのこれまでの経緯を相談できませんでした。

2年生になっても「少年A」の「修哉」は登校を続けており，一方「少年B」の「直樹」は，不登校となり自宅にひきこもっていました。生徒たちは登校を続ける「修哉」を「制裁」という名のもとにいじめはじめます。その「制裁」に加わらない学級委員長の「美月」もまた「いじめ」のターゲットになり，2人は強引にキスをさせられ，その写真を撮られます。しかし，「制裁」の中心にいた男子「星野」に「修哉」が反撃としてキスをすると，クラスの力関係は変わりはじめ，誰も「修哉」に関わらなくなります。

一方，ひきこもった「直樹」の家庭は，父親が単身赴任で姉は大学生で一人暮らしのため，母親と彼の2人で生活を送っていました。彼は母親にHIVウイルスを感染させてはならないという思いから，自分が使った食器や道具は一切母親に触らせなかったり，使用したトイレを気が済むまで拭き続けたりするといった「強迫症状」を呈します。また生きている実感を得るために，一切お風呂に入らず，身辺の整理をしないという状態に陥っていました。その背景には密着した母子関係が見られ，「直樹」がひきこもっているのはすべて「森口

のせいだ」と思って疑わない母親がいました。彼の母親は，彼に対してその能力以上の「勉強も運動もできる優秀な子」だという過大評価をし，中学生になってからは「優しい子」に言葉を換え，彼を褒め続けました。しかし，そうではないことに気づいていた「直樹」は，そのような母親の態度を目障りに感じるようになっていました。「直樹」がひきこもってからも母親の態度は変わりませんでした。そして，2年生になって4か月くらいが経った頃，母親は「上手に育ててあげられなくて，ごめんね」と「直樹」に言いながら，包丁で刺そうとし，結果，逆に「直樹」が母親を刺してしまうという顛末を迎えます。

　また，登校を続けていた「修哉」の家庭は父子家庭であり，彼が幼少期に離婚し，母親が家を出ています。母親は学生時代，科学者（電子工学）を志していましたが，結婚を機にその道をあきらめていました。そして，その夢を「修哉」に託し，科学のスパルタ教育を行い，ときには手をあげることもあったため，それを見かねた父親が離婚を決意したという経緯があります。「修哉」は，母親の「教育」の甲斐あってか，「逆回り時計」や，「盗難防止びっくり財布」などの，中学生にしては高度な科学作品を制作しています。また，彼は父親のことを「バカな電気屋の後継ぎ」と軽蔑しています。母親は，離婚後大学に戻り，電子工学を再び研究しはじめていました。そこの教授と再婚していることを「修哉」は知り，おそらくそのショックを感じながらも，万能的な状況に浸るために，時限爆弾を開発します。時限爆弾を中学校の体育館にセットし，命の尊さに関する作文で取った賞の受賞スピーチ時に，学校中の生徒と共に自殺を図ろうとします。しかし，「森口先生」が，事前に体育館から母親の研究室にそれを移動させていました。研究室は爆発し，おそらく母親は死んでしまいます。「森口先生」が「修哉」に「これが本当の復讐であり，あなたの更正の第一歩だとは思いませんか？」と言い，物語は終わります。

2　問　い

　小説『告白』に関する以下の問いを踏まえてから，思春期の心理社会的課題

および，クラスの力動について検討していこうと思います。これまでに学習した児童・青年期の発達論や精神力動論を含めて以下の①〜⑤の問いを考察してみてください。

① 主人公の一人である「少年Ａ」こと「渡辺修哉」は，どのようなこころの問題を抱えていると考えられるでしょうか？
② 「渡辺修哉」が作った「逆回り時計」には，どのような意味があると思いますか？
③ 「少年Ｂ」こと「下村直樹」と彼の母親とはどのような関係であると考えられるでしょうか？　母親が彼を殺そうとした意図も含めて考えてください。
④ 中学校１年生のクラスが学級崩壊に近い状態から物語ははじまりますが，クラスがこのような状態になっていた要因には，どのようなことがあげられるでしょうか？　読み取れそうなことを思いつくまま書いてください。
⑤ ２年生からの担任，「ウェルテル」こと「寺田良輝先生」がやってきてから，クラスがまとまったようにも見えますが，背景にはどのような力動がはたらいていると考えられそうでしょうか？　ビオンの集団に対する概念をふまえて考えてください。

3　思春期における心身の変化

　思春期とは，今日では，小学校高学年から高校生前半（10〜15歳）くらいを示すことが多いように思います。中には，小学校中学年くらいに初潮があり，身体的には思春期に入っている児童もいるようです。まずは，思春期の入り口にまつわる変化を概観しましょう。

（1）身体的変化

　思春期は，第二次性徴の発現という身体的な大変化をもって幕を開けます。女子は体型が丸みを帯びはじめ，男子は角張ってきたり，といった身体的な変化が見られます。生理的変化としては，性衝動が高まり，男子では声変わりや射精，女子では初潮が訪れます。

　現代は，身体的な性の目覚めや成熟は早期化する一方で，精神的な発達，自立への過程は遅く，長引く傾向にあると言われています。

（2）心理社会的課題「同一性（の獲得）対 同一性の混乱・拡散」

　第1章で見てきたように，心理社会的な発達課題として，エリクソン（Erikson, 1950）は青年期のそれを「同一性（の獲得）対 同一性の混乱・拡散」としました。彼は，その定義を3つ設けました。すなわち，①「自己の斉一性」，②「時間的な連続性と一貫性」，③「帰属性」です。

① 「自己の斉一性」は，「この自分はまぎれもなく独自で固有な自分であって，いかなる状況においても同じその人であると他者からも認められ，自分でも認められること」を指しています。

② 「時間的な連続性と一貫性」は，「以前の自分も今の自分も一貫して同じ自分であると自覚すること」です。

③ 「帰属性」は，「自分は何らかの社会集団に所属し，そこに一体感をもつとともに，他の成員からも是認されていること」と述べられています。つまり，心地よい自分の居場所があることと言えるでしょう。

　以上のような定義をまとめると，同一性の感覚とは，「自分は自分である」し，「これこそがほかならぬ自分である」と自覚できていることとも言えるでしょうか。したがって，「この自分でよい」という自己肯定感と「これからもこの自分でやっていける」という自信ができあがることや，「この自分は周りから受け入れられている」し，「この自分は社会にとって意味のある人間であ

る」という自己の存在感や有能感をもてることが課題になってきます。実感として,「この自分が好きである」と受容でき,「自分らしさがある」ことが重要だと言えるでしょう。2015年には「私以外私じゃないの　当たり前だけどね」「私以外私じゃないの　どうやらあなたもそう　誰も替われないってことみたいね」といった歌詞の楽曲「私以外私じゃないの」(ゲスの極み乙女,2015)が大ヒットしました。これはまさにアイデンティティの獲得について歌っていると考えられます。だからこそ,その最中にいる青年期の人々に大ヒットしたのでしょう。

一方,「本当の自分が分からない」「どうしたいのか分からない」「居場所がない」など,上記と反対のことを訴える場合は「アイデンティティの拡散」が優位になっていると言えます。

(3) 思春期におけるこころの揺れ動き

また,思春期は,これまでの人生を振り返りながら,今後の見通しを立てていく時期でもあります。したがって,「今」以上に過去や未来が気になったりもします。多くの子どもにとって,高校選択ははじめて自分で進路を決める体験でしょう。また,思春期は,現実を見ねばならず,幼児的な夢を捨てるために生じる希望のなさも生じてきたりします。たとえば,男子にとって将来就きたい職業で上位にくるようなプロ野球選手やサッカー選手,ミュージシャンなどの,才能に恵まれ,かつたゆまぬ努力を続けるというプロセスを経ることのできたごく少数の人がなれる職業は,思春期に多くの子どもが諦めるようです。自分は周りの「うまい人」より,能力が劣るという現実が見えてくるからですね。ちなみに,第9章で用いる漫画『ソラニン』では,主人公「種田」が大学を卒業してもフリーターを続けながら,ミュージシャンを目指す夢も捨てきれず,鬱屈としたこころの状態にいる様子が描かれています。このようなこころの揺れ動きによって,やりきれなさやはけ口のなさ,鬱陶しさ,虚しさ,落ち着かなさ,気分の晴れなさを感じている子どももいるでしょう。第5章で見た『20世紀少年』の主人公「ケンヂ」は,小学生の頃の元気な「やんちゃ坊主」

と異なり，中学生の描写では無気力さが前面に出てきていますよね。

また思春期は，身体的には大人になっても，社会的・経済的にも自立した「大人」と呼ばれるまでにはもう少し時間が必要な時期でもあります。その結果，いったい自分は大人なのか子どもなのか分からなくなるような，どっちつかずの状態で，こころが大きく揺れ動くことを「凪状態」と呼んだりもします。

親子関係においても，児童期の頃よりは1人でできることが増えたり，行動範囲が広がったりしますが，完全に自立というわけにはいきませんし，ある程度の支援もまだ必要ですよね。以下で，思春期における親子関係の特徴について『告白』をふまえながら詳細に見ていきましょう。

4　思春期の子どもと養育者との関係

（1）思春期・青年期コミュニティ

第2章でも少し触れたように，思春期は児童期とうって変わって親に対する捉え方が大きく変化します。つまり，児童期までの養育者に対する絶対的な信頼関係から移行して，思春期は親の嫌な面や醜い面が見えてくる時期でもあります。こういった時期を経て両親を一人の大人として認めていくこころの作業をしながら自立していくのですね。そんな中で子どもたちは，思春期の混乱や親役割への期待や反応として，めまぐるしく帰属性が変化する4つの内的外的コミュニティを形成することにメルツァーは言及しています。以下の4つのコミュニティを流動的に行き来しながら，こころの揺れを体験しながら，養育者との関係を変化させながら，成長していくという考え方ですね。飛谷（2014a）がまとめたそれを見ていきましょう。

① 家族の中の子ども

これは，潜伏期の心的状態に留まることを指しています。我慢しながらも「優等生」や「良い子」で居続けることで，養育者からの庇護を受けられ，安全な位置にいることができますが，同時に成長を放棄する必要もあります。

「親を理想化し続ける永遠の小学生」です。

　『告白』に出てくる「直樹」の母親は，このような「子ども」を想定し続け，その像を彼に投影し続けていたと言えるでしょう。そして，「直樹」は母子関係において非常に窮屈な想いをしていた様子も見てとれます。

②　大人世界

　思春期の子どもから見た「大人の世界」であり，彼らにとって，多かれ少なかれ，大人は「何でもできて，何でも知っており，世界を牛耳る権力の保持者として」映ります。したがって，「人生におけるすべての成功をほしいままにして世界を支配するコミュニティ」を形成しようとするのです。ただ，これは思春期の子どもが作り上げる「にわか作り」の大人であり，ぎこちなさも伴います。そして，思春期的混乱を否認することがここでは求められるのです。

　『告白』でいうと，「修哉」と「直樹」が「盗難防止びっくり財布」での殺害を計画している場面や，「修哉」と「美月」が「勉強部屋」で物理工作をしたり，薬品を収集している場面などが，「大人のように」行動することができるのだという効力感を得る手段として描かれており，ここに当てはまるでしょう。

③　思春期・青年期世界

　この世界は「彼らが独自に構築したと感じている新しい世界」です。親の全知全能な幻想は崩れ，親に失望し，幻滅した子どもたちは自分たちの世界を構築しなければなりません。多くの場合，「一時的な共通ラベルで識別できる思春期グループ」が形成されます。部活動や，アイドルの「おっかけ」，あるいは制服の着こなしなどによって，一時的に凝集性が高まりますが，たいへん不安定なグループです。このコミュニティの特性として「自ら苛まれているはずの極度の混乱状態を理想化し，興奮とともに開き直っている」ことがあげられます。そして，共通目標は「大人が牛耳る権力構造を乗っ取ること」であり，それは反抗的態度として現れます。反抗期と言われるゆえんですね。

　『告白』の「修哉」が父親を馬鹿にする様子がここに含まれるでしょう。

④ 孤立青年

「孤立青年」は，自分自身を親だとみなすことから生じます。つまり，「自分の力だけで自分は育ち成長してきたのだ」「世界の中心は自分だ」という自己愛的な感覚の中で生きている状態です。そして，「自分は選ばれし者」で，「自分には使命がある」と認識し，過度に自分の能力を理想化した状態に留まります。本来感じるはずの劣等感や無力感，惨めさなどは，他者に投影されるため，周りの同級生を馬鹿にすることも顕著に見られるのです。また，助けを誰にも求めないのも特徴的です。

自分の「科学者としての才能」を「天才」と呼んだりする『告白』の「修哉」の状態がそのままここに当てはまりそうですね。

（2）思春期の子どもをもつ養育者の役割と支援

飛谷（2014b）は，思春期の子どもをもつ親の役割として「子どもが経験している成長を邪魔せず，成長を攻撃せず，成長することに対して仕返しすることなく，子どもが分離へと自ら進むことを許し，それを援助すること」をあげています。実は，このような態度がなかなか難しかったりもするのです。

思春期は親（特に母親）にとっても危機的な時期であると言えます。更年期と重なることも多く，親自身の身体的な変化による揺れ動きも経験しているところかもしれません。また職場では中間管理職を任されたりする時期と重なり，激務の中，子育てに関与しないといけない親もいるように思います。そして，子どもが独立していくとき，親は心理的な喪失を抱きやすく，それを回避するために，過干渉になったり過保護になったりする様子も往々にして見られます。『告白』における「直樹」の母親は，父親が単身赴任で不在であり，一人「直樹」の子育てに奮闘しているようですが，「直樹」が「大人になる」ことには，強い抵抗もあり，その背景には，「直樹」が離れていくことで自分が孤立してしまう寂しさも見え隠れします。

したがって，思春期の子どもをもつ養育者への支援として，親を孤立させないことが重要であると考えられます。子どもが離れていく寂しさを吐露でき，

また子どもの成長について考えられる場所としての役割もスクールカウンセラーは担っていると言えるでしょう。

（3）思春期の入り口に立つ子どもをもつ親支援の実際

　少し架空事例を通じて思春期の入り口と親子関係について学んでみましょう。
　Ｉ君は小学校6年生でさわやかな笑顔が特徴的なクラスの人気者です。地域のサッカークラブに属しており，運動神経も良く，勉強もまずまずの成績でした。目立った問題もなく，小学校生活を楽しんでいるように担任には見えていました。
　それなのになぜか小学校6年生の6月中旬から登校を渋るようになってしまいます。朝，母親に車で送ってきてもらい，昇降口に泣きながら入ってくるのです。しかし，教室に入るとこれまでのように笑顔で友達とも仲良くやっています。
　このまま不登校になったらどうしようと心配した担任の先生が，スクールカウンセラーに相談に来ました。先生方の間でもＩ君のことは話題になっているようで，ある先生は「もっと母親に登校を強く促してもらおう」と主張し，別の先生は「いや，温かく見守ってもらうことが大事なんじゃないか？」と言ったりしているようです。いったい，Ｉ君に何が起こっているのでしょうか。
　スクールカウンセラーは，Ｉ君のお母さんに来談してもらい，話を聴くことにしました。お母さんの話の内容から把握したＩ君の生育歴は以下のようなものでした。Ｉ君は一人っ子で，両親と父方祖父母とともに暮らしており，家族皆からとてもかわいがられてきたそうです。お母さんは，「いつもＩが食べたいと言ったものを，栄養のバランスを考えて作ってるんです。外食や，旅行も全部Ｉが行きたいところへこれまで行ってました」と，Ｉ君がとても溺愛された環境の中にいることがうかがえました。このような環境は，思春期を迎えるＩ君にとって，どのように感じられるでしょうか。「やさしい」「何でも思い通りにしてくれる」「自分のことを見てくれている」という肯定的な養育環境であることは間違いないように思います。しかし一方で，これだけ自分の思い通

りにさせてもらい，言うことを聞いてもらっていたら，I君は，両親の悪いところを見ることができないのではないでしょうか。また両親に怒りを向けられないのではないでしょうか。

　思春期は，親との関係を捉え直す時期でもあり，児童期の頃に比べ，両親の悪い部分や気に食わない部分が見えてくるようになります。つまり，両親は絶対的，完璧な存在ではなく，嫌な部分も欠点もあることを認めていく時期なのです。「くそばばあ」「くそじじい」「うるさい」「うっとうしい」と悪態をついて，少し距離を取ろうとすることもよく起きますよね。

　さて，I君の場合はどうでしょうか。母親は何でも言うことを聞いてくれるため，悪い面を見ることができないようです。その結果，心理的には思春期に入っていきたいのですが，なかなか「親離れ」が難しく，それが，昇降口で母親から離れにくくさせているのではないかとスクールカウンセラーは考えました。一方で，このように手塩に掛けて育てたI君が離れていくことは，お母さんにとってもたいへんつらい体験であろうと推察されました。

　第3章で見たように，思春期は「第2の分離－個体化期」でもあり，養育者との分離にまつわる葛藤が様々な形で現れてきます。スクールカウンセラーはI君とお母さんの分離や自立をどう促そうかという視点から考えました。そしてI君に対して一定の関わりを提示することが大事なのではないかと，お母さんに伝えました。つまり，すべてI君の言いなりになるのではなく，「ここまではするけど，ここからはしない」といった，お世話のラインをお母さん自身に考えてもらうことにしたのです。こういった関わりをする際には，第1章のアタッチメント理論でも見たように，「毅然とした態度」も必要になってきます。お母さんは少し困惑しました。しかし，断腸の想いを抱えながらもお母さんはI君にこのような態度で接することに決めたのです。すなわち，「朝は起こすし，ご飯も作るけど，泣いてても学校には送っていかないよ。行くか，行かないかは自分で決めなさい」と。お母さんの対応の変化にI君は驚いたようでした。しかし，I君はそう言われた直後から，泣かずに登校班で時間通りに学校へ行くようになったのです。

さらに，お母さんに文句も言うようになり，思春期へと突入していくことになりました。別の視点から見ると，お母さんの「毅然とした態度」をI君は求めていたのかもしれません。

一方，お母さんは，スクールカウンセラーに「寂しさ」を吐露するようになります。「私に文句を言うなんて，不良になったんじゃないか？」と冗談交じりで言う表情には，どこか諦めと安堵が入り混じっているようでした。

このように，親に対する心理的支援は，子どもの心理的独立を支援することにもつながるのです。子どもにとって家族は最大の支援者であることを，子どもに関わる対人援助者は忘れてはならないように思います。

（4）『告白』における思春期の親子関係

『告白』に登場する「修哉」と「直樹」の養育体験が，あまり適切なものではないという印象は誰もが抱くところでしょう。2人とも「ほどよく（good enough）」は愛されていない描写になっています。「修哉」は両親の離婚によって母親が不在ですし，「直樹」は，母親から溺愛されている様子がうかがえます。ここでは，2人の養育体験が現在にどのような影響を及ぼしているのか，詳細に検討してみましょう。

① 「修哉」の場合

「修哉」が自己愛の病理を抱えた子どもとして描かれているのは明らかです。彼は幼少期に母親から電子工学の知識を植え付けられてきました。作中にもあるように「絵本を読んでもらったこと」はなく，電子工学について分からないことがあると「何でこんなことも分からないの！」と手をあげられることもありました。これは虐待にも該当する行為であり，また気持ちに共感してもらえた背景はうかがえません。

精神分析の一領域である自己心理学では，その創始者であるコフート（Kohut, 1977）が「自己対象」という概念を提唱しています。これは，「自分の一部であるように体験される対象のこと」（和田，2002）であり，実際の人で

はなく，機能を示した概念です。「自己対象」自体は生涯内在化されることはなく，対象は「外側」にあって，こころの中に完全に棲みつくものではないという考え方です。あくまで現実にいる人との関係性について言及していると考えられます。コフートはこれを「変容性内在化」と呼んでいます。したがって，クライン派の「内的対象」とは少し異なりますね。コフートは以下の3つの「自己対象」を想定しました。すなわち，「鏡映自己対象」「現想化自己対象」「双子（分身）自己対象」です。

1つめの「鏡映自己対象」は，「ほめてほしいと思ったときにほめてくれる」「ちゃんと注目してくれる」「自分のことを愛してくれる」（和田，2002）などといった，自分が大切にされていて価値のある存在であるというような感覚を与えてくれる「自己対象」のことです。

2つめの「理想化自己対象」は，不安なときや落ち込んでいるときなどに安心感や自信を与えてくれ，生き方の方向性を見出してくれる「自己対象」のことです。また，「自己対象」は，「鏡映自己対象」（主に2，3，4歳）から「理想化自己対象」（主に4，5，6歳）へと発達していくものと仮定しています。そして，この発達が円滑に進行することが，自己の成長に必要なこととされているのです。

さらに，コフート（Kohut, 1984）は上記の2つの「自己対象」を心理療法の関係の中で修復するだけでは対応しきれないクライエントがいることに気付きはじめます。つまり，心理療法場面でセラピストに対してほめてもらうことや安心感などを求めず，「いじける」クライエントがいることに気付いたのです。そんな中で提唱されたのが，三つめの「双子（分身）自己対象」です。このようなクライエントに対して「自分は人と同じであり，人間の中の人間なんだ」（和田，2002）ということを感じさせてくれる「自己対象」の必要性を見出したのです。

さて，「修哉」を「自己対象」体験という視点から見ていきましょう。彼が母親からほめてもらえたような描写はなく，「鏡映自己対象」の不全がうかがえます。このような場合の対処や人格形成として，「俺は天才」といった自分

で自分をほめるような行為や，主従関係を作り，無理やり周りに自分をほめさせたり，おとしめたりする言動が考えられます。したがって，「修哉」の離れの勉強部屋を「研究室」と称し，「天才博士研究所」というホームページも立ち上げている様子は「鏡映自己対象」の不全に由来する言動と言えそうです。根底には母親に気付いてもらい，評価してもらいたいという想いがあるのも明らかですね。彼が制作した「逆回り時計」には，時間すらコントロールできるのだという万能感と，幼少期に戻って母親の愛情を一身に受けたい想いが含まれているのかもしれません。

また，おそらく母親に刷り込まれたのか，父親のことを「バカな電気屋の後継ぎ」と言い，男性性のモデルがないことや，「理想化自己対象」の不全もうかがえます。母親を「尊敬している」様子はうかがえるものの，「理想化自己対象」として機能しているわけでもなく，「修哉」にとって母親はあくまで「ほめてほしかった」対象であることが作中で語られています。

そして，学校では孤立した様子がうかがえます。同級生を見下すような振る舞いをしているため，誰も寄ってこないのでしょうが，同類だと感じられるような「双子（分身）自己対象」の存在もありません。

このような背景をふまえて形成されるパーソナリティが，第4章で見た「自己愛構造体」（Rosenfeld, 1971）ですね。この構造体は，当初「健康な部分」を対象の迫害から守るための防衛として用いられるのですが，徐々に構造化されていくと強固な人格システムとなり，それ自体が人格となっていきます。「修哉」も，母親から押し付けられた電子工学に関する教育やその分からなさ，そして母親の不在に対する防衛として「自分には母さんと同じ血が流れている天才」という想いをよりどころに対処を試みていたのですが，しだいに「天才」という「万能感」のみが肥大化していき，「自己愛構造体」が形成されていく様子が見てとれます。

ローゼンフェルト（Rosenfeld, 1987）が，自己愛的なクライエントについて「自分たちはだれの助けも借りずに自分を食べさせ，育てることができたと信じるように決心させられ」「自分たちが精神分析家（両親，特に母親を表してい

る）に依存しているという事実に直面させられたとき，その事実を認めるよりもむしろ死を，非存在となることを，自分が生まれたという事実を否認することを，すべての精神分析的なまたは個人的な進歩や洞察が得られること（両親を意味する精神分析家によって創られたと感じられる，クライエントの中の子どもの部分を表している）を破壊することを選ぶ」，そして「死がすべての問題解決として理想化される」と指摘していることは第4章で述べた通りです。まさに，「修哉」も母親が自分を「見捨てて」再婚をしている事実を突き付けられたとき（母親は「修哉」のことを忘れてなどいなかったのですが），死を選択しようとしたことからも，彼の自己愛病理の根深さがうかがえます。

② 「直樹」の場合

一方，「直樹」は母親からつねに「良い子」で「やればできる子」だと言われ続けてきました。反面，「良い子」ではない部分や「やることができない子」の部分は無視され続けてきたと考えられます。小学生から中学生になると，それなりに勉強や課題も難しくなり，個々人で程度の差こそあれできないことが増えてくるのは誰もが体験しているところではないでしょうか。「直樹」もその例外ではありません。彼の中の「できない悪い子の部分」は思春期とともに膨張し，母親にできなさやつらさを訴えてみたところで「やればできる子」というセリフが返ってくるだけであり，自分で抱えるしかない状態に陥ったようです。不安や無力感の「コンテイナー」として母親が機能していない状態と言い換えることもできそうです。そして「直樹」はテニス部を止めたり塾から逃げ出したりと，とにかく現実の課題から「逃げる」ことで対処を試みていたようです。

さらに，「直樹」の「悪い部分」を抱えることのできない母親は，無論部屋に閉じこもる「悪い直樹」を抱えられるはずもなく，結果「優しい直君はもういない」と，殺そうとしてしまいます。そして「できそこないだから，殺される」と感じ，劣等感を喚起された「直樹」は，逆に母親を殺してしまうという悲惨な顛末を迎えます。また「愛美」殺害事件のとき，「直樹」は気を失って

いた「愛美」が目を開けたにもかかわらずプールに投げ入れ,「修哉」にできなかったことが自分にはできたという効力感を得ているところからも,いかに日々無力感や劣等感に苛まれていたかうかがい知ることができそうです。

③ ほどよい母親と羨望

　この物語の興味深い点は,2人とも「森口先生」に「母親代わり」を求めているような描写があるところでしょう。「修哉」は「びっくり財布」をほめてもらいたそうに「森口先生」に見せに行き,「直樹」は「ゲームセンター」で補導されたときの迎えが「森口先生」でなかったことを嘆いています。つまり,「修哉」と「直樹」には適度に愛されていない「ほどよい母親（good enough mother）」の不在が見て取れます。

　そして,2人は「ほどよく」に愛されている「愛美」へ強烈な「羨望」を向け,殺人実験のターゲットに選定したのだと考えられます。「羨望」とは,良いものに憎しみを抱き,台無しにしてしまおうとする感情であり,強烈な破壊性が含まれます。「羨望」が強すぎると,良いものを取り入れることによって育ってくる自己への安心感や信頼感,こころの穏やかさはまったく育たなくなります。ちなみに現代のクライン派は「羨望」を,持続的な欲求不満に対する反応や,はく奪的な親子関係の結果であるとみなしています。まさに「修哉」も「直樹」も「ほどよい母親」に触れられなかった結果の「羨望」により,殺害事件を起こしてしまったと考えられますね。

　さらに,以下の節では,上述のような背景をもつ「修哉」や「直樹」が,クラスの中でどのような役割を担っていたのか,ビオンが提唱した「基底的想定」や「原子価」といった概念を参照しながら見ていこうと思います。

5　クラスと無意識と防衛

　ここからは,「クラス」という集団について見ていきましょう。日本の教育においては,児童・生徒は「クラス」に所属することになります。まずは,日

本の学校体制の根幹を成してきた「クラス」について概観します。その後，思春期の「クラス」に起こり得る状況を『告白』を用いながら，力動的な視点も交えて見ていきましょう。

（1）クラスに関する歴史的概観

　日本において近代学校が出現しはじめたのは，明治維新から数年を経た1873年頃からだと言われています（大山，2004）。それ以前は寺子屋が主な子どもの「学校」であり，個々の課題に取り組ませる方法が主であったようです。この時期から教師が前に立ち，黒板に向かって字を書き，生徒はそれを板書するという現代の「一斉教授法」となっています。ここには，1対1で教えるよりも1対集団（教師対子ども集団）のほうが「効率」が良いという前提や，年齢に応じて能力は均一に発達していくという前提があるように思われます。また，明治政府は「殖産興業」「富国強兵」の名のもとに近代化を進めており，学校や病院，兵舎，監獄などは，「パノプティコン」（Foucault, 1975）と呼ばれる「一望監視装置」として建造されています。つまり，北側に廊下があり，南側に部屋あるいは教室が配置されるというような構図ですね。これはマクロな視点から俯瞰すると，国家の道具として作用していると言えそうです。すなわち，その中で生活を営む人間を「効率」的に「管理」するためのファシズム的象徴であるとも考えられるのです。現在の学校の多くが未だこの形態をとっており，教育の中には「管理」が内包されており，今後のわが国の教育は，「管理」からの脱却をいかに達成していくかという命題を担っていると考えられます。

　一方，第二次世界大戦後の日本の初等教育は「民主主義を維持するために必要な自覚と教養を，体験を通じて子どもたちに学んでもらう場」（野田・萩，1989）である必要があり，さらにクラスの定義としては「教師と子どもの，そして子ども同士の人格的ふれあいのなかで，人間として成長する場」（大山，2004）とされています。こういった理念とは裏腹に，第3章でも見たように学校現場やクラス内部では様々な問題が噴出してきています。大山（2004）は，その一要因として「学校が知の殿堂としての権威を失墜した」ことをあげてい

ます。1980年代までは，学校の設備のほうが一般家庭のそれよりも充実していましたが，それ以降は逆転が起こり，かつての「安全な場所」は，校内暴力やいじめ，学級崩壊などの温床となり，「危険な場所」と化してきたきらいがあるようです。

（2）『告白』から見る思春期のクラスと集団力動

では，前項のような「管理」と「民主主義」を醸成する理念との相克の中で，特に思春期の子どもはクラスの中でどのような体験をするのか，何を感じているのか考えてみましょう。

思春期の子どもが所属するクラスが，課題に取り組んでいる状態であるワークグループ（WG）(Bion, 1961) になっているかどうかを，どう判断したらよいでしょうか。勉強や，体育祭・文化祭などの学校行事，部活動などに取り組めることはある種のWGであることに間違いはないと思われます。かと言って，果たしてそれ以外は逸脱，すなわち「基底的想定（basic assumption）」と言ってしまえるのでしょうか。理論的概観だけでは難しく感じられるかもしれないので，『告白』を題材にして，集団力動の理解を試みましょう。

大西（2010）は，『告白』の批評の中で，この作品の大前提を「"エイズ患者の血液＝死への凶器"というインパクト」にあると述べ，「その誤謬と偏見によって醸成される読者への恐怖心に対して，最後まで何らの手当ても行わない」という点を批判しています。さらに，「生徒の誰かが（「森口先生」がHIVに感染した血液を牛乳に混入したことに対して）"先生，それくらいでHIVって本当にうつるの？"とか，"もしエイズになっても，薬飲めば大丈夫なんじゃないの？"とか言い出したら緊迫感は一気に薄れ，読者も観客も現実に引き戻されてしまうに違いない」と指摘しています。しかし，思春期の集団，まして人が殺された（と設定されている）という状況下において，集団が「妄想的」にならないと言い切れるでしょうか。おかしい状況をおかしいと思えない集団の蠢き（集団の精神病的性質とでも言ったらよいでしょうか）が特に学校現場では起こり得ます。そしてそれは集団の防衛として考えられる必要があるように思

われるのです。

　ハフシ・メッド（2004）はビオン（Bion, 1967）の思考理論を援用し，個人の思考の発達同様，集団でも思考能力は発達し，それは「前概念作用がどのような実感と結びつくか」に依拠すると記述しています。前概念作用とは，いわば期待であり，それに近い実感と結びつくこと（たとえば，乳児における満足を与えてくれる乳房への期待，およびそれとの出会いによって実際にミルクを与えてもらえた満足感）によって，思考が生成されていきます。そして，ビオンは思考を取り扱うためには，「思考装置」が発生しなければならないと考えました。これは，物事について考える機能であり，第2章で見たように，養育者の「α機能」を取り入れることによって，発達していくと考えられます。またビオン（Bion, 1967）は，精神病理全般について，これらの「どちらかの段階，または両方と関連がある」としています。つまり，「前概念」が子どもの中にあっても，周囲がそれに応えられる環境ではない場合（はく奪状況と言えるかもしれません）や，何らかの理由（ASDや脳の器質的な障害など）で「思考装置」がうまく取り入れられない場合などが精神病理と関連しているという考えですね。

　ハフシ・メッド（2004）は，思考モデルを集団に応用し，その流れを図示しているので，それを参考に『告白』の中で起こっていたことを検討していきましょう（図7-2）。

　集団の「前概念作用」が肯定的実感を得られず，否定的実感と結びつくと，集団内に満足を与えてくれないといった「不在グループ感」が生じます。クラスの前概念作用としては，新たな知識を与えてくれたり，クラスメイトとの親密な関係を築いたりするといった期待があるように思われます。一方，『告白』のクラス内では「愛美」を殺した殺人者がいたり，HIVに感染したクラスメイトがいるといった「妄想」に覆われていると考えられます。当然ながら，思春期のクラスがそのような状況に対する忍耐力をもてるはずもなく，クラスは「修哉」を「悪い対象」としていき，「過剰な投影同一化」により「森口先生」に対する罪悪感をすべて「修哉」に押しつけます。クラスは「道徳的焦点」が言動の中心になり，人を殺そうとした（殺せなかったのですが）「修哉」に対し

第7章 青年期前期（思春期）のこころとクラス力動理解

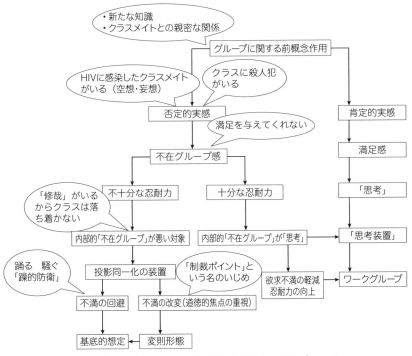

図7-2 集団における思考モデルと『告白』のエピソード
出所：ハフシ・メッド，2004に筆者が加筆

「制裁ポイント」という名のもとにいじめがはじまります。悪いことをした者は罰を受けるべきだという表向きの道徳性により，自分たちの方法が果たして適切なそれなのかを「思考する」余地はなく，「修哉」を罰することによりクラスはまとまっているようにも見えるのですが，「思考」が介在していない点で，WGとは大きく異なります。したがって，「修哉」を「制裁」することによって，このクラスは一時的には不満の回避に成功していると言えます。この状態は，「闘争―逃避基底的想定」に該当すると言えるでしょう。別の言い方をすれば，「修哉」や「直樹」が，もともとクラスに蔓延する問題の「スケープゴート」になっているとも考えられます。

同時に，このクラスは不満を回避するために，新しくやってきた担任の「ウェルテル」に過度に依存していきます。「ウェルテル」も自分がまとめてい

ると勘違いし、クラスをうまくコントロールできている自分に酔っているところがあり、思考がはたらいていません。「依存基底的想定」と言えるでしょう。

また、「森口先生」への罪悪感や自分たちが殺人を犯した集団(あるいは殺人者を抱えた集団)である恐怖を否認するために、「ウェルテル」と一緒に踊り、騒ぎ、「馬鹿になり」ます。この状態は、現実に起きたことや起こっていることを考えないようにする「躁的防衛」であると言えます。そして、踊り、騒ぐことで、クラスメイトが一見つながっているように見えますが、クラスの抱える問題を解決しようとするようなつながりではありません。また、「修哉」と「美月」を「つがわせよう」と、クラスは画策し、それによって妙な多幸感が生じていることから集団の状態として「つがい基底的想定」であると言えそうです。

このように、クラスは様々な「基底的想定」を利用して、クラスに蔓延る問題から逃れようとしている様子がうかがえますが、WGではないため何も解決しないという、読者にとっては何ともやり場に困る感情を抱えなければならない作品のように思います。

(3) クラスにおける「修哉」と「直樹」の原子価

ビオン(Bion, 1961)によれば、「原子価は個人の特性」であり、グループの「基底的想定を創り出したり、行動化したりするためにグループと連合していくことに関する能力」(ハフシ、2004)とされています。したがって、グループの状態によって、その内部で担わされやすい役割に親和性がある性格の存在が考えられます。ここでは「修哉」と「直樹」の「原子価」を考えてみましょう。

「修哉」が自己愛の病理を抱えている少年であることは、これまで見てきた通りです。そして、自己愛の病理は、破壊性を内包した不安定なこころの状態でもあります。したがって「闘争―逃避」の「原子価」を担いやすい人格でもあると考えられます。グループ内に自己愛病理の大きなメンバーがいる場合、その彼(彼女)に対して、闘う(集団の安定のために排除する)か、逃避する(関わらないようにする)かになる傾向が強いと『告白』からも言えそうです。

実際，クラスは「制裁」という名のもとに「修哉」をいじめています。また，「修哉」と「星野」がキスをした後は，誰も「修哉」には関わろうとしない，「逃避」の状態になっています。

一方，「直樹」は，1年生の終業式後，集団から「逃避」して不登校となったため，「修哉」がクラス内で「闘争」の「原子価」に親和性があったとすれば，「直樹」はもともと「逃避」のそれに親和性があったと思われます。それまでにも，勉強や部活における困難や苦労からも容易に「逃避」していた点もそれを裏付けていると言えるでしょう。「修哉」と「直樹」の人格的特徴もまた，クラスが「闘争－逃避基底的想定」になることを助長し，2人がその中心にいたことは間違いないように思われます。よって，クラス内に，どのような「原子価」を担いやすい子どもがどのくらいの割合でいるのかも，クラスの状態を把握するうえで貴重な手がかりになるかもしれません。

7 スクールカウンセラーとクラス

本章の最後に，スクールカウンセラーという立場でクラスに寄与できる視点について考えてみたいと思います。ここまで見てきたように，「学級崩壊」「いじめ」「不登校」など，学校現場が抱える問題は多岐にわたり，また思春期の子どもたちと関わる中学校教員の離職者も近年は7,000人前後を推移しており，その多くが精神疾患によると言われています。

そんな中，子どもの援助を通じての教員のサポートも含め，1995年から中学校を中心としてスクールカウンセラーが導入されるようになりました。そして，スクールカウンセラーは，個々人がそれぞれ依拠する理論をベースに学校現場に入っていきます。

ところで，精神分析をはじめとする精神力動を扱うような心理療法モデルは，個人面接室内で起こっていることを検証する理論や概念として発展してきたのはここまで見てきた通りです。しかし，子どもたちにとっては日常そのものである学校現場に無意識や力動という視点を導入することは，個人面接室の構造

の確保が難しいことと相まって敬遠されてきたきらいがあるように思います。

とはいえ，スクールカウンセラーが学校集団との間で体験する「転移―逆転移」にこころを向けることで，学校という組織理解に大いに貢献できる可能性について言及した報告もいくつか見られます（鈴木，2010；湊，2010など）。そして，無意識や集団力動の理解は，個人面接室以外，つまり教室でも十分に理解できることをヨーエル（Youell, 2006）は示唆しています。スクールカウンセラーが集団の情緒に目を向けていき，その理解を教師と共有することで，教師は子どもたちの不安をより抱えやすくなると言います。さらに，あるクラスの問題は学校組織全体の問題を反映していることも指摘しています。つまり，問題があると思われているクラスの集団力動を理解することが，学校組織の円滑な運営に寄与すると考えられるのです。

日本においては，第2章で見た精神分析のトレーニングである乳児観察を応用し，精神分析的な視点をもって定期的にクラス観察を行った報告もいくつかあります。カナザワら（Kanazawa et al., 2009）が民族学校の荒れたクラスで行った実践や，藤森（2012）が公立中学校のあるクラスを2年間可能な限り前方から（つまり黒板側から）毎週観察した事例などがこれに該当します。それらではクラス観察が，クラスや学校組織の理解および包容に十分役立つことが示され，スクールカウンセリングにおける新たな方法論の提示がなされています。

集団にも無意識や力動があり，その中で様々な情緒が蠢くことはこれまで見てきた通りです。まずは，そういった集団内に蔓延する情緒や防衛を見立てるところから援助は開始されるのが望ましいように思います。「中立的」な観察者（スクールカウンセラー）がクラスに入り，クラスの様子を注意深く観察し，クラスの力動を把握したうえで，どのような支援がそのクラスには必要なのかを示唆することが，適切な援助の第一歩であるように思われるのです。見立てのないうえでの対処は，『告白』で描かれていた「ウェルテル」のように，ただやみくもに生徒の力動に巻き込まれていくだけのように思います。

『告白』の著者である湊（2008b）は，この作品の「えげつない終わり方」に

対する賛否についても言及しています。「私自身，これが正しいと考えているわけでもありませんし，かといってやりすぎとも思わない。書きながら自分自身も考えさせてもらったという気分で，答えはまだ出ていません。……（中略）……最後の一文が疑問形で終わっているのはそのためです。私自身これが正しいと絶対に言い切ってはいけないと思いましたし，疑問形にすることで，読んだ方が答えを自分で考えてくれるかな，自分だったらどうしたかと考えてくれるとうれしいな，と思っています」と。教育やクラスの形に「正解」はありませんし，無論スクールカウンセラーの活動に「正解」もありません。ここで湊が述べているように現場で起きていることを「考え続ける」ことこそが，より良いスクールカウンセラーの形に漸進することのように思います。クラス観察においても，一体クラスで何が起きているのか，そのことについて「考え続ける」スタンスを教師に示し続けることで，教師の内省する力が高まり，クラス集団を理解しやすくなる，そのための1つの方法論として今後の発展が望まれます。精神分析は，個人のこころの状態を考え続ける中で発展を遂げてきました。したがって，「考え続ける」ことがその中核にある精神分析の概念や理論は，学校現場やクラスにも十分に応用がきくのではないでしょうか。

第8章 青年期中期のこころと問題行動
―― 映画『17歳のカルテ』から

　ここでは，青年期中期を高校生～大学生前期（16～20歳）くらいに想定して話を進めていこうと思います。青年期前期よりはもう少し落ち着いて物事を考えられるようになり，身体的にはほぼ大人になりますが，心理的にはまだ子どもと大人のはざまを揺れ動いている時期と言えます。また社会人となる準備期間でもあります。青年期中期はその最中というわけですね。

　本章では，青年期中期を理解する題材として映画『17歳のカルテ』を用います。まずあらすじを確認していきますが，可能であれば以下を読む前に，映画『17歳のカルテ』を鑑賞しておいてください。この映画では，高校を卒業した主人公の女性が精神科病院に入院するのですが，その病棟内での人間模様や青年期のこころの状態が見事に描かれています。したがって，本章では『17歳のカルテ』を通じて，青年期中期のこころの揺れ動きや，ここに登場する人物たちの精神疾患について見ていこうと思います。

1　あらすじ

　時代は1960年代。主人公の「スザンナ」が高校卒業後まもなく，アスピリン1瓶とウォッカ1本を飲んで自殺未遂を図り，精神科病院に入院するところからこの物語ははじまります。彼女は卒業した進学校で唯一大学進学しない生徒でした。また，彼女には，指の骨がなくなって反対側に折れ曲がって見える「変形視」や，離人体験（外の世界や自分の身体感覚，自分の気持ちについて現実感覚が損なわれる様子）といった症状がありました。

　「スザンナ」は比較的裕福な家庭（のように見えます）の中で一人っ子として

育ってきました。しかし，パーティのことしか頭にない父親や，頼りにならずすぐに泣く母親をもち，両親との関係もあまり良好ではないようです。子どもの頃，「椅子に縛られていた」という特徴的なエピソードもあります。

当初，「スザンナ」は入院に拒否的でしたが，入院中に同世代の様々な精神疾患を抱えた女性たちと出会う中で，こころは大きく揺れ動きながらも，自分自身のこころの問題に目を向け，少しずつ治療を受ける必要性を感じはじめます。彼女には「境界性パーソナリティ障害」という診断がつけられています。入院中には，夜中に診察室に忍び込んでカルテを盗み見たり，院内の進入禁止エリアに忍び込んでボーリングをしたり，脱走してフロリダにあるディズニーランドに行こうとしたり，親しくなった「デイジー」の自殺を目撃したりといったエピソードがあります。また，徐々に入院している女性たちにも親近感を覚えていく様子も見てとれます。ちなみに彼女は，女性医師の「ウィック先生」に入院中のこころの状態について問われた際に「アンビバレンス」と答えています。

そのような体験をふまえて「スザンナ」は院内でカウチを用いた精神分析を「ウィック先生」に受けはじめます。

そして，最終的には退院して作家になるという目標を見出し，当面は書店でバイトをしながら生活することを決め，退院していく場面で物語は終わります。

では，その他の入院している登場人物も見てみましょう。「リサ」は精神科病院に8年間入院しています。脱走常習者であり，病院を抜け出しては非行を繰り返し，また病院に連れ戻されるということを繰り返しています。彼女には「反社会性パーソナリティ障害」という診断がついています。また，院内でわめき散らしたり，看護師が「リサ」の言うことを聞いてくれないと分かると自分の「大動脈」を刺すと脅してみたり，他の患者に煙草の煙を吹きかけたりと，周囲を怯えさせるような行動を彼女はとっています。

「ジョジーナ」は，「スザンナ」と同室の女性で，空想虚言症（病的嘘つき）と言われています。

「ポリー」は，アトピーの悪化を心配した親が飼っていた犬を捨てるように

言ったことで顔の湿疹部分に火をつけ，顔面がただれてしまっている女性です。彼女は年齢に似つかわしくないような幼児的な服装をしていたり，テレビ室で「オズの魔法使い」を観ながら幼児のように踊っていたり，ピョンピョンと飛び跳ねるように歩いたりと非常に幼さを感じさせる女性です。

「デイジー」は，父親が差し入れるローストチキンしか食べられず，食べた残骸を病室のベッド下に隠していました。背景には，父親との性的関係があります。診断としては「神経性大食症（過食症）」がついていました。しかし，下剤乱用やリストカットなどの症状が残存しながらも退院してしまいます。そして，一軒家で一人暮らしをしています。そこに，病院を脱走した「スザンナ」と「リサ」が訪れ，「リサ」が父親との関係を問いつめた翌朝，「デイジー」は自殺してしまいます。その後，彼女が飼っていた猫の「ルビー」を病院内で飼うことになっています。

「ジャネット」は体重33kgの「神経性無食欲症（拒食症）」の女性です。

その他，入院している彼女たちの対応をしている黒人看護師の「ヴァレリー」や男性看護師の「ジョン」なども登場します。

2　問　い

映画『17歳のカルテ』に関する以下の問いをふまえてから，青年期中期の心理的課題および病理について検討していこうと思います。これまでに学習した児童・青年期の発達論や精神力動論を含めて以下の①～⑦の問いを考察してみてください。

① 「スザンナ」は精神科病院に入院する際，どのような心理状態だったと思いますか？
② 「スザンナ」や「リサ」たちは，なぜ病院内の進入禁止エリアに忍び込んでボーリングをしたのでしょうか？
③ 「スザンナ」や「リサ」たちがカルテを見ることには，どのような意

味があると思いますか？
④ 「スザンナ」は何に「アンビバレンス」を感じているのでしょうか？
⑤ 「スザンナ」や「リサ」が，フロリダにあるディズニーランドに行こうとしたのはなぜでしょう？　その背景にある心理状態を含めて考えてください。
⑥ 「スザンナ」が「デイジー」の家から持ってきた猫（「ルビー」）に，患者たちが関心を示したのは，なぜでしょう？　猫がどのような存在かを含めて考えてください。
⑦ 「スザンナ」にとって入院はどのような体験だったと思いますか？

3　青年期中期の発達的特徴と対人関係

　ブロス（Blos, 1962）が，青年期中期における一般的な心身の発達的特徴についてまとめていますので，見ていきましょう。

　青年期中期では，養育者からの精神的離脱が進行することに伴い，悲哀感情や幼児期への回帰願望が生じたりもします。いわゆる「退行」ですね。この「退行」については後ほど詳しく見ていきます。背景には，養育者から離れていくことへの葛藤（たとえば，大人になりたい，でも寂しい）があると考えられています。そして，そのような悲哀感情や空虚感を満たそうとするために，傲慢な態度をとったり，友人や仲間とまったく同じように振る舞ったり，空想上の対象と関わったりすることも出てきます。この空想上の対象を「イマジナリー・フレンド」と呼んだりもします。

（1）イマジナリー・フレンドと青年期の課題

　ちなみに，ブラッド・ピットが熱演している映画『ファイト・クラブ』にもこの「イマジナリー・フレンド」が登場しています。この映画は，主人公のごく平凡なサラリーマンである「僕」が，筋骨隆々とした「タイラー」（ブラッド・ピット）に出会い，殴り合いを通じて「痛み」を体験しながら生きている

実感を得ていくというストーリーです。彼らは「ファイト・クラブ」という，社会的地位などは関係なく公平に殴り合いをする場を形成します。そして，その「ファイト・クラブ」の面々と「騒乱計画」を立てて，現在の社会秩序を破壊しようとするのですが，その中で「タイラー」が実は「僕」の「イマジナリー・フレンド」であることに気付くのです。そして，強さに憧れる「僕」にとって「タイラー」は理想的な存在であることに気付いていくのですが，背景には「僕」が「男性性」をどう取り入れていくか，という青年期を通じての課題が垣間見えます。その理想像が「イマジナリー・フレンド」の「タイラー」であったわけですね。

また，青年期における性同一性の獲得という課題やあらゆる権威への反抗（≒「騒乱計画」）についても同時に描かれている映画のように思います。『17歳のカルテ』においても，「スザンナ」が大学教授と性的関係をもったのは，権威への抵抗としての側面があるかもしれません。つまり「大人もその程度の存在」として捉えようとしていたのかもしれません。

（2）青年期中期の対人関係

その他の青年期中期の特徴として，現実の対人関係よりも，ラジオやインターネットの世界で他者と関わろうとすることも増えたりします。現実の対人関係が遮断されひきこもる中でも，空想の中においては対象との関わりが活発であったりするわけですね。つまり，外見からは，何もしていないように見受けられても，こころは揺れ動いているんですね。そして，現実との接触が減少することと相まって，自己を過大あるいは過小評価したりして「現実検討能力」が一時的に低下したりもします。『17歳のカルテ』における「スザンナ」も，離人感が生じていますね。「スザンナ」が容易に性的関係をもとうとすることも，生きている実感を得る手段という側面があるのかもしれません。

さらに，社会的に望ましくない形として現れる言動としては，暴走族などの特定の仲間集団に関わって自己を保とうとしたり（反社会的行動），食べ物に執着すること（摂食障害）などもあります。

（3）青年期中期の恋愛関係

また，身体の成熟に伴い，性衝動は異性に向けられるようになり，恋愛関係をはじめることも増えてきます。異性に対し，愛情を感じる能力が育ち，恋愛対象に特別なやさしい気持ちを抱いたりもするようになります。一般的に，恋愛対象を選択する場合，意識的・無意識的に，自分の異性の親に似ている部分があるかどうかの「類似性」，もしくは恋愛対象と自分の異性の親が正反対であるという「相補性」が見られることが特徴的であると言われます。ただ，高校生くらいの場合，自分のこころの中にある「異性内的対象」を恋愛対象に投影して異性を見ている部分が大きいので，現実の異性に触れて，「想像していた子と違った」こともよく生じ，関係が長続きしなかったりもします。

その後の青年期後期から成人期にかけての恋愛関係は「異性内的対象」と現実の異性との違いを認識し，それを受け入れていくことで，恋愛関係を発展させていく必要があると言えるかもしれませんね。

くわえて，早熟な性的行為は，外傷体験にしかならないことも示唆されてきています。

4　パーソナリティ障害と青年期中期のこころの状態

さて，『17歳のカルテ』には，様々なパーソナリティ障害が描かれていますが，青年期中期のこころの状態とパーソナリティ障害との類似性もこれまで示唆されてきています。たとえば，マスターソン（Masterson, 1972）は，「青年期境界例」という用語を提唱し，これらの類似性に言及しています。以下では，青年期中期のこころの状態とパーソナリティ障害との関連について見ていくことにしましょう。

（1）神経症と境界例と統合失調症

「境界例」という診断は，もともと，精神医学における疾患概念を分類する

第8章　青年期中期のこころと問題行動

表8-1　神経症と境界例と統合失調症の特徴

	神経症	境界例	統合失調症
病識	ある	否認	ないか，偏っている
現実検討能力	比較的保たれている	現実を意図的に無視する	障害されている
自我境界	明確	存在するが，意図的に他者を巻き込む操作性が強い	脆弱
葛藤保持	ある程度保持できるが現実を受け入れることが困難	悩まずに行動で処理	困難

中で，精神病（現，統合失調症）と神経症の「境界（ボーダーライン）」という位置づけで現れてきたものです。背景には，「病態水準」という考え方があります。「自我」がどの程度機能しているのか，こころの発達の程度はどれくらいか，どのような症状が現れているのかといったこころの状態についての区分を「病態水準」と呼びます。ひとまず，「神経症」と「統合失調症」の主要な「病態水準」について見てみましょう（表8-1）。

　自分が病気や障害を抱えていたり，病的な状態にあるという自覚を指す「病識」に関しては，「神経症」にはありますが，「統合失調症」にはないか，偏っている場合が多いとされています。たとえば，「統合失調症」の症状である「幻覚」や「妄想」に関しても，現実の出来事として体験されたりします。そのため「現実検討能力」の障害も顕著です。一方「神経症」の場合は「現実検討能力」はある程度保たれています。ただし，「統合失調症」のクライエントのパーソナリティの中にも，「現実検討」が可能な部分があり，その部分を「非精神病的部分」と言います。この部分の程度によって，現実的に検討できる部分と「妄想」的になる部分の偏りが出てくるというわけですね。

　自分の内側（つまりこころ）と外側との対象を区別するこころの機能である「自我境界」に関しては，「神経症」では明確であり，「統合失調症」では脆弱とされています。その結果，自他の区別や夢と現実の区別，時間の前後関係が混乱したりします。『17歳のカルテ』における「スザンナ」も入院前はこのような特徴を呈しており，一時的に「統合失調症」水準に陥っている様子がうかがえます。また，こういった特徴は青年期の混乱によっても生じることが示唆

223

されています。

　こころの揺れ動きにより迷い，苦しむ「葛藤」に関しては，「神経症」ではある程度保持できるのですが，現実を受け入れることが難しく，考えあぐねたり考え込んだりする状態が続きます。対して，「統合失調症」ではあまり「葛藤」を保持する能力がないとされています。

　もともとは，これらの「境界」に位置するのが「境界例」でした。「病識」に関しては，考えないようにするか，「否認」されている場合が多く，現実の問題を考えることは自身を揺さぶる危険なこととされます。「自我境界」は存在するのですが，不安定な対人関係ゆえ，他者を操作して，より人間関係をこじらせたりすることがあります。こころの「葛藤」に関しては，悩まずに行動で処理されます。つまり，排出や「行動化（acting out）」と呼ばれる対処，あるいはひきこもることで他者との接触を回避し，葛藤が生じないようにしている状態ですね。「退行」に関しては追って見ていきましょう。

　また，「境界性パーソナリティ障害」では，以下のような特徴があげられます。まず，同一性の障害（不安定な自己像）が背景にあり，対人関係が不安定であり，対象を極端に理想化したり，また反対にとことんこき下ろしたりします。同時に，つねに誰かに愛されていたいという愛情欲求が強いことも特徴でしょう。また，感情の起伏が激しく不安定であり，衝動的な言動が見られます。不適切な強い怒りや，抑えがきかない怒りが生じ，時に，自殺企図や自傷行為を繰り返すという形で現れたりもします。慢性の虚無感を抱いていたりもします。その他にも一時的な「妄想」が出てくることもしばしばです。

　こういった特徴は，青年期のこころの状態と類似している部分も多いように思います。

（2）青年期境界例

　そして，マスターソンは先述のような「境界例」の特徴と青年期の特徴が類似していることを示唆し，「青年期境界例」という概念を提唱しています。彼は「青年期境界例」について，以下のような特徴をあげています。すなわち，

退屈感や落ち着きのなさ，集中困難，極端に自分の身体を案ずる心気的な構え，過活動，反社会的行動，窃盗，飲酒，薬物乱用，性的逸脱行為，家出などです。

その背景には，エリクソンが提唱した「同一性の拡散」や，マスターソンが指摘する不完全な「第 2 の分離 – 個体化」が存在していると言います。「同一性の拡散」については，いよいよ社会へと出ていく，あるいは出ていって数年間の青年期後期を扱う次章で詳細に見ていくことにして，本章では「第 2 の分離 – 個体化」における問題をもう少し深めてみましょう。

（3）第 2 の分離 – 個体化

ブロス（Bros, 1962）は，青年期を通じて「第 2 の分離 – 個体化」の過程に取り組んでいることにも言及しています。その過程で生じる青年期におけるこころの特徴について見ていきましょう。

① パーソナリティ構造の変化と養育者との関係の変化

青年期は養育者との関係を捉え直す時期であることは，これまで見てきた通りです。養育者と少し距離を置いて客観的に見ることによって，1 人の大人として認識する作業をこころではしているのです。したがって，児童期までの，「依存的」で「従順」な養育者への態度から，「拒絶」や「反抗」といった態度に変化してきます。同時に，自分自身のパーソナリティ構造が変化している不安定な時期でもあるので，「傷つきやすさ」も増してきます。また，反対に養育者がとても冷たく感じられることもあるようです。

② 発達促進のための退行

青年期は，親からの精神的な自立を図り，パーソナリティ構造を組み替えている時期でもあるので，たいへん不安定なこころの状態にあると言えます。そのため，こころの拠りどころが必要になってきたりもします。それは，これまでの養育者との関係であったり，児童期のように「勤勉に」振る舞おうとすることであったりします。第 2 章でも見たように，児童期の発達課題が達成され

るような発達段階ではなく，発達上必要な時期的特徴であり，生涯を通じて立ち戻れるようなこころの状態であることは，青年期やそれ以降の段階においても，児童期的な振る舞いがこころの安定をもたらす（たとえば，一生懸命勤勉に働けば，評価され出世するなど）ことからも裏付けられますね。したがって，青年期に，児童期あるいはさらにそれ以前の段階に一時的に「退行」することも，発達促進的な意味合いが含まれていると考えられます。

病的な「退行」に関しては，次節で見ていくことにしましょう。

③ 理想化された対象

「退行」する以外にも拠りどころを求める方法はあります。それは，養育者に代わる「理想的な」対象を求め，憧れたり追随する形で現れます。学校や部活の先生や先輩であったり，あるいは直接接触のない人物であったりもします。青年期中期くらいまで，スポーツ選手やアイドルグループに熱狂的に「ハマる」人が多いのはこのためですね。そういった「理想化された対象」に「同一化」することで一時的にでもこころの安定を求めようとしているわけですね。

こういったこころの揺れ動きを体験しながら，青年期を過ごしていくのです。したがって，このような「揺れ」は，一見すると「境界性パーソナリティ障害」のように映ったりもするのですが，どこまでが「正常」でどこまでが「異常」かを判断するのは，きわめて困難であるように思います。精神力動的な立場から言えることは，青年期の彼らがどのような体験をしているのかを何とかして捉え，理解することが重要であろうということです。また，どれだけ彼らの体験に接近して，こころの状態について考えられるか（experience near）が心理臨床においても鍵になってくるように思います。

5　問題行動とこころの痛みへの対処

『17歳のカルテ』の登場人物は，様々な問題行動を病院内外で起こします。

問題行動を通じて，自分自身と向き合うことで生じる「こころの痛み」に対処しようとしている様子がうかがえます。ここでは，「退行」や「行動化」「分裂と過剰な投影同一化」「羨望と破壊」「障害によってアイデンティティを形成する」といった対処が見受けられます。それらによって回避されている事柄と問題点を見ていきましょう。

（1）退　行

　青年期を通じてのこころの課題として，良い部分，悪い部分を含め，養育者を1人の人間として客観的に捉えられるようになることがあげられます。つまり，養育者は万能的ではなく，1人の大人として認めていく作業をこころでしているのです。それと並行して，現実的に物事を考える能力も育ってきます。児童期まではどこか大人を神様のように捉えたり，「ドラえもん」が道具で解決してくれるような魔法の世界に生きている部分もまだ残されています。しかし両親から離れることで魔法のようなものはなく，現実に直面し自力で解決していくことを学んでいきます。

　『17歳のカルテ』における「ポリー」は幼児性を残すことで，庇護を得ようとしている部分があることを「スザンナ」は指摘しています。一方で，「ポリー」は，やけどによってただれた顔面のため，もう異性から愛されることはないかもしれないという現実を，「スザンナ」の男友達がお見舞いにやって来たときに感じて，強烈な「羨望」を抱き，発狂します。「退行」による対処が破綻した瞬間と言えるでしょう。

　また，入院している女性たちは，「デイジー」の家からやってきた猫の「ルビー」に対して強い関心を示します。「猫」は，勝手気ままに生きてもみんなから愛される，関心をもってもらえるといった，幼児的性質を残すことで生き残ってきた生物でもあります。したがって，「猫」に幼児性を投影し，自分たちはかまう方に回っているのですが，もともとは自分がかまってほしい，関心を向けてほしい想いがあるのでしょう。それゆえに，幼児に「退行」することが，彼女たちにとっては関心をもってもらう1つの防衛であると考えられます

が，青年期中期の防衛としては十分に機能しているとは言い難いところがあります。

同時に，彼女たちが「ディズニーランド」にたいへん憧れるのも同様の心理状態であると考えられます。「シンデレラ」や「白雪姫」，「ミニーマウス」に自分がなることで，万能的に愛されるか，「羨望」される立場になりたい想いがうかがえますね。「羨望」に関しては後ほど見ていきましょう。

(2) 行動化

「行動化 (acting out)」とは，自分の内面と向き合いたくないときに，意識的・無意識的に起こしてしまう行動を指します。したがって，その対極には，自分自身について考えることや自分に向き合うこと，つまり「内省」があります。この「内省」が，精神分析の中核であることは第2章で見てきた通りです。したがって，「行動化」は，言い方を変えれば自分自身のことを知りたくないときに起こしてしまう行動と言えます。

心理療法における「行動化」の例を少し見てみましょう。Jさんは，日常生活で頼れる知り合いや気の置けない友人があまりおらず，これまでの人生は1人で何とかしないといけないと思い頑張ってきた20代前半のOLです。職場でのめまいやふらつきをきっかけに病院を受診しましたが，身体的な異常は見つからず，そのような症状は精神的なものが影響しているであろうということで，主治医から精神分析的な心理療法を提案されました。そして，休むことなく週1回の心理療法に通い，1年ほどが経ちました。そして，ようやくセラピストに「これまで人に頼りたかったのに，頼らずに頑張ってきた」こと，「自分自身について話すことはほとんどなく，自分自身の話をする怖さもある」ことなどを語りはじめ，かなりセラピストに対して依存的になりはじめていました。

そんな中，セラピストは出張でどうしても1回心理療法をお休みしなければならない週が出てきました。1か月前に前もって，そのお休みをセラピストはJさんに伝え，こころの準備をしてもらおうと考えました。お休みを伝えられ

たときは，何事もないかのようにJさんは振る舞いました。しかし，Jさんはお休みを伝えられた次の回の心理療法をはじめてキャンセルしたのです。Jさんのこころの中では，依存的になっていたセラピストに「見捨てられるんじゃないか」「お休みで自分のことを話す場所が失われてしまった」「2週間も待たなければいけない」という気持ちが動いていたようです。そして，逆に，Jさんの突然のキャンセルによってセラピストが1週間待たされることになり，その待たされる気持ちはセラピストが体験することになります。別の言い方をすれば，「行動化」を通じて，セラピストに「待たされること」に対する気持ちを「投影同一化」しているとも言えます。ちなみに精神分析的な心理療法においては，このようなお休みをめぐってクライエントの中にどのような感情が生じてくるのかを話し合うこともたいへん重要だとされています。気持ちを共有することで，しだいに「行動化」が減じてくるという考え方ですね。

さて，『17歳のカルテ』に出てくる女性たちも自分のこころに向き合うことを避けるために，様々な「行動化」を行っている様子が描かれています。脱走や，病院内でのボーリングなどもそれに該当するでしょう。病院の中で自分自身について考えたくない，向き合いたくないため，行動で発散させてしまっているのでしょう。「内側（こころ）」から「外側」への逃亡と言えるかもしれません。

また，「行動化」は感じたり考えたりするよりも「自分はできる」というある種の充足感を与えてくれたりもします。したがって，「行動化」をしている最中には衝動満足が伴うため，なかなかやめられず，ますます「内省」が難しくなっていきます。さらに，周囲が怯え恐れるような行動を自分がなしうることに，満足感を得ている様子も，「リサ」からうかがい知ることができるでしょう。

（3）分裂と過剰な投影同一化

青年期が，養育者を「良い部分」も「悪い部分」もある「1人の大人」とし

て認めていく時期であることは何度も述べていますが，こういった他者の「良い部分」や「悪い部分」の両面を1人の中に見られるようになることが難しい場合，「良い人」と「悪い人」が分裂します。つまり，現実の対人関係において「良い人」と「悪い人」2人の存在が必要になってきます。「境界性パーソナリティ障害」の特徴に，「理想化」と「こき下ろし」がありますが，これは，「良い人」と「悪い人」を「分裂」させるためにしているという理解もできそうです。まさに第2章で見た「妄想分裂ポジション」の状態であると言えますね。しかし，人間は完璧ではありませんから，必ず他者の「嫌な部分」や「気に入らない」といった「悪い部分」も見えてきます。すると「理想化された対象」は一気に「こき下ろされ」て「悪い対象」になります。そして，また「理想的な対象」を探して，見つけ，また「こき下ろして」を繰り返すことになるため，対人関係が極端に不安定になると考えられます。

「リサ」は，8年間も精神科病院に入院しており，ほとんど愛情を受けていないような「愛情はく奪者」として描かれていますね。『千と千尋の神隠し』における「カオナシ」に酷似しているように思います。8年前の「リサ」が入院した時期は，おそらく小学校3，4年生にあたり，その時期はまさに「ギャングエイジ」に相当します。徒党を組んで遊ぶといった体験がまったくその当時にできていないため，それを埋めるかのように，他の入院患者と徒党を組み，脱走してボーリングをしていたのかもしれません。

また，「投影同一化」とは，自分が抱いていて受容できない欲求や感情を，自分以外の対象（他者，動物，物など）に帰属させる機制であることはこれまで見た通りです。そして，「健康な投影」は，対象に受け入れてもらい，抱えてもらい，自分自身でも抱えられる形（a要素）で返してもらうことがある程度想定されています（第2章図2-4参照）。一方，「過剰な投影同一化」は，対象をコントロールすることに主眼があり，そして不快なものを排出することを目的とした一方通行的な交流です。したがって，対象がどう思うか，どう感じるか，どのように考えてくれるかは想定されておらず，単なる排出先として使われている状況です。ちなみにメルツァー（Meltzer, 1967）は，排出先とされ

た対象を「便器乳房（toilet breast）」と呼んでいます。「便器」のようにただ吐き出す場所という意味合いですね。「リサ」が他の入院患者に対して行っている言動や，「スザンナ」が看護師の「ヴァレリー」に悪態をつく場面などもこれに該当するでしょう。ちなみに，「リサ」は，養育者から「悪役」の過剰な投影を受け続けてきたとも考えられそうですが。また，心理療法過程において「便器乳房」は，クライエントが分離した同一性を確立するためには必要な対象であり，セラピストが一時的にでもそのような対象になることの重要性についても，メルツァーは示唆しています。

（4）羨望と破壊

これまでにもところどころ「羨望」についての記載がありましたが，ここで少し「羨望」についてまとめてみましょう。「羨望」は，クライン（Klein, 1957）が「生命の源である良い対象に対する破壊的攻撃であって，悪い対象へのものではない」と定義しています。つまり，良いものに憎しみを抱いて，台無しにしてしまいたいという感情を指しているのですね。ちなみに，よく混同されがちな用語として「嫉妬」がありますが，「嫉妬」は三者関係における感情であり，自分以外の二者の「関係」に対する感情です。一方，「羨望」は，「対象」が良いものをもっている（所有している）ことをめぐる感情と言えます。

したがって，「羨望」は良い対象へと向けられるものであり，良い対象は人間にとって必要不可欠なものですから，「羨望」は抱かざるを得ない感情なのです。しかし「羨望」が強すぎると，その「羨望」によって良いものを取り入れることで育ってくる自己への安心感や信頼感，こころの穏やかさはまったく育たなくなり，精神は成長せず，精神的には「死んだも同然」になってしまいます。「スザンナ」が退院する直前に「リサ」に向かって「リサはすでに死んでる」と言っていますが，これは対象に向けた強烈な「羨望」の結果，良いものをまったく取り入れられず，精神が壊滅していることを示唆していると言えますね。確かに「リサ」の「羨望」の強さは随所に描かれているように思います。退院できた「デイジー」の家に行って自殺に追い込んでしまう場面や，

「スザンナ」の退院が決まってから,「スザンナ」のカルテを他の入院患者の前で朗読し,「スザンナ」を追い詰めようとする様子などが該当するでしょう。

さらに現代のクライン派では,「羨望」を持続的な欲求不満に対する反応であるとみなしています。つまり欲求が満たされない環境にさらされ続けると,「羨望」が強化されていくということですね。したがって,養育環境から「羨望」を考えると,はく奪的な親子関係の結果,「羨望」が強くなり,破壊的行動も助長されると言えるでしょう。「リサ」の「羨望」の強さは,彼女がいかに,はく奪的な環境にいたかの証左でもありますね。

(5) 障害というアイデンティティ

医学モデルで症状や障害を考えたとき,それらは「悪」であり,治療によって治癒されたり,除去されたりすることが望ましいとされます。「がん」などは,その最たるもので,摘出されることによって,健康な身体を取り戻すことができるという考え方ですね。一方で,精神疾患は,患うことで守っている事柄や事態があるという視点で考えられる部分もあるように思います。「障害」をもっている「私」というアイデンティティが形成されはじめるのも青年期中期くらいからであるように思います。

「デイジー」や「ジャネット」は摂食障害を抱えています。第4章でも見たように,摂食障害の治療がなかなかに難しいのは,「摂食障害」がアイデンティティになってしまうからですね。本来はそうでない部分の「私」もいて,いろいろなパーソナリティの面がある「私」が自然なのですが,「摂食障害」がアイデンティティになってしまっている場合,それを「手放す」と,「どう生きていいのか分からない」「思春期以降,摂食障害の私として生きてきたので,それ以外の生き方が分からない」「摂食障害の私ではなくなるのが怖い」といった話も耳にします。だからなかなか体重を増加させられなかったりするわけですね。33kgの「ジャネット」がなかなか退院できない理由の背景にはこういった事情もあるのではないでしょうか。したがって,障害がアイデンティティになると,変化や成長ができなくなります。

さらに「デイジー」は，父親との性的関係，つまり性的虐待である近親相姦も背景にあります。「愛情＝性」という状況では，自分自身のこころについて考えてもらったこともなく，また自分で自分の気持ちについて考える余裕が生まれないのは当然でしょう。空虚なこころを埋めるのには，過食をして，物理的に空っぽのこころを満たすしかなかったのかもしれません。さらに，リストカットをすることで，空虚感を感じないようにしたりもしていたのでしょう。さらに，リストカットには，自己処罰や罪悪感の解消という意味合いも付与されているかもしれません。

6　行動することと考えること

青年期中期は子どもでもないし，大人でもない，狭間の時期と言えるでしょう。大人への憧れ，不信，大人からの評価に対する不安，不満，抵抗など，様々な情緒が蠢いている様子が『17歳のカルテ』からは見てとれます。大人になれば「もっと自由になれる」という期待がある一方で，「スザンナ」が言っているように大人の世界は欺瞞に満ちた「嘘の世界」であるのではないかといった猜疑心も生じてきます。その結果，子どものままでいたい部分が大きくなったりもするのでしょう。

青年期中期は，児童期や青年期前期に比べ，養育者にべったりとくっついていないと何もできない年齢ではなく，行動範囲も広がり，自由に振る舞える部分も広がります。一方で大人の関心が完全に撤退してしまったら困るのもまた事実でしょう。経済的にも自立するのはもう少し先でしょうから。

（1）カルテを盗み見るという行動

『17歳のカルテ』では，入院患者たちが診察室に忍び込んでカルテを盗み見る場面が描かれています。これは「行動化」の側面が強いように思います。行動範囲が広がったり，自由を手に入れられる分，「行動化」の可能性も増大すると考えられます。カルテを盗み見ることは，自分自身を知ることではありま

すが，自分自身で自分のこころの状態について考えたものではないため，自身のこころが関与していません。さらに，忍び込んで盗み見ることには，スリルといった「快」が伴っており，刹那的な満足を得る行為にも近い気がします。自分から知ることができると効力感を感じようとしている部分もあり，背伸びをして大人のように振る舞おうとしているとも言えそうです。「リサ」や「デイジー」は「行動化」をする段階に留まり続けてしまっていると言えそうです。

そして，実際に「行動化」をしてしまうと，心身ともに傷つくことが多いように思います。たとえば非行グループに属することで，法を犯す行動をしてしまったり，望まない妊娠をしてしまったりということがあげられるでしょうか。

（2）精神分析を通じて考えること

一方で，その後「スザンナ」は「デイジー」の自殺を契機に「ウィック先生」に精神分析を受けながら，自分自身について考えていこうとしました。他者（セラピスト）の協力を得ながら，自分自身で自分について考え，知っていくことはまさしくビオンが言ったK（Knowing）であり，こころの成長につながります。看護師の「ヴァレリー」が「あなたは何なの？」と，悪態をつく「スザンナ」に問う場面が描かれていますが，「ヴァレリー」は，「スザンナ」がアイデンティティをめぐる問いに直面していることに感づいていたのでしょう。そして「スザンナ」は精神分析を受ける中で，「親の言いなりになって勉強してきた自分は何だったのか」「親のいいなりになったままでいいのか」「しかし自分には何ができるのか」「そんな自分って一体何なのか」といったアイデンティティをめぐる問いに向き合ったのでしょう。換言すれば，まさに自分の中にある「アンビバレンス」について想いをめぐらせたのでしょう。

最終的には，自分では何が変わったか分からないものの，「障害」というアイデンティティに安住せず，作家になるという目標を見出します。当面は本屋でアルバイトをし，精神分析を続けながら生活していくことに決めます。この本屋は，父親が見つけてくれたバイト先でもあり，父親の良い部分にも目を向けられるようになったことが示唆されます。つまり，「良い」「悪い」に「分

裂」していた父親像が統合に向かいはじめたと言えるでしょう。まさに，青年期における成長ですね。両親とのこれまでの良い関係性に支えられ，自立への一歩を進めていくのも青年期の成長には不可欠のように思います。さらに，退院直前に「スザンナ」がドアに手をはさむシーンが描かれていますが，今まで感じなかった「痛み」を実感するようになったことも生きている実感とつながるものであり，成長を感じさせます。

　ちなみに，作家は小説（文章）という媒体を通じて自分自身を表現する生業であり，「スザンナ」はずっと，自分自身を表現する方法を探していたのかもしれません。それが一時的には「障害」という手段になっていたのかもしれません。精神分析で自分自身を「語る」作業を通じて，自分自身を表現し，知っていく喜びを得られたとも考えられそうです。

　青年期中期のこころの課題は，目に見えて何かが劇的に変わるものではないものの，こころは揺れ動きながらも歩みを進めていることを示唆している映画のようにも思われます。

第9章 青年期後期のこころと対人関係
―― 漫画『ソラニン』から

　ついに青年期も終わりに近づいてきました。この章では，青年期後期の心理社会的課題と対人関係について，漫画『ソラニン』を用いて見ていこうと思います。まずあらすじを確認していきますが，可能であれば以下を読む前に，浅野いにおの漫画『ソラニン』（全2巻）（浅野，2005～2006）に目を通しておいてください。ちなみに『ソラニン』は映画化もされています。

1　あらすじ

　漫画『ソラニン』では，現代社会に生きる，大学卒業後2年目，つまり23, 24歳の男女5人が織りなす日常が，空虚感を伴いながらリアルに描かれています。主人公の1人である「種田」は，高校からバンドをはじめ，大学卒業後もフリーターとして，音楽活動に身を寄せる青年です。その「種田」と同棲生活を送っているのが，もう1人の主人公である「芽衣子」です。2人は別々の地方から上京し，大学の軽音サークルで出会います。「種田」は，ボーカル兼ギターを担当し，「芽衣子」はマネージャーとしてそのサークルに所属していたようです。彼女は大学卒業後，企業に就職しOLとして平凡な日常を送っていました。その会社ではちやほやされる後輩OLを尻目に上司に怒られたり，お昼は1人で「平八」と名づけた猫と一緒に過ごしているなど孤立した様子がうかがえます。そして，やりがいのない仕事に嫌気がさしている中，寝ぼけた「種田」にそのことをぼやくと，「種田」から「辞めちゃいなよ」という発言が返ってきます（「種田」は寝ぼけていたので，この発言自体を覚えていないのですが）。それを契機に「芽衣子」は，物語がはじまって比較的早い段階で辞表を

237

提出し，会社を去ってしまいます。それがフリーターの「種田」には非常な重圧となり，「すげー不安」で，嘔吐してしまう場面も描かれています。一方の「芽衣子」は仕事から解放され，貯金を食いつぶしながら比較的悠々自適に暮らしています。また，「種田」に「真剣にバンドをやってほしい」想いをぶつけていき，「種田」は夢と現実の相克に苛まれます。それでもバンドに真剣に取り組むよう執拗に訴える「芽衣子」に対し，もしバンドで成功できなかったときは「一緒に死んでくれるの？」と囁きながらも，その口論がきっかけとなり，彼は漂うかの如く続けていたバンドに本腰を入れ，「ソラニン」という楽曲をレコード会社に送り，音楽で「食べていく」決意をします。ですが，そこに待っていた現実はアイドルのバックバンドとしてならば大手レコード会社からメジャーデビューできるという本来望んでいたものではなく，同席していた「芽衣子」が勝手に断ってしまいます。また，そのレコード会社での面接担当者は，「冴木さん」というかつて高校時代に「種田」が憧れていたロックバンドのボーカルであったことに「種田」は気付きます。そして，「なぜ，こんな仕事をしているのか？」という幻滅の想いを「冴木さん」にぶつけますが，「冴木さん」からは「守るものが変わったんだ。君もいずれ分かるだろうよ」と，一蹴されます。

その後，レコード会社からは連絡がなく，「種田」は「芽衣子」にバンドを止めて実家に帰ることを仄めかしつつ，別れを切り出そうとしますが，「芽衣子」は「そんなの種田らしくないよ」と，拒否します。さらに「種田」は，「俺らしいって何？」「自分がどうしたらいいか分からないからって，君は何もしないで，俺におしつけてばっかりじゃん！」と応戦しますが，「芽衣子」に「うそつき！　俺がどうにかするって言ってたじゃん！　どこまでもあたしたちは一緒なんだからって」と言いくるめられます。

上記のやり取りの後，「種田」は失踪し，5日後「芽衣子」に，その間不眠不休でバイトをしていたことを電話で伝えます。そして，音楽は趣味程度と言い聞かせ，現実を受け止めようとします。そして，「芽衣子」のもとに帰り，元通り一緒に暮らそうとします。しかし，その帰りにバイクで赤信号を無視し，

そのまま帰らぬ人となってしまいます。

「芽衣子」は，その事実を受け止め，しばらくした後に，「種田」の意志を継いで，まったくやったことのないバンドの世界に足を踏み入れます。物語は，彼女がライブで「ソラニン」という，以前レコード会社に送った楽曲を演奏して，終わりを迎えます。ちなみに，映画化されたときのキャッチフレーズは「私は歌う。キミがいたことを証明するために」です。

またこの2人の脇を固めている1人が，「ビリー」と呼ばれるドラマーで，彼は，大学卒業後，実家の薬局を継いでいます。もう1人は「加藤」というベース担当で，大学に6年間在籍（留年）し，ごく平凡なサラリーマンになっていきます。もう1人の「アイ」は，大学卒業後，ごく普通にアパレル企業に就職した女性です。以上の5人が錯綜する青年期後期を描いた，いわば青春ストーリーが『ソラニン』という物語です。

2 問 い

漫画『ソラニン』に関する以下の問いをふまえてから，青年期後期の心理社会的課題と対人関係について検討していこうと思います。これまでに学習した児童・青年期の発達論や精神力動論を含めて以下の①〜⑦の問いを考察してみてください。

① 主人公の「種田」はフリーターですが，フリーターはどのようなこころの状態と考えられるでしょうか？
② 「種田」が真剣に音楽に打ち込めない背景にはどのような理由がありそうでしょうか？
③ 「種田」と「芽衣子」の恋愛関係をどう考えますか？
④ 「種田」はなぜ死んでしまったのでしょうか？
⑤ 「種田」の死後，芽衣子はなぜ，やったこともないバンドをやろうと思ったのでしょうか？

⑥ 物語の前半と後半(「種田」の死の前後)でテーマが大きく変わっているように思いますが,前半のテーマと,後半のテーマの違いについて論述してください。

⑦ 「種田」と「ビリー」と「加藤」の職業選択の特徴を,日本における職業や労働,社会情勢の歴史をふまえて考察してください。

3 モラトリアムとアイデンティティの拡散

青年期後期の心理社会的課題を見ていくうえで適切な素材として『ソラニン』を選びました。この節では特にこの物語の前半部分に焦点を当てていきます。青年期後期の心理社会的課題に対して,もがきながら生きていこうとする5人の登場人物が描き出されているように思います。

(1) モラトリアム

さて,青年期の心理社会的課題として,エリクソンが「同一性(の獲得)対同一性の混乱・拡散」をあげたのは第1章の通りです。青年期後期はその後に続く成人期に入っていくための準備段階でもあり,最後の猶予期間でもあります。その社会に出ていくまでの猶予期間のことをエリクソンは「心理社会的モラトリアム」と命名しました。「モラトリアム」は経済の用語で,支払いの猶予期間のことを指します。そこから援用して社会人として社会に貢献していくまでの期間のことを言及したわけですね。つまり,青年期の若者が社会的責任や義務が免除される中で,アイデンティティを確立するための自由な「実験」が許されているという状況のことです。フリーターなどは,モラトリアムの延長状態と捉えることもできそうですね。また,成人期前期の心理社会的課題は「親密 対 孤立」であり,より親密な対人関係の基盤を作るためにも「自分」というものを確立しておくことが重要だと考えられます。

（2）アイデンティティの拡散

　精神分析の立場での青年期を通じての課題は，理想の自分と現実の自分との違いを受け入れることや，自己愛（ナルシシズム）の放棄と「対象喪失」の経験を経て現実を捉えていくことと考えられています。この「対象喪失」には，自分自身に対する失望の経験も含まれます。たとえば，中学校までは勉強がよくでき，成績も優秀であったのに，学力レベルの高い高校に進学したことで，自分よりも成績の良い生徒が増え，成績の上位者でなくなってしまった生徒がいるとします。この場合「勉強のできる自分」という自分の中の対象を喪失しているわけですね。この状況における「現実」は，自分より成績が良い生徒がいること，そして，それをまずは受け入れて，そこから何をするかでしょう。さらに勉強に時間を費やそうとする生徒もいるでしょうし，もう勉強からは逃げ出して，遊びに走る生徒もいるかもしれません。要するに，青年期は現実に触れ，自由とそれに対する責任性のバランスを模索し，自分らしい社会参加の方法を発見していく時期であると言えるでしょう。西平（1990）は「青年期の出口は成人期であるが，何が青年と成人を分けるのかは曖昧である……（略）……。成人になることとはアイデンティティの拡散を通して，徐々にアイデンティティを確立してゆく過程といえるだろうか」と述べています。エリクソンも発達段階を提唱した当初から考慮していたように，ネガティブな「対」の部分に触れ，いかに折り合いをつけていくか，そして，ポジティブな「対」の部分が上回って，アイデンティティをいかに獲得していくかがこの時期の課題なのでしょう。

　成人期に移行するにあたって，青年期後期におけるアイデンティティをめぐる課題は深刻なものとなってくるように思われます。漫画『ソラニン』の「種田」が死を選んでしまうように，時としてそれは，とても切実な問題として感じられます。

　以下では，エリクソン（Erikson, 1968）が想定していたアイデンティティの拡散の問題を見ていくことにしましょう。

① 親密さの問題

まず、アイデンティティの拡散に関わる問題として、人との適切な距離が上手くとれなくなります。それが特に現れるのが異性との親密さが求められるような場面です。誰かとの距離が詰まりすぎると、融合、すなわち自分が失われてしまうという感覚に襲われて、今度は極端な距離をとり孤立してしまいます。そして、自分の中の男性性・女性性も混乱（両性的拡散）し、異性をきちんと深く愛し愛される関係を築くことができなくなります。また、エリクソンは「熱狂的な試みを何度も繰り返して憂鬱な失敗に陥り、もっともありそうもない相手との親密さを求める」可能性についても示唆しています。

② 時間的展望の拡散

まだまだ時間はあるのに、「もう間に合わない」とか、「危険が襲ってくる」という切迫感や、逆に期限を忘れたかのようにのんきに振る舞うなど、社会全体が共通に動いている一般的な時間の感覚からずれていってしまう状態です。これは特に「朝起きられない」ことに象徴的に現れるように思います。昼夜逆転生活になり、大学や会社に適応できなくなっていきますが、自らの力ではなかなか修正できないような状況です。また、自分がまるで無力な赤ん坊のように感じたり、もはや若返ることができないほどに年老いたように感じたりもします。時間が取り戻せないという、停滞感や焦りに支配された状態と言えるでしょう。時間的展望の拡散は、過去から未来に流れていく、本来の正常な「こころの時計」の機能を麻痺させ、混乱させてしまいます。この問題は、「大人になること」や変わっていくことへの不安と結びついていると考えられます。

③ 勤勉さの拡散

「労働麻痺」とエリクソンが呼ぶ状態です。何かに集中して持続的に取り組むことができなくなります。たとえば試験前にもかかわらず国語のテキストを開いたかと思うとすぐにそれを閉じ、数学に取り組もうと思っては集中できず、英語のテキストを取り出しながらただ時間だけが過ぎていく、といったいわゆ

るスランプになり停滞する状態が続いていきます。逆に本当に大切なものは避けながら，小説やインターネットなど過剰に何かに没頭して破壊的なまでにのめり込みを見せるのも，勤勉さの拡散の表れと言えるでしょう。

④ 否定的同一化の選択

「同一化」するのは，何も社会的に望ましいものばかりではありません。家族や身近な人たちが否定し嫌悪するようなものに全面的に「同一化」し，そのことで活力を得る場合もあります。そして，社会的には影の存在になっていくアイデンティティでもあります。この「否定的同一化」の裏には自己への不信感や肯定感の低さが潜んでいることが多いように思われます。「こんな自分」でも認められ生きられる道をあえて選ぶことで，たとえそれが反社会的集団や社会が否定するような人生につながろうとも，自己のアイデンティティが統合されていくことを優先する状態です。これは，希望ではなく絶望にもとづくアイデンティティのあり方といってよいかもしれません。

⑤ 同一性意識の過剰

つねに人から見られ評価されているというような意識が過剰に高まり，アイデンティティの実験性（取り返しがつくという可逆性）を失い，役割実験の「実験性」を失ってしまう状態です。青年期は「モラトリアム」でもありますから，いろいろなことにチャレンジできる期間でもあるのですが，そういったチャレンジする「実験」の機会としては捉えられない状態ですね。「自分はこうでなければならない」などの意識へのとらわれが見られるようになります。

⑥ 選択の回避と麻痺

「労働麻痺」と同様，何かの選択に迫られるような場面で麻痺的になり，「わからない」「決断できない」というような保留状態に置かれます。むしろ，選択しなければわからないような場面には近づけなくなり，結果として，社会生活が停滞していくことになります。反面，何か傾倒できるようなものを探さな

くてはという過剰なまでの意識にとらわれ，自分が何をしたいのか，何をすべきなのか決定しなくてはならないという焦りの中で，身動きがとれなくなることもあります。

　以上のように，「アイデンティティの拡散」状態はとてもつらい状況ですが，ある程度は必要なプロセスであるとも考えられています。この状態をよりよく通過できるかは，「葛藤保持力」にかかっていると言っても過言ではないかもしれません。それは悩む力の獲得と言い換えてもいいかもしれません。青年が自分で自分に向き合うことを，長い目で支援する大人がいるかどうかは青年の未来を左右する，といった内容の話はつとに指摘されてきていることでしょう。また，この「葛藤保持力」は，乳幼児期に，どれだけ養育者が自分のことを考えてくれたかに依る部分も大きいのではないでしょうか。たとえば，乳児のときになぜ泣いているのか分からないなりにも，理解しようとして悩み，思慮深く考えてくれた，推測してくれた養育者が，どの程度青年のこころの中にいるのかにも依拠すると言えそうです。つまり，そういった悩み，考えられる「内的対象」をどの程度取り入れられているかということと関係がありそうです。

4　恋愛関係と協働関係

　漫画『ソラニン』は，「種田」と「芽衣子」の恋愛関係が物語の中心軸でもあります。この節では，2人の関係を通じて，青年期後期の恋愛関係について精神力動的な視点から見ていきましょう。一般的に思春期以降，異性への関心が高まるのは上述した通りですが，では，はたして健康な恋愛関係とはいったいどのようなものでしょうか。

（1）創造的関係

　第8章では『17歳のカルテ』を通じて，青年期中期あたりから異性に愛情を感じる能力が育つ，いわゆる精神的な恋愛の能力が発達し，恋愛対象に特別な

やさしい気持ちを抱くようになる話をしました。つまり，恋愛関係は，本来愛情にもとづいた協働関係であり，決して一方通行の押し付けではないものだと言えるでしょう。さらにそこには，創造的関係も含まれます。一番具体的なところで言えば子どもを「創造する」ことですが，無論，精神的な水準での創造性も重要な側面です。それは，2人で喜びを分かち合ったり，将来に対する希望を抱いたり，2人の思い出を共有していくといったことに特徴付けられるでしょう。

上記は比較的ポジティブな面を取り上げていますが，恋愛関係においては，困難な面も立ち現れてきます。現実を直視して，2人でそこに立ち向かうことができるのか，協力して課題を克服できるかといった側面も重要になってきます。特に青年期では，まだ十分な収入がなく，経済的な部分で困難を抱えたりすることが多いのかもしれません。

これらをふまえて，お互いの成長と発達を促進する力が健康な恋愛関係にはあると考えられます。ひとことでまとめるならば，恋愛関係で生じた事柄について2人で共有し，「経験から学ぶ」（Bion, 1962）ことができるかどうかが，その関係性の維持，発展には不可欠と言えるのではないでしょうか。「言うは易し」で「行うは難し」ですが。

（2）寄生的関係

さて，「種田」と「芽衣子」はどうでしょうか。ここではまず，「寄生的関係」（Bion, 1970）という視点で見ていこうと思います。

「寄生的関係」は病理的な恋愛関係と言うこともできるかもしれません。「種田」と「芽衣子」には，お互いに現実から目を背け合う関係と，「妙な気楽さ」が見受けられます。物語の冒頭に描かれているような，フリーターとしてその日暮らしの生活をしながら「芽衣子」の家に「寄生」する「種田」と，職場に不満を抱きながら「種田」を養う「芽衣子」の様子などがその典型例でしょう。また，「種田」が寝ぼけて「芽衣子」に発した，会社を「辞めちゃいなよ」というセリフを口実に，刹那的に仕事を辞めて解放感に浸る「芽衣子」と，バン

ドや飲酒で不安を紛らわせるものの,嘔吐してしまう「種田」からは,現実に対する不安とそこからの逃避が感じられます。そして,その様子はお互いを自己満足に利用しあう関係にも見えます。さらに換言すれば,お互いの成長から「足を引っ張り合う」関係とも言えるかもしれません。「芽衣子」が「あたしが一番不満に思っているのは頑張って大人になろうとしている種田だとしたら……」という発言からは,「種田」が現実を受け入れることから,「芽衣子」が「足を引っ張っている」と言えそうです。また,「芽衣子」が断ってしまった,アイドルのバックバンドというレコード会社の提案は,それをきっかけにさらなる飛躍ができる千載一遇のチャンスであったかもしれません。さらに,実家に帰って家業を継ぐという「種田」の提案に,「芽衣子」は「そんなの種田らしくないよ」といって一蹴してしまいます。現実と向き合えないがゆえに発展していかない関係がそこにはあります。また「芽衣子」がOLとして働いている間は,「種田」が金銭的に「芽衣子」の「足を引っ張っている」と言えますね。

(3) 過剰な投影同一化

また,「種田」と「芽衣子」は,第8章でも見たように「過剰な投影同一化」を相互に行っているとも考えられます。「投影同一化」は精神分析の根幹をなす概念ですが,ビオン (Bion, 1959) はこの概念を,この機制を用いる際の激しさの程度によって「正常な投影同一化」と「過剰な投影同一化」に分類しました。そして,「投影同一化」の目的を2種類あげています。すなわち,①「心の苦痛な状態を暴力的に排出して,即座の安堵のために幻想の中で,対象の中に強引に入り込むにいたるというものである。それには,対象を威嚇して支配する目的が伴うことが多い」,および,②「ある心理状態を対象に伝える手段として,対象の中にその心的状態を引き起こすこと」です。これが「過剰に」なるとメルツァー (Meltzer, 1967) が言うように「自己の大部分は対象に投影され対象との区別がつかなくなり,自己と対象との境界は消失し,分離が否認され」ます。そして,「過剰な投影同一化」は分離不安を避けるために用

いられると考えられています。

　少し難しくなってきたかもしれないので「種田」と「芽衣子」の関係から考えましょう。上記の「投影同一化」を平易な言葉で示すと，本来「自分が負うべきものを人に負わせること」と言えましょう。現実から目を背けることは，お互いに責任を相手に負わせることで成立します。「種田」も「芽衣子」も，相手に自分の面倒を見させようとしている様子がうかがえます。たとえば，「自分がどうしたらいいかわからないからって，君は何もしないで，俺におしつけてばっかりじゃん！」(「種田」の発言)，「うそつき！　どうにかするって言ったじゃん！」(種田が別れを告げようとしたことに対する「芽衣子」の返答)などが該当するでしょう。このような「過剰な投影同一化」によって，2人は分離（つまり別れ）を否認し，何とか恋愛関係を維持し続けようとしたのでしょう。

(4) 倒　錯

　その他にもこの2人の恋愛関係において不安の解決手段が見てとれます。その1つが「倒錯」という解決手段です。それには，不安を本来的な解決にはつながらないやり方でごまかすことが該当します。特に興奮や快楽に置き換えることを指し示します。

　「芽衣子」の仕事を辞めて昼間からビールを飲む様子や，「芽衣子」が仕事を辞めることで抱えた不安をバンドや飲酒で紛らわそうとする「種田」，そして，とりあえず性行為をする2人といった描写がそれにあたるでしょう。

　しかし，目を背けていた現実は差し迫ってきます。そう，「芽衣子」の貯金は底をついてきて，いよいよ2人は追いつめられてくるのです。こういった場合，安易な解決方法を採りがちなのが人の業といったものでしょうか。一発逆転を狙ったギャンブルなどが，その最たるものでしょう。「種田」のバンドでメジャーデビューを狙うという行為も「途方もない夢」であり，しかもイチかバチかの一発勝負的色彩が強く描かれています。興奮に満ちた倒錯的解決および現実逃避のなれの果てと見てもよいでしょう。

そして，ついに2人の関係は破綻へと向かっていきます。ビオン（Bion, 1970）によると，「寄生的関係」の背景には，対象への強烈な「羨望」と「貪欲さ」があると言います。つまり，対象の「良い」部分を次々と貪り，一方，その搾取に対象側が耐えられなくなると，何らかの拒否反応を示します。つまり，「芽衣子」と一緒にいることが困難に感じた「種田」の失踪（不眠不休でのバイト）がこれに該当するでしょう。もはやこの時点で2人の恋愛関係は破綻していたと言って良いのかもしれません。さらに「芽衣子」に電話をかけて元通り一緒に暮らすよう説得された「種田」は，「芽衣子」に追い詰められたように感じ，またもや信号無視という無謀な行動にでて，命を落としてしまいます。信号無視は現実無視ですね。これは「種田」の精神的破綻を意味します。ハフシ・メッド（2004）は，「寄生的関係」が傲慢さと愚かさを含む心的状態を導くことを示唆しており，早めにその関係を治療的に扱わなければ崩壊を招くことに言及しています。これは，恋愛関係の最悪の事態と言えるでしょう。そのうえ，「寄生的関係」で生き残った対象は，対象の性質を「乗っ取る」側面もあります。それをシミントンら（Syminton & Syminton, 1996）は「人食い性の関係」と述べています。少々大げさかもしれませんが，「芽衣子」が「種田」のバンドや人間関係を「乗っ取った」と，うがった見方もできるかもしれません。

　最後に，この2人の恋愛関係の背後にありそうな情緒について見てみましょう。「芽衣子」が「種田」の遺志を継いでバンドの世界に足を踏み入れ，「ソラニン」を歌い上げるという「感動のシーン」の背後には，実は冴えないごくごく一般的な平凡な若者像が垣間見えます。「芽衣子」は先述のように会社で孤立し，お昼は1人で猫と一緒に過ごしているような女性ですし，「種田」は頼りなく，稼ぎもなく，親に不満を抱きながらも困ったときには親に頼るといった様子を呈しています。要するに，2人とも寂しさやみじめさを抱いているといった背景がありそうです。このような対象をお互い交際相手に選び，孤立感やみじめさを紛らわせ，逆に万能感を感じるという生き方なのかもしれません。青年期を通じて，現実と向き合うこと，つまり万能感を放棄することの重要さ

と難しさを痛感する物語ですね。

5　うつ病と抑うつと喪の作業

　さて，ここからはこの物語の後半部分についても言及していこうと思います。「種田」を亡くした「芽衣子」ですが，ここでは，「種田」喪失後の「芽衣子」の精神力動および，生前の「種田」の心的状態を，「うつ」という視点から見ていきたいと思います。

　まずは，その病像把握からはじめます。「うつ病」を最新の精神医学的診断基準であるDSM-5で見ると，「抑うつ障害群」のカテゴリーの中に含まれます。診断基準としては，2週間以上にわたる①抑うつ気分か，②興味の喪失を必須症状とし，③体重減少や増加，④不眠・睡眠過多，⑤精神運動性の焦燥あるいは制止，⑥疲労感・気力の減退，⑦無価値観あるいは，過剰であるか不適切な罪責感，⑧思考力集中力の減退あるいは決断困難，⑨死についての反復思考があげられています。

　一方，1つ前の診断基準である，DSM-Ⅳ-TRでは，「うつ病」は，「気分障害」のカテゴリーに属し，「うつ病性障害（Depressive Disorder）」と「双極性障害（躁うつ病）（Bipolar Disorder）」に大別されていました。「躁」とは，極端に気分が高揚した状態を示します。つまり，「気分の波」の問題として捉えていたわけですね。そして，DSM-5では，「うつ病」と「双極性障害（躁うつ病）」が独立したカテゴリーに分けられたのです。ここでは，「気分の波」に着目しながら話を進めていこうと思います。

（1）うつ病の歴史

　その前に，まずは「うつ病」の歴史的変遷を見てみましょう。定式化された「うつ」の歴史を紐解くと，クレペリン（Kreapelin, 1899）へと行き着きます。彼は，「早発性痴呆（現，統合失調症）」とともに，「躁うつ病」を「2大内因性精神病」として位置付けています。それ以降50年以上にわたって，「躁うつ病」

は気分障害の中心的疾病概念としての位置を確保していました。そして，1950年以降「単極性（うつ）」と「双極性（うつと躁）」の二元論の台頭とともに，「うつ病」概念は大きな転回を示すこととなります。

　中でもテレンバッハ（Tellenbach, 1961）が提唱した，几帳面，完璧主義（自身への高い要求水準）といった特徴をもつ「メランコリー親和型性格」という病前性格が，日本における「うつ病」の中核を担ってきました。つまり「まじめな」人ほど「うつ」になりやすいという考え方ですね。これらの秩序を重んじる傾向に加え，「葛藤反応型」（笠原・木村，1975）や「逃避型抑うつ」（広瀬，1977），「現代型うつ病」（松波・山下，1991），未熟型うつ病（阿部ほか，1995）など，いくつかの「うつ病」に関する分類がなされてきました。さらに笠原（1976）は，テレンバッハが言うような，単なる「そうしないと気が済まない」秩序愛ではなく，人と争えない，争いを避ける，断れないといった義理人情を重視する特徴をあげています。

　しかし近年，心理臨床場面では上記のような特徴をもつ「メランコリー親和型」は影を潜めてきている印象があります。内海（2002）は，代わりに立ち現れてきた「双極Ⅱ型障害」の潮流をつかもうと試みています。「双極性」とは，気分や感情が「躁」の層にも「うつ」の層にも触れているという，波の大きさをもともとは指し示していました。「双極Ⅰ型障害」は，気分の波が非常に大きくなっている状態です。一方の「双極Ⅱ型障害」は，「Ⅰ型」ほど波は大きくはないものの，通常日常生活を送るうえで考えられる気分の波よりは大きくなっている状態を指します。そして，「躁」の層への振れ幅が少し大きくなっている状態を「軽躁（soft bipolarity）」と言います。「双極Ⅱ型障害」の詳細は以下の（4）で見ていきましょう。

　実際，筆者の印象でも，心理臨床場面において，かつての「メランコリー親和型」のような病前性格を呈して，「うつ」の症状を訴えるクライエントはあまり見られなくなってきているように思われます。したがって「こころをみる」立場としては当然ではあるのですが，前面に出ている（あるいは出ていない）症状の把握よりは，「うつ」の本質を捉えるためにクライエントの内的体

験に焦点を当てて、こころの状態を見立てる必要があるように思います。そのために、以下では、精神分析的な視点を導入してみたいと思います。

（2）「うつ病」の精神分析的理解

① 抑圧かリビドーの撤退か

アブラハム（Abraham, 1953）がはじめて精神分析の視点から「うつ病」を系統化した際、彼は「リビドーの抑圧」をその中心に据え、「うつ」を過度の抑圧によるリビドー充足の断念と感情的な親密さを得ることへの絶望であるとしました。

一方で、フロイト（Freud, 1917）は「うつ」を「失った対象との自己愛的な取り入れ—同一化と、それに伴う失った対象への攻撃の自分自身への向け変え—罪悪感、自責」を中心的な病態機序であるとし、「抑圧」の機制と一線を画しています。いずれにせよ自己愛の傷つきがそこには大きく横たわっていると考えられていたようです。

②「うつ病」と「抑うつ」

またクライン派の流れを汲む松木（2007）は「うつ病」と「抑うつ」とを区別しています。「抑うつ」は、こころの「バランスの崩れ」「機能のトラブル」であり、こころの状態や揺れ動きを捉えようとする概念であり、診断基準である「うつ病」とは違う側面を見ていることを示唆しています。そして「抑うつ」は「健康かつ正常な悲哀の仕事（喪の作業）の逸脱として生じてくる」という考えを提示しています。「悲哀の仕事（喪の作業）」とは、失った対象を悲しみ、追悼するプロセスですね。失った対象、すなわち「対象喪失」は、失った外的対象と同時に自分の中の対象も喪失しているのです。つまり、「認められていた自分」や、「愛されていた自分」といったこころの中の対象も同時に喪失しているという考え方ですね。これらの喪失を消化していくプロセスにおける滞りが、「抑うつ」として表現されると言います。つまり「対象喪失」の事実やそこにまつわる悲哀、罪悪感、絶望感、無力感などの感情にもちこたえ

られず,「悲哀の仕事（喪の作業)」の過程から,自己愛的に退避する際に,「抑うつ」が生じるのですね。

したがって,『ソラニン』の後半部分,つまり「種田」の死後,「芽衣子」が取り組んだギターは,亡くなった「種田」をこころの中に収めるための,「悲哀の仕事（喪の作業)」として捉えられ,健康なこころの働きとして考えられそうです。

③ 所有の喪失

さらに内海（2005）は,正常な悲哀と病的な「抑うつ」との分水嶺を「所有」に着目して記述しています。彼は住み慣れた家から引っ越す状況を例としてあげています。引っ越し後に発症する「抑うつ」について,その当事者は前の家を「所有」している（していた）ことにすら気づいていないと言います。この「所有」は「エレメント」であり自己の一部であり,この自己の一部が「喪失」したことによって「抑うつ」が生じているわけなのですが,重要な点は「所有」と自己との関係が転倒してしまっているところにあると言います。つまり,自己は所有する主体ではなく,「所有」を通じて与えられるものとなっているという視点ですね。換言すれば,対象からの給付があってはじめて主体を獲得していたと言えるのでしょう。つまり「その家をもっている自分」ではなく,「家があることによって自分でいられた」とでも言えましょうか。

（3）メランコリー親和型性格を背景とする「うつ病」に関する架空事例

ここで,旧来の「まじめ」な人が陥りやすいとされていた「うつ病」の背景にある「メランコリー親和型性格」を単なる性格分類として用いるのではなく,人間の主体としてのこころのあり方および,環境との関わり方として見てみましょう。つまり,力動的な視点からどう捉えられるかということですね。

40代半ばの男性Kさんは,大企業の営業部に属する中間管理職を任されるエリート社員です。大学卒業後,とても熱心に仕事に取り組み,とんとん拍子で出世してきました。部下もよくKさんを慕い,Kさんは「営業部の顔」という

評価を周囲から得ていて，Kさんもまんざらではありませんでした。

しかし，ある時，会社の不祥事が発覚し，とても「まじめ」で人あたりもよかったKさんは，クレーム担当に配属され，日々不祥事のクレーム対応に追われます。徐々に食欲がなくなったり，夜寝られなくなったりといった症状が出てきました。朝起きても気分が上がらず，出勤するのがとてもおっくうに感じられてきました。そして，とうとうある時，朝起き上がれなくなってしまったのです。

さて，このKさんにはどのような特徴があるでしょうか。Kさんの特徴として，他者（あるいは対象）への献身という側面が浮かび上がってきます。ここでいう対象とは，具体的な「人間」というよりはむしろ，「権威」と言った方がよいかもしれません。会社という大きな権威組織に対して尽力することで，会社からは昇進なり賞与なりといった評価を受け，「権威」を内在化させていきます。つまり，会社という「肩書き」が自身を庇護してくれ，それによって，安定した内的世界を保っていられると言えそうですね。この場合の「対象喪失」は，仕事での失敗であったり，失職（あるいは退職）であったりします。Kさんの場合は，クレーム担当になることで，「仕事ができて権威からも守られていた自分」という対象を喪失していますね。その他にも，定年後に「うつ病」を発症したり，子育てが一段落した後に「うつ病」を発症したりする事態は，この文脈から理解することができます。

（4）双極Ⅱ型障害

さて，「抑うつ」の症状を呈して受診，来談するものの，どうも「メランコリー親和型性格」を背景とする「うつ病」とは違うクライエントが増加傾向にあるのは，先述の内海（2002）も指摘しているところです。彼は「双極Ⅱ型障害」として，このようなクライエントを捉えようと試みています。そしてその「うつ症状」の特徴を「不全性」「易変性」「部分性」としています。

「不全性」とは，「抑うつ」を構成する症状が不揃いであり，全体としてのまとまりを欠いている状態を示しています。

「易変性」とは,「抑うつ」状態が移ろいやすく,経過が変化に富み,数日あるいは数時間単位で増悪と改善を繰り返したり,軽躁や混合状態に至ったりすることを示しています。

「部分性」とは,「抑うつ」の出現場面に選択性があることを示しています。つまり,職場など場面を選んで症状を呈するため,「病気らしく見えない」のが大きな特徴であると言えます。たとえば,仕事がある日や職場では,「うつ症状」を呈している一方で,休日には元気にサーフィンに出かけていき,「健康的に」日焼けをしているクライエントが思い浮かびます。そのため一見怠けているだけのようにも見えてしまうのですね。

したがって,「双極Ⅱ型障害」においては,どうやら旧来の「メランコリー親和型性格」を背景とする理解では不十分で,病態を捉え損ないそうであり,喪失を同定するのは困難であるように思われます。彼らは何かを喪失しているのか,喪失しているのであれば,一体何を喪失して,どのプロセスでの滞りがあるのでしょうか。あるいは,喪失体験自体がないまま,「うつ病」の症状だけを訴えているのでしょうか。その理解を試みるために『ソラニン』を用いて検討することにします。

つまり「種田」の状態をどう捉えるかということですね。彼は「現代の若者」を象徴しているような像ですが,一体何者なのでしょうか。1つの理解の仕方として,アパシーが成り立ちそうですが,無気力で何もしていないわけでもないし,やりたいことがないわけでもなさそうです。むしろ主体的に生きることを意図的に放棄しているように見えます。つまり,葛藤状態を避けようとしているようなのです。しかし,「芽衣子」が仕事を辞めた後,「種田」は嘔吐する場面があり,今後どう生活していくのかといった葛藤が顕在化した際には,物理的に葛藤や不安を吐き出すことで,対処を試みているようです。

① 対人過敏と他罰傾向

ここでは,「種田」の状態を,内海(2005)が「ポスト・メランコリー型」として体系化を試みている「双極Ⅱ型障害」および自己愛の問題を軸に検討し

第9章　青年期後期のこころと対人関係

たいと思います。「死」を自らに近づけた「種田」のことを,「芽衣子」が「たとえば,朝のワイドショーで流れる陰惨な事件を見てしまうだけで,地の底までテンションが落ちるやっかいな感受性を持った人なのだ」と分析している場面がありますが,「双極Ⅱ型障害」の大きな特徴として,「対人過敏」があげられます。「芽衣子」が「種田は誰かに批判されるのが怖いんだ!!　大好きな大好きな音楽でさ!!　でも褒められてもけなされても評価されてはじめて価値が出るんじゃん!?」と,「種田」に自分自身と向き合うよう促す場面があります。そして,「種田」は極端に他者の評価を気にしているようです。

　その直後,「種田」は,もし売れなかったときは「一緒に死んでくれるの?」と,突如攻撃的になります。この他罰傾向や,自身の問題を「引き受けない」「引き受けられない」のも,「双極Ⅱ型障害」の特徴です。

②　依　存

　かつての「メランコリー親和型性格」では,対象に対して献身することで主体を獲得してきたことは上記の通りですが,「双極Ⅱ型障害」では,対象に対する献身ではなく,依存として見ることができます。対象に対して依存することによって,庇護を得ていると考えられるのです。いわば幼少期の親子関係がそのまま青年期にも適用されているような印象ですね。「種田」の場合は,フリーターの名のもとに「芽衣子」の家に転がり込み,音楽への煮え切らない思いを抱えながら日々を送っていたのですが,「芽衣子」が仕事を辞めた途端に嘔吐をしたり,攻撃的な様相を呈したりしており,対象の喪失によって,異常なまでに主体としての自己が脅かされている様子がうかがえます。つまり「種田」の中に孕まれた恐怖は,対象からの庇護を失う恐怖であると思われるのです。

　無論,現在の社会情勢によって,そのような対象関係が作られているところも大いにあるようにも思います。かつては,対象が守ってくれるという幻想下にある依存型の対象関係から,大人になるにつれて幻滅を経て断念し,献身型のそれへと移行し,かつ,滅私奉公することで社会(会社)が庇護を提供して

255

くれていたのがバブル崩壊くらいまででしょうか。しかし，社会情勢が変化し，「子ども」と「大人」の間に存在する「青年期」が長くなるにしたがって，そのような対象関係が破綻し，依存的な対象関係のまま，現代を生きる道を選んでしまっているのが，いわゆるフリーターやニートと呼ばれる若者ではないでしょうか。「種田」はその象徴のような存在ですね。さらに「種田」には，音楽で自分の能力が足りないという現実を突きつけられる怖さもあるようで，「モラトリアム」を引き延ばそうとしているようです。自分の限界を突きつけられると，自己への傷つきを顕著に感じてしまう青年がそこにはいるのです。したがって，現代の社会構造は「双極Ⅱ型障害」を生み出しやすい状態にあるとも考えられるかもしれませんね。

(5) モラトリアム人間の架空事例

　小此木（1978）は，モラトリアム期間を長期化・遷延化させ，つねに自己の可能性を豊かに残し，すべての関わりを一時的，暫定的なものとみなし，いつまでも究極的な自己選択に対して猶予期間を保とうとする人のことを「モラトリアム人間」と名付けました。

　ここでは，「モラトリアム人間」について架空事例を通じて少し見てみましょう。Ｌさんは20代半ばの男性です。大学卒業後，特にやりたいこともなく，フリーター生活を続けていました。もともと与えられたことはきちんとこなすタイプで，小学生の頃から宿題なども忘れたことはほとんどありませんでした。ただ，人から言われたり，与えられたりしないとやる気にならないのです。そんなＬさんですが，コンビニのバイトは性に合ったようで，深夜まで一生懸命働いていました。ある時，その頑張りが評価されて，バイト先で店長にならないかと勧められた途端，怒ってそのバイトを辞めてしまったのです。

　一体どういうことでしょうか。「モラトリアム人間」の特徴として，将来の可能性を豊かに残しておくという特徴があります。つまり，Ｌさんにとって，コンビニの店長になるということは，今後一生「コンビニ店長」で収まり，「もっとビッグ」になれるといった将来の可能性が消失することを意味します。

自分自身の能力を規定されることの傷つきは，身を削られる思いだったのでしょう。

　まさしく「種田」も「モラトリアム人間」を生きていたのでしょう。自分自身を晒される体験にまつわる恐怖は，おそらく，幼少期の親子関係に由来するように思われます。「種田」の親子関係は，「俺の両親昔から共働きで仲も悪かったから……家族で出かけるって滅多になかったからさ。今もほとんど連絡ないし，冷めた家庭じゃんか」ということ以外は，ほとんど描かれていません。したがって憶測の域を出ないのですが，自己を評価してくれるような「鏡映自己対象」体験が乏しかったように感じられます。

　ウルフ（Wolf, 1988）は，サルトルの『嘔吐』を例にあげ，その主人公「ロカンタン」の孤独は，周りに人がいないことではなく，人がそこにいても「自己対象体験がない」ということを意味していると指摘しています。そして「ロカンタン」は，嘔吐の症状を通して，自己が断片化していく体験を語っていると言います。音楽という始まりと終わりのある世界，換言すれば自己に凝集性をもたせる外的な枠組みを「種田」は求めていたと考えられそうです。それは，「ロカンタン」が音楽の不変性と明快さに一縷の望みをもちながら幕を閉じるサルトルの『嘔吐』という物語にも通じるところがあるように思います。

（6）「抑うつ」というこころにどう出会うか

　「種田」のような「双極Ⅱ型障害」の可能性をもち，また青年期後期を引き延ばそうとしている「モラトリアム人間」は，心理臨床の場面においては「空白の鬱」（山本, 2003）という症状を伴ってやってくることが多いように思います。従来の重々しい気分や意欲の低下，罪悪感が中核の症状として立ち現れていた「暗黒の鬱」とは対極をなす症状を指します。「空白の鬱」は，「今の人生に特に不満はないが，生きているのがつらいし，死にたい」といった，一見，何に生きづらさを感じているのか，理解するのにたいへん苦しむ訴えをします。会社に行くのがおっくうで平日は起き上がるのもつらい一方，休日はレジャーに出かけていくというケースもよくあるようです。この症状だけ聞くと怠慢に

257

もとられかねません。また，アパシーと類似しているようにも見えるのですが，アパシーが現実的な葛藤を心から解離させて，いわば無気力状態を作り出していたのに対し，「空白の鬱」はそもそも葛藤が形成されていないように見えるのが大きな特徴です。

　心理臨床では，この葛藤を引き戻す作業が必要になってきます。葛藤には不安や焦燥が伴っており，この不安や焦燥を吟味していくことが心理療法の大きな役割のうちの1つと言えます。あえて月並みな表現を用いれば，クライエントの不安をセラピストが抱えて，クライエント自身がそれについて考えられるようになることが目標でしょう（第2章図2-4参照）が，事はそう単純には運びません。葛藤を引き戻す際にはどうしても自己愛的防衛が強固なものとして立ち現れてきて，第4章で見たような「退避所」（図4-5参照）に撤退していくことも往々にして起こります。

　『ソラニン』の中でも，「種田」の気持ちに「芽衣子」が直面化する場面がありますが，もし音楽で成功できなかったら「一緒に死んでくれるの？」と，自己を脅かされたことによる攻撃性が全面に出てきます。この自己愛を傷つけられる怖さこそ，心理療法のプロセスで取り扱うべき問題であると思われるのです。実際，「うつ」症状を主訴として受診，来談するクライエントの話を聴いていくと，自己愛の問題が浮上してくることが多い印象があります。そして，この自己愛を傷つけられる恐れの背景に，どのような空想が存在しているのか，分析していくことが重要です。

　ウルフ（Wolf, 1988）は，「凝集性が低下した自己が，境界がさらに弱まってエネルギーや活力が減退し，混乱した不調和なバランス状態にまで退行していること」と定義した「自己の断片化」という視点から，自己の構造上の変化を描き出しています。その「断片化した自己を，主体は自己評価の喪失や，空虚感，抑うつ感，無価値観，不安感として体験し，それを避けるためならなんでもするというのです。「種田」は音楽という自己にまとまりをつけてくれる外的な要因，自己対象を失い，死を選んだわけですが，この自己愛的撤退に対して，心理療法を通じてどのような援助を提供できるのかを考えるのも，重要

なことでしょう。サルトルは,『嘔吐』の中で主人公の「ロカンタン」を通じて断片化した自己に新たなまとまりをつけるために, そこに認識と感情を注ぎ込むことによって, 新しい自己を再構成しようとしていた (Wolf, 1988) ようです。つまり, 主体的に表現することや「物語ること」が重要で, また青年期を通じて, その媒体がいるということでしょう。『17歳のカルテ』における「スザンナ」にとってはそれが精神分析や執筆活動であり,『ソラニン』における「種田」は「音楽」であったのだと思います。青年期における心理療法もその場としての役割を担っていると言えますね。

6 現代社会と青年期後期

さて, 青年期後期が長期化, 遷延化していると言われて久しいですが, その背景には社会的要因もあると考えられます。ここでは,『ソラニン』における5人の登場人物の職業選択の特徴を, 社会情勢およびその歴史をふまえて見ていきたいと思います。

(1) 共同幻想

人類の歴史を紐解いてみると, 社会, 集団, あるいは国家という「共同幻想」(吉本, 1968) が, 社会に「人生の大きな物語」(内海, 2005) を提供してきたことが分かります。吉本は,『共同幻想論』の中で, 人間関係を以下の3種類に分類しています。すなわち, 芸術や文学などの個人対個人の関係で, 他者に直接影響を及ぼさない「自己幻想」と, 他者とのプライベートな二者関係を想定する「対幻想」, そして, 個人と集団 (組織) との公的な関係を想定する「共同幻想」です。「共同幻想」においては, 集団, 特に国家というフィクションを創り出すことによって, 凝集性を高める作用があるという主張がここではなされています。この幻想分類に則れば, 近代国家が成立するまで, もしくは第二次世界大戦後までは,「生物学的に生き抜く」ことが「共同幻想」の中の大きなテーマであり, そこに向かって生きている以上,「なぜ生きるのか」と

いう問いは不問に伏されていたように思われます。

　経済白書で「もはや戦後ではない」と謳われた1956年以降も，いわゆる高度経済成長の名のもとに，社会（会社）から，「年功序列」「終身雇用」を保証され，「頑張った」分だけ，その見返りが得られる状況にあったように思われます。いわば，肩書きが自分のアイデンティティを保証してくれていたと言えるでしょう。たとえば当時，「私は大手〇〇会社の営業部長です」と言えば，それによって社会から一定の評価や給料面での安定が得られ，また自分の強力なアイデンティティになったことでしょう。つまり，この時代までは上記の例のように「このように生きたら，生涯安心して暮らせる」という「大きな物語」が社会の中に「幻想」として存在していたことになります。

　しかし，バブルが崩壊した後の社会は，「大きな物語」が喪失状態になり，「なぜ生きるのか」という問いが浮上してくることとなりました。山本（2003）は，その起源をさらにさかのぼり，ルネサンスに見出しています。つまり，「神」中心の生き方から人間中心の生き方への転回点がそこにあり，本来人間性復興の企てであったはずの試みが，結果，その代償として自らの生活，生き方，生涯を「自らが」定義付けなければならなくなったと考察しています。日本においては，バブル崩壊以後，そういった状況がより顕著になってきたと言えるのではないでしょうか。吉本は，個人主義の発達した社会においても，「自己幻想」はナショナリズムという形で「共同幻想」に浸食されると述べていますが，日本の現代社会においては，ある特定状況においてのみ採択される見解のようにも感じられます。たとえば，スポーツで「サムライジャパン」が，「欧州強豪国」に挑むときに，日本人というアイデンティティへと強く同一化し，一体感を得て，一喜一憂するようなときでしょうか。しかし，都市型の日常生活においては，ゴミ出しは〇曜日といった些細な日常の決まり事くらいしか，「共同幻想」の中に身を置けないようにも思われます。「共同幻想」の解体および「自己幻想」の「共同幻想」からの自立が課題として謳われた高度経済成長時代とは異なり，「共同幻想」が解体された後も，「自己幻想」の中に入れないのが，現代の「若者」像，つまり青年期後期の心理的状態ではないでしょ

うか。

（2）大きな物語と個人の物語

さて、『ソラニン』の「種田」はどうでしょうか。社会から彼に提供される「大きな物語」は存在せず、音楽との関係という「自己幻想」の中に自身を投企しようとしていますが、そこには、怖さが伴っているようです。このような現代の社会背景をふまえ、この怖さが何に由来しているのかを、「種田」のこころの状態として検討してみましょう。「種田」が主体を生きることを放棄し、実感の伴わない生き方をしていたのは上述の通りですが、音楽に本腰を入れた場面だけは、主体を復権していたように思われます。しかし、子どもたちの将来の夢で上位にあがる野球選手やサッカー選手同様、音楽活動家という生き方も、優れた才能をもち、かつ努力というプロセスを経ることのできたごく一部の人の特権のようなものであり、社会が提供する「大きな物語」にはなり得ません。結局、音楽は「趣味で」という妥協策を講じて、退屈な日常に骨を埋める決心をしたところで、「死」を迎えてしまうわけですが、葛藤に身を置いた途端に嘔吐したり、死んでしまったりというのが、彼の「病像」のように感じられます。

また、おそらく「芽衣子」も、「種田」と同じように、葛藤を避ける生き方をしてきたのでしょうが、彼女の場合は「一緒にいる」という種田の存在自体で、ある程度、自我を保てていたようにも感じられます。ただこれは上述のように「寄生的関係」だと考えられますが。そして、彼女もまた根なし草のように、現代社会を彷徨っていたであろうと推測されます。そして、「種田」の死後「私は歌う。キミがいたことを証明するために」という、自分自身の「物語」、つまり「個人の物語」を手に入れたことで、主体を引き戻したと言えるのではないでしょうか。換言すれば、「種田」の死を「種」としなければ、現代社会という土壌に「生きる」という「芽」を出せなかったという物語として読むこともできますね。さらにうがった見方をすれば、人を1人喪失しなければ、「生きる意味」を見出せずに人生を「費やす」という読み方もできそうで

す。ここに前半と後半の物語に大きな断絶が存在していると言えます。つまり，前半部分は青年期後期の課題を生きる青年の話であったのに対し，後半部分は，「対象喪失」をどう受け入れていくかという物語に変わっているのです。青年期後期が「抑うつ」に親和性のある時期としては通底するものがあるかもしれませんが。

（3）職業選択とアイデンティティ・ステイタス

さらに，その脇を固めていた登場人物の生き方も大変興味深いように思われます。ドラマーの「ビリー」は，大学卒業後家業を継ぎ，平凡な日常を送っていましたが，これは，戦前まで提供されていた「大きな物語」である家長制の名残の中に身を置いた生き方であると考えられます。「家を継ぐ」というこの生き方もまた，現代社会では少数でしょう。

ベース担当の「加藤」もまた，6年という長期にわたる大学生活を経て，「サラリーマン」という生き方を選択しています。これは，第二次世界大戦後からバブル崩壊まで社会が提供していた「大きな物語」ですが，「加藤」が6年かけてこの選択をしていることからも分かるように，現代の「大きな物語」にはなり得ていないようでもあります。もっとも，ここに身を投じる，あるいは「公務員」になることが，現代でも大多数の生き方のようではあると思われますが。

一方，大学卒業後アパレル企業に勤務した「アイ」は，この年齢（23, 24歳）においては，戦後のある程度普遍的な女性像かもしれません。想像の域を出ませんが，その後「寿退社」，「子育て」を経てから「パートやアルバイト」という生き方は，未だ広く共有されているようには思われません。ただ，今後，日本において女性の社会進出がさらに進めば，女性の職業選択もより多様化，複雑化してくると考えられますが。

最後に，5人の職業選択の特徴をアイデンティティという視点から見てみましょう。エリクソン（Erikson, 1956）のアイデンティティ論を発展させた「アイデンティティ・ステイタス」という理論があります（Marcia, 1966）。これ

第9章 青年期後期のこころと対人関係

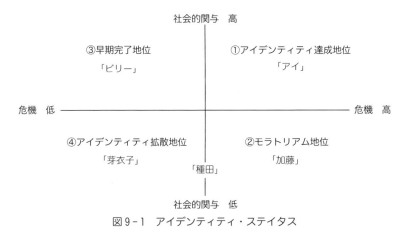

図9-1 アイデンティティ・ステイタス

は，アイデンティティの危機を体験しているかどうか（危機体験の有無），社会的事象に対してどの程度積極的に関与しているか，という2つの基準にもとづいて決定される心理社会的な地位で，以下のような4つの類型があります。『ソラニン』の登場人物5人はどこに当てはまりそうでしょうか（図9-1）。

① アイデンティティ達成地位と「アイ」

1つ目の「アイデンティティ達成地位」は，危機を体験し，その葛藤の中で自分の可能性を模索した結果，自分なりの解答を見出して，一つの生き方に対して主体的な選択と傾倒を行い，それにもとづいて行動している状態です。

『ソラニン』に出てくる5人の登場人物の誰かをここに当てはめるのは少々難しい面がありますが，敢えてあげるとすれば「アイ」でしょうか。彼女がアパレル企業に就職するまでにどのような危機や葛藤があったのか（あるいはなかったのか）は描かれていないので分かりませんが，「女性らしい（彼女らしい）」職業選択を主体的にしているようには見えます。

② モラトリアム地位と「加藤」

2つ目の「モラトリアム地位」は，現在，危機を体験している最中であり，迷いながらも自分が傾倒すべき対象を見つけ出そうと努力している段階です。

263

ここには,「加藤」が当てはまるでしょう。彼は,大学に6年間在籍(留年)し,ごく平凡なサラリーマンになるという選択をします。通常は4年で終わる大学生活を延期し,自分の道を模索しているという点で,「モラトリアム」の期間を延ばしたという生き方ですが,現代社会ではある程度許容される方法かもしれません。

③ 早期完了地位と「ビリー」

3つ目の「早期完了地位」は,自分の生き方についてとまどうことなく,両親や権威の期待と目標をそのまま受け入れて,専心している状態です。現実の厳しさの否認や安易な解決という特徴に色づけられることもあります。つまり,多くの場合,両親や周囲の大人といった他者によって決められたものであると言えます。

ここには,「ビリー」が該当するでしょう。彼は実家の薬局を継いでおり,就職活動や職業選択で苦闘した様子は描かれておらず,与えられた定めを甘んじて受け入れているように見受けられます。職業選択が多様化している昨今において,すでに進路が決められていることは,自分のアイデンティティについて苦しみながら模索をするということをせずに済む面はあると思いますが,「ビリー」からは,どこか閉塞感のようなものが感じられるのではないでしょうか。

④ アイデンティティ拡散地位と「芽衣子」

4つ目の「アイデンティティ拡散地位」は,危機を体験したかどうかにかかわりなく,傾倒すべき対象をまったくもたず自分の生き方が分からない状態です。

ここには,「芽衣子」が当てはまるように思われます。彼女は大学卒業の時期がきたからということでOLになりますが,そこに生きがいや傾倒すべき事柄を見出せてはいません。そして,「種田」に必死に寄りかかろうとして,彼を追い詰めていきます。その顛末は上述の通りですが,「寄生的関係」の行

きつく先には破滅が待っている（Bion, 1970）ことを見事にこの漫画は描いているように思います。

　「種田」に関しては，生前の様子を見ていると，大学卒業後も「モラトリアム地位」を続けているようにも見えます。しかし，その背景には，万能感を放棄できない，つまり，プロフェッショナルとしての音楽活動家として現実的にどの程度の能力が現時点であるのかを身をもって知る怖さがあったように思われ，それは上述したように，自己愛の問題と深く関連しているように思われます。

　この物語をマクロ的に俯瞰しながら，5人の登場人物の心理社会的課題を見てみると，総じて，前半部分は，「大きな物語」の喪失からくる生きづらさの描写になっているのに対し，後半部分は「種田」の死によって，「個人の物語」を獲得できたという2部構成になっているのが特徴的ではないでしょうか。そして，青年期後期における社会との関係および「双極Ⅱ型障害」という病理について私たちに伝えてくれているように思います。

作品リスト

(本書で紹介した作品の一覧です。詳細な情報は文献一覧をご覧ください)

小 説

南条あや『卒業式まで死にません』 第3章
伊坂幸太郎『重力ピエロ』 第4章
湊かなえ『告白』 第7章
サルトル『嘔吐』 第9章

漫 画

浦沢直樹『20世紀少年』『21世紀少年』 第1章 第5章 第7章
ゆうきゆう『マンガで分かる心療内科②』 第1章
井上雄彦『リアル』 第3章
岸本斉史『NARUTO―ナルト―』 第4章
浅野いにお『ソラニン』 第7章 第9章

アニメ・ドラマ

アルプスの少女ハイジ 第2章
すっぱいブドウ(イソップ童話) 第2章
おべとも学園(NHK教育アニメ) 第2章
ギフト(フジテレビ系ドラマ) 第3章

映画

- 千と千尋の神隠し　第1章　第2章　第5章　第8章
- 問題のない私たち　第3章
- レインマン　第4章
- シザーハンズ　第4章
- 誰も知らない　第6章
- 17歳のカルテ　第8章
- ファイト・クラブ　第8章

音楽

- コブクロ「太陽」　第2章
- BUMP OF CHICKEN「涙のふるさと」　第2章
- BUMP OF CHICKEN「メーデー」　第2章
- Mr. Children「週末のコンフィデンスソング」　第2章
- BUMP OF CHICKEN「ギルト」　第4章
- BUMP OF CHICKEN「オンリーロンリーグローリー」　第4章
- ゲスの極み乙女「私以外私じゃないの」　第7章
- BUMP OF CHICKEN「supernova」　おわりに

引用文献

第1章

Abraham, K.（1924）. *The influence of oral erotism on character formation*. In, Selected Papers of Karl Abraham. Hogarth Press and Institute of Psycho-Analysis, London.（前野光弘（訳）（1993）. アーブラハム論文集――抑うつ・強迫・去勢の精神分析. 岩崎学術出版社.）

Bowlby, J.（1969）. *Attachment and Loss : Vol. 1. Attachment*. New York Basic.（黒田実郎・大羽蓁・岡田洋子・黒田聖一（訳）（1991）. 母子関係の理論（1）愛着行動. 岩崎学術出版.）

Cooper, G. Hoffman, K., Marvin, R., Powell, B. (2013). *Circle of Security*. 北川恵・安藤智子・岩本沙耶佳（訳）. 安心感の輪. (http://circleofsecurity.net/wp-content/uploads/2013/08/ Circle-of-Security-tm-2006（Japanese 2013.2_update.pdf）

Erikson, E. H.（1950）. *Childhood and society*. W. W. Norton & Co.（仁科弥生（訳）（1977）. 幼児期と社会. みすず書房.）

Erikson, E. H.（1959）. *Identity and the Life Cycle*. International Universities Press.（小此木啓吾（訳）（1973）. 自我同一性――アイデンティティとライフ・サイクル. 誠信書房.）

Freud, S.（1905）. *Three Essays on the Theory of Sexuality*. G. W., 5：29-145.（懸田克躬・小此木啓吾（訳）（1974）. 性理論のための三篇（フロイト著作集7）, pp. 130-243. 人文書院.）

Gibson, J., & Walk, D.（1960）. The visual cliff. *Scientific American*, **202**, 64-71.

Harlow, H.（1958）. The nature of love. *American psychologist*, **13**, 673-685.

Hoffman, K., Marvin, R., Cooper, G. & Powell, B.（2006）. Changing toddlers' and preschoolers' attachment classifications : The Circle of Security Intervention. *Journal of Consulting and Clinical Psychology*, **74**, 1017-1026.

数井みゆき・遠藤利彦（編）（2005）. アタッチメント――生涯にわたる絆. ミネルヴァ書房.

ゆうきゆう（2009）. マンガで分かる心療内科②. 少年画報社.

Mahler, M., Pine, F., & Bergman, A.（1975）. *The psychological birth of the infant symbiosis and individuation*. New York : Base Book.（高橋雅志・織田正美・浜畑紀共（訳）（2001）. 乳幼児の心理的誕生――母子共生と個体化. 黎明書房.）

Pine, F.（1985）. *Developmental Theory and Clinical Process*. Yale University Press.（齋藤久美子・水田一郎（監訳）（1993）. 臨床過程と発達――精神分析的考え方・関わり方の実際. 岩崎学術出版社.）

Trevarthen, C.(2008). Conversation with a two-month-old. Joan Raphael-Leff(Ed.). *Parent-infant Psychodynamics : Wild Things, Mirrors and Ghosts*, Anna Freud Centre.

第 2 章

Alvarez, A.(1989). Developments towards the latency period : Splitting and the need to forget in Borderline children. *Journal of Child Psychotherapy,* **15**(2), 71-83.

青柳寛之(1997). ビオンにおける Container/Contained 論の変遷. 京都大学教育学部紀要, **43**, 117-127.

Bick, E.(1964). Notes on Infant observation in psycho-analytic training. *International Journal of Psycho-Analysis,* **45**, 558-566.

Bion, W.(1961). *Experiences in Groups and other Papers,* Tavistock Publications.(池田数好(訳)(1973). 集団精神療法の基礎. 岩崎学術出版社.)

Bion, W.(1962). *Learning from Experience.* New York. Basic Books.(福本修(訳)(1999). 経験から学ぶ(精神分析の方法Ⅰ). 法政大学出版局.)

Bion, W.(1970). *Attention and Interpretation.* Heinemann, London.(福本修・平井正三(訳)(2002). 注意と解釈(精神分析の方法Ⅱ). 法政大学出版局.)

BUMP OF CHIKIN(2006). 涙のふるさと. トイズファクトリー.

BUMP OF CHIKIN(2007). メーデー. トイズファクトリー.

Canham, H.(2002). Group and Gang states of mind. *Journal of Child Psychotherapy,* **28**(2), 113-129.

Edwards, J.(1999). Kings, queens and factors : The latency period revisited. In D. Hindle & M. V. Smith(Eds.). *Personality Development : A Psychoanalytic Perspective.* London : Routledge.

Freud, S.(1895). *Studies on Hysteria.* The Standard Edition of the Complete Psychological Works of Sigmund Freud.(小此木啓吾・懸田克躬(訳)(1970). ヒステリー研究(フロイト著作集 7). 人文書院.)

Freud, S.(1900). *The Interpretation of Dreams.* The Standard Edition of the Complete Psychological Works of Sigmund Freud.(高橋義孝(訳)(1968). 夢判断(フロイト著作集 2). 人文書院.)

Freud. S.(1901). *The psychopathology of Everyday Life.* The Standard Edition of the Complete Psychological Works of Sigmund Freud.(懸田克躬・生松敬三(訳)(1970). 日常生活の精神病理学(フロイト著作集 4). 人文書院.)

Freud. S.(1923). *The Ego and the Ed.* The Standard Edition of the Complete Psychological Works of Sigmund Freud.(井村恒郎・小此木啓吾(訳)(1970). 自我とエス(フロイト著作集 6). 人文書院.)

木部則雄 (2006). こどもの精神分析――クライン派・対象関係論からのアプローチ. 岩崎学術出版社.

北山修 (1985). 錯覚と脱錯覚. 岩崎学術出版社.

北山修 (2007). 劇的な精神分析入門. みすず書房.

Klein, M. (1932). *The Psychoanalysis of Children*. The Hogarth Press. (衣笠隆幸 (訳) 児童の精神分析. 誠信書房.)

Klein, M. (1946). *Note on some schizoid mechanisms*. The Writing of Melanie Klein, 4, 3-32. Hogarth Press. (小此木啓吾・岩崎徹也 (責任編訳) (1985). 分裂機制に関する覚書. メラニークライン著作集4. 誠信書房.)

コブクロ (2002). 太陽. ワーナーミュージック・ジャパン.

ハフシ・メッド (2004).「愚かさ」の精神分析――ビオン的観点からグループの無意識を見つめて. ナカニシヤ出版.

松木邦裕 (2009). 精神分析体験――対象関係論を学ぶ 立志編. 岩崎学術出版社.

Meltzer, D. (1973). *Sexual States of Mind*. Harris Meltzer Trust. (古賀靖彦・松木邦裕 (監訳) (2012). こころの性愛状態. 金剛出版.)

Mr. Children (2008). 週末のコンフィデンスソング. トイズファクトリー.

名波浩 (2009). 夢の中まで左足. ベースボール・マガジン社.

Winnicott, D. W. (1962). *The Maturational Processes and the Facilitating Environment*. (牛島定信 (監訳) (1977). 情緒発達の精神分析理論. 岩崎学術出版社.)

Winnicott, D. W. (1971). *Playing and Reality*. (橋本雅雄 (監訳) (1979). 遊ぶことと現実. 岩崎学術出版社.)

Winnicott, D. W. (1984). *Deprivation and Delinquency*. (西村良二 (監訳) (2005). 愛情剥奪と非行 (ウィニコット著作集2). 岩崎学術出版社.)

第3章

朝日新聞社会部 (1999). なぜ学級は崩壊するのか――子ども・教師・親・200人の体験と提言. 教育史料出版会.

Asch, E. (1951). Effects of group pressure upon the modification and distortion of judgment. In Guetzkow, H (Ed.). *Groups, leadership and men*. Pittsburgh, PA : Carnegie Press.

Bick, E. (1968). The experience of the skin in early object-relations. *Inter National Journal of Psychoanaysis*, **49**, 481-486. 松木邦裕 (監訳) (1993). 早期対象関係における皮膚の体験. メラニー・クライントゥデイ②. 45-49. 所収. 岩崎学術出版社.

Blos, P. (1967). The second Individuation Process of Adolescence. *The Psychoanalytic Study of the Child*, **22**, 162-186.

Claes, L., & Vandereycken, W. (2007). *The Self-Injury Questionnaire-Treatment Related (SIQ-TR): Construction, Reliability, and Validity in a Sample of Female Eating Disorder Patients.* Nova Science Publishers, New York.

Durkheim, E. (1960). *Le suicide.* Presses Universitaires de France.（宮島喬（訳）（1985）．自殺論．中公文庫．）

Farberow, L. (Ed.). (1980). *The many faces of suicide.* Indirect self-destructive behavior. McGraw-Hill.

Favazza, R. (1998). The coming of age of self-mutilation. *The Journal of Nervous and Mental Disease,* **186** (5), 259-268.

Frith, U. (1989). *Autism : Explaining the enigma.* Oxford Blackwell.（冨田真紀・清水康夫（訳）（1991）．自閉症の謎を解き明かす　東京書籍．）

平井正三・上田順一（編）（2016）．学校現場に役立つ精神分析．誠信書房．

学級経営研究会（2000）．学級経営の充実に関する調査研究（最終報告書）．文部省．

Hawton, K., Rodham, K., & Evans, E. (2006). *By their own young hand : Deliberate self-harm and suicidal ideas in adolescents.* Jessica Kingsley.

井上雄彦（1999-）．リアル1巻〜14巻．集英社．

板橋登子（2013）．不登校と保護者・家族．馬場謙一・井上果子（監修）．子どものこころの理解と援助――集団力動の視点から．岩崎学術出版社．

岩倉拓（2013）．学校集団における投影同一化とこころの痛み．馬場謙一・井上果子（監修）．子どものこころの理解と援助――集団力動の視点から．岩崎学術出版社．

岩田香奈江（2008）．不登校問題に対する政策的対応の現状と課題――東京都の不登校発生率地域差に対する社会構造的要因に注目して．人文学報．社会学，**43**，23-36．

松木邦裕（1996）．対象関係論を学ぶ．岩崎学術出版社．

Meltzer, D. (1973). *Sexual State of Mind.* Clunie Press.（松木邦裕（監訳）（2012）．こころの性愛状態．金剛出版．）

森口朗（2007）．いじめの構造．新潮社．

森田洋司・清水賢二（1994）．新訂版　いじめ――教室の病い．金子書房．

森田洋司（2010）．いじめとは何か――教室の問題，社会の問題．中公新書．

南条あや（2004）．卒業式まで死にません．新潮社．

齊藤友範（2000）．傍観者の意識構造といじめの集団構造．学校臨床研究，**1**（1），38-48．

Salmivalli, C., Lagerspetz, K., Björkqvist, K., Kaukiainen, A. (1996). Bullying as a Group Process : Participant Roles and Their Relations to Social Status Within the Group. *Aggressive Behavior,* **22** (1), 1-15.

Shaffer, D., & Gould, M. (2000). Suicide prevention in schools. In Hawton, K., Heeringen, V. (Eds.). *The International Handbook of Suicide and Attempted Suicide.*

Chicheater.

須藤康介（2015）．学級崩壊の社会学．明星大学教育学部研究紀要，**5**，47-59．

第4章

Alvarez, A. (1992). Live Company: Psychoanalytic Psychotherapy with Autistic, Borderline, Deprived and Abused Children. Routledge, London.（千原雅代・中川純子・平井正三（訳）（2002）．こころの再生を求めて――ポストクライン派による子どもの心理療法．岩崎学術出版社．）

Asperger, H. (1944). Die "Autistischen Psychopathen" im Kndesalter. *Archiv für Psychiatrie und Nervenkrankheiten*. **117**, 76-136.

綾屋紗月（2011）．自閉症スペクトラム当事者から――あふれる刺激　ほどける私．青木省三・村上伸治（編）．成人期の自閉症スペクトラム，中山書店，pp. 70-83．

Baron-Cohen, S., Lesle, A., & Frith, U. (1985). Does the autistic child have a 'theory of mind?'. *Cognition,* **21**, 37-46.（高木隆郎，Rutter, M., & Schopler, E.（編）（1997）．自閉症児には「心の理論」があるか？　自閉症と発達障害研究の進歩1，日本文化科学社，pp. 41-47．）

別府哲（2012）．コミュニケーション障害としての自閉症スペクトラム．臨床心理学，**12**（5），652-657．

Bettelheim, B. (1967). *The Empty Fortress. Free Press, New York.*（黒丸正四郎ほか（訳）（1973）．うつろな砦．みすず書房．）

Bick, E. (1968). *The experience of the skin in early object-relations.*（松木邦裕（監訳）（1993）．早期対象関係における皮膚の体験（メラニー・クライントゥデイ②）．岩崎学術出版社，pp. 45-49．）

Bion, W. (1962). *Learning from Experience.*（福本修（訳）（1999）．精神分析の要素（精神分析の方法Ⅰ）．法政大学出版局．）

BUMP OF CHICKEN（2004）．ギルド．トイズファクトリー．

BUMP OF CHICKEN（2004）．オンリーロンリーグローリー．トイズファクトリー．

Eddy, T., Dorer, J., Franko, L., Tahilani, K., Thompson-Brenner, H., & Herzog, D. (2008). Diagnostic crossover in anorexia nervosa and bulimia nervosa: implications for DSM-V. *American Journal of Psychiatry,* **165**, 245‐250.

Freud, S. (1914). *On Narcissism : An Introduction.* G. W. 10：138-170.（懸田克躬・高橋義孝ほか（訳）（1969）．ナルシシズム入門（フロイト著作集第5巻）．人文書院．

Fujimori, A., et al. (2011). Parental bonding in patients with eating disorders and self-injurious behavior. *Psychiatry and Clinical Neurosciences,* **65**（3），272-279.

藤森旭人（2015）．多職種協働モデルと協働関係について考えたこと――「第1回

UCLA 摂食障害スタディツアー」を通じて．川崎医療福祉大学附属心理教育相談室年報, **9**, 1-11.

Gunderson, J., & Singer, M. (1975). Defining Borderline Patients: An overview. *American Journal of Psychiatry*, **132** (1), 1-10.

Garner, D., Olmstead, M., & Polivy, J. (1983). Development and validation of a multi-dimensional eating disorder inventory for ano. rexia nervosa and bulimia. *International Journal of Eating Disorder*, **2**, 15-34.

草野美穂子（2000）．Eating Disorder Inventory-2 の一般女子学生への試行．日社精医誌, 9, 171-181.

平井正三（2011）．精神分析的心理療法と象徴化──コンテインメントをめぐる臨床思考．岩崎学術出版社．

Hobson, P. (1993). *Autism and the Development of mind*. Hove: Lawrence Erlbaum. （木下孝司（監訳）（2000）．自閉症と心の発達「心の理論」を越えて．学苑社.）

伊坂幸太郎（2003）．重力ピエロ．毎日新聞社．

石川清・岩田由子・平野源一（1960）．Anorexia Nervosa の症状と成因について．精神経誌, **62**, 1203-1221.

Kanner, L. (1943). Autistic disturbances of affective contact. *Nervous Child*, **2**, 217-250. 十亀史郎・岩本憲・斉藤聡明（訳）（1978）．幼児自閉症の研究．黎明書房．

木部則雄（2012）．こどもの精神分析Ⅱ．岩崎学術出版社．

岸本斉史（1999〜2014）．NARUTO─ナルト─．集英社

Klein, M. (1930). *The importance of symbol-formation in the development of the ego*. In The Writings of Melanie Klein Vol. 1. London: Hogarth Press. （村田豊久・藤田宏（訳）（1983）．自我の発達における象徴形成の重要性（メラニー・クライン著作集1），誠信書房.）

Kong, A., Frigge, M., Masson, G., et al. (2012). Rate of de novo mutations and the importance of father's age to disease risk, *Nature*, **488**, 471-474.

前川浩子（2005）．青年期女子の体重・体型へのこだわりに影響を及ぼす要因──親の養育行動と社会的要因からの検討．パーソナリティ研究, **13** (2), 129-142.

前川浩子ほか（2011）．神経性無食欲症の女性における対人不信に関する研究──きょうだいとの関係およびパーソナリティの視点から．金沢学院大学紀要 文学・美術・社会学編, **9**, 63-70.

松木邦裕（1997）．摂食障害の治療技法──対象関係論からのアプローチ．金剛出版．

松木邦裕（2008）．摂食障害というこころ──創られた悲劇/築かれた閉塞．新曜社．

松木邦裕・福井敏（編）（2009）．パーソナリティ障害の精神分析的アプローチ──病理の理解と分析的対応の実際．金剛出版．

松木邦裕・瀧井正人・鈴木智美（2014）．摂食障害との出会いと挑戦――アンチマニュアル的鼎談．岩崎学術出版社．

Meltzer, D., Bremner, J., Hoxter, S., Weddell, I., & Wittenberg, I.（1975）．*Explorations in Autism*. Harris-Meltzer Trust.（平井正三（監訳）（2014）．自閉症世界の探求．金剛出版．）

Munichin, S.（1978）．*Psychosomatic Families : Anorexia nervosa in content*. Harvard Univ Press.（福田俊一（訳）（1987）．思春期やせ症の家族．星和書店．）

Read, S.（1999）．*Autism and Personality*. Routledge.（倉光修（監訳）（2006）．自閉症とパーソナリティ．創元社．）

Rutter, M.（1968）．Concepts of autism : A review of research. *Journal of Child psychology and Psychiatry*, **9**, 1-25.

Rosenfeld, H.（1971）．A clinical approach to the psychoanalytical theory of the life and death instincts : an investigation into the aggressive aspects of narcissism. International Journal of Psycho-analysis, **52**, 169-78.（松木邦裕（監訳）．生と死の本能についての精神分析理論への臨床からの接近（メラニー・クラントゥデイ②）．岩崎学術出版社．）

Rosenfeld, H.（1987）．Impasse and interpretation : Therapeutic and anti-therapeutic factors in psychoanalytic treatment of psychotic, borderline, and neurotic patients, Routledge.（神田橋條治（監訳）．（2001）．治療の行き詰まりと解釈――精神分析療法における治療的／反治療的要因．誠心書房．）

Steiner, J.（1993）．*Psychic Retreats : Pathological organizations in psychotic, neurotic and borderline patients*. Routledge.（衣笠隆幸（監訳）（1997）．こころの退避．岩崎学術出版社．）

Steiner, J.（2011）．*Seeing and Being Seen : Emerging from a Psychic Retreat*. Routledge.（衣笠隆幸（監訳）（2013）．見ることと見られること――「こころの退避」から「恥」の精神分析へ．岩崎学術出版社．）

下坂幸三（1961）．思春期やせ症（神経性無食欲症）の精神医学的研究．精神神経学雑誌，**63**，1041-1082.

下坂幸三（1963）．青春期やせ症（神経性無食欲症）の精神医学的諸問題．精神医学，**5**，259-274.

下坂幸三（2001）．摂食障害治療のこつ．金剛出版．

杉山登志郎（2000）．発達障害の豊かな世界．日本評論社．

Svirko, E., & Hawton, K.（2007）．Self-injurious behavior and eating disorders : the extent and nature of the association. *Suicide and Life-Threatening Behavior*, **37**, 409-421.

Tustin, F.（1981）．*Autistic States in Children*. Routledge.

Tustin, F. (1994). The Perpetuation of an Error. *Journal of Child Psychotherapy*, **20** (1), 3-23. (木部則雄（訳）(1996). 誤謬の永続化. イマーゴ, **7** (10), 41-59.)

Tyson, P (1982). The role of father in gender identity, urethral erotism and phallic narcissism. Cath, H. et al. (Ed). *Father and child*. Brown & Comp.

Watanabe, T., Abe, O., Kuwabara, H., et al. (2014). Mitigation of Sociocommunicational Deficits of Autism Through Oxytocin-Induced Recovery of Medial Prefrontal Activity: A Randomized Trial. JAMA *Psychiatry*, **71** (2), 166-175.

Williams, G. (1997). Internal landscapes and foreign bodies. Routledge.

Williams, D. (2010). Theory of own mind in autism: Evidence of a specific deficit in self-awareness? *Autism*, **14** (5), 474-494.

Wing, L. (1996). *The autistic spectrum*. A guide for parents and professionals. (久保紘章・佐々木正美・清水康夫（監訳）(1998). 自閉症スペクトル——親と専門家のためのガイドブック. 東京書籍.)

第5章

Hinshelwood, R. D. (1994). Clinical Klein. Free Association. London. (福本修・木部則雄・平井正三（訳）. (1999) クリニカル・クライン. 誠信書房)

Kohut, H. (1971). *The Analysis of the Self*. New York. International Universities Press. (本城秀次・笠原嘉（監訳）(1994). 自己の分析. みすず書房.)

町沢静夫・吉本隆明 (1986). 遊びと精神医学——こころの全体性を求めて. 創元社.

O'Shaughnessy (1981). A clinical study of a defensive organization. International Journal of Psycho-*analysis*, **62**. 359-69.

Steiner, J. (1993). *Psychic Retreats: Pathological organizations in psychotic, neurotic and borderline patients*. Routledge. (衣笠隆幸（監訳）(1997). こころの退避. 岩崎学術出版社.)

浦沢直樹 (2000~2007). 20世紀少年1~22巻. 小学館.

浦沢直樹 (2007). 21世紀少年上下巻. 小学館.

Winnicott, W. (1964). *Why Child play?* (猪股丈二（訳）(1986). 子どもはなぜ遊ぶの——子どもと家庭とまわりの世界（下）. 星和書店.)

第6章

Freud, A. (1936). *The Ego and Mechanism of Defence*. Hogarth Press. (牧田清志・黒丸正四郎（監訳）(1982). 自我と防衛機制（アンナ・フロイト著作集第2巻）. 岩崎学術出版社.)

Lanyado, M., & Home, A. (Eds.) (2009). *The handbook of Child and Adolescent Psychotherapy*. Routledge. (平井正三・脇谷順子・鵜飼奈津子（監訳）(2013). 児

童青年心理療法ハンドブック．創元社．）
木部則雄（2012）．こどもの精神分析Ⅱ．岩崎学術出版社．
厚生労働省（2015）．児童虐待の現状．（http://www.mhlw.go.jp/file/06-Seisakujouhou-11900000-Koyoukintoujidoukateikyoku/0000108127.pdf．）
Meltzer, D.（1975）. Adhesive Identification. *Contemporary Psychoanalysis,* **11**, 289-310.
Winnicott, D. W.（1965）. *The Maturational Process and the Facilitating Environment.* Hogarth Press.（牛島定信（訳）（1997）．情緒発達の精神分析理論．岩崎学術出版社．）

第7章

Bion, W.（1961）. *Experiences in Groups and other Papers.* Tavistock Publications.（池田数好（訳）（1973）．集団精神療法の基礎．岩崎学術出版社．）
Bion, W.（1967）. *A theory of thinking.* Routledge.（松木邦裕（監訳）（1993）．思索についての理論（メラニー・クラライントゥデイ②）．岩崎学術出版社．）
Erikson, E. H.（1950）. *Childhood and society.* W. W. Norton & Co.（仁科弥生（訳）（1977）．幼児期と社会．みすず書房．）
Foucault, M.（1975）. *Surveiller et punir, naissance de la prison.* Gallimard.（田村俶（訳）（1977）．監獄の誕生――監視と処罰．新潮社．）
ハフシ・メッド（2004）．「愚かさ」の精神分析――ビオン的観点からグループの無意識を見つめて．ナカニシヤ出版．
藤森旭人（2012）．スクールカウンセラー活動におけるクラス観察の試み――タビストック方式乳児観察を応用して．日本心理臨床学会第31回秋季大会発表．
Kanazawa, A., Hirai, S., Ukai, N., & Hubert, M.（2009）. The application of infant observation as a means of assessment and therapeutic intervention for 'classroom break-down' at a school for Japanese-Koreans. *The International Journal of Infant Observation and its Application,* **12**（3），335-348.
Kohut, H.（1977）. *The Restoration of the self.* International Universities Press.（本城秀次・笠原嘉（監訳）（1995）．自己の修復．みすず書房．）
Kohut, H.（1984）. *How Does Analysis Cure?* The University of Chicago Press.（本城秀次・笠原嘉（監訳）（1995）．自己の治癒．みすず書房．）
湊かなえ（2008a）．告白．双葉社．
湊かなえ（2008b）．話題の著者に聞く(36)『告白』――このラストの意味は読んだ方に考えてほしい．文蔵，38，394-401.
湊真季子（2010）．スクール・カウンセリングにおける転移／逆転移．臨床心理学，**10**（2），193-198.

ゲスの極み乙女（2015）．私以外私じゃないの．ワーナーミュージック・ジャパン．

野田俊作・萩昌子（1989）．クラスはよみがえる．創元社．

大西赤人（2010）．偏見を拡散させる原作と映画の結構を糾す――『告白』（中島哲也監督・脚本 湊かなえ原作）について．社会評論，**162**，174-178.

大山泰宏（2004）．「学級文化の成立ち」と変遷．木之下隆夫・菅佐和子（編）クラスに悩む子どもたち．人文書院．

Rosenfeld, H. (1971). A clinical approach to the psychoanalytical theory of the life and death instincts: an investigation into the aggressive aspects of narcissism. *International Journal of Psycho-analysis*, **52**, 169-78.（松木邦裕（監訳）．生と死の本能についての精神分析理論への臨床からの接近（メラニー・クラントゥデイ②）．岩崎学術出版社．）

Rosenfeld, H. (1987). *Impasse and Interpretation : Therapeutic and anti-therapeutic factors in psychoanalytic treatment of psychotic, borderline, and neurotic patients.* Routledge.（神田橋條治（監訳）（2001）．治療の行き詰まりと解釈――精神分析療法における治療的／反治療的要因．誠心書房．）

鈴木誠（2010）．危機状態の教職員集団へのコンサルテーション――学校への支援に生かす精神分析．臨床心理学，**10**（4），512-518.

飛谷渉（2014a）．思春期の混乱と夢をみる力――メルツァーの精神分析的思春期概念．谷町子どもセンター20周年記念誌，6-15．

飛谷渉（2014b）．集団におけるトラウマのコンテインメント――ビオンの proto-mental system（matrix）という発想から．第3回日本精神分析的心理療法フォーラム分科会3発表原稿．

和田秀樹（2002）．〈自己愛〉と〈依存〉の精神分析――コフート心理学入門．PHP新書．

Youell, B. (2006). *The learning relationship : Psychoanalytic thinking in education.* Karnac Books.（平井正三（監訳）（2009）．学校現場に生かす精神分析【実践編】．岩崎学術出版社．）

第8章

Blos, P. (1962). *On Adolescence.* The Free Press.（野沢栄司（訳）（1971）．青年期の精神医学．誠信書房．）

Klein, M. (1957). *Envy and Gratitude.* The writings of Melanie Klein. Vol. 3. The Hogarth Press.（小此木啓吾・西園昌久・岩崎哲也・牛島定信（監修）（1996）．羨望と感謝．誠信書房．）

Masterson, J. F. (1972). *Treatment of the Borderline Adolescent.* John Willy & Sons.（成田善弘・笠原嘉（訳）（1979）．青年期境界例の治療．金剛出版．）

Meltzer, D.（1967）. *The Psych-analytical Process*. Heinemann.（松木邦裕（監訳）（2010）. 精神分析過程. 金剛出版.）

第9章

阿部隆明・大塚公一郎・加藤敏（1995）.「未熟型うつ病」の臨床精神病理学的検討――構造力動論からみたうつ病の病前性格と臨床像. 臨床精神病理, **16**（3）, 239-248.

Abraham, K.（1953）. *Note on the Psycho-analytical Investigation and Treatment of Manic-depressive Insanity and Allied Conditions*. In Selected Papers on Psychoanalysis. Basic Books.（下坂幸三（訳）（1993）. アーブラハム論文集. 岩崎学術出版社.）

浅野いにお（2005-2006）. ソラニン 1～2巻. 小学館

Bion, W.（1959）. Attacks on linking. *International Journal of Psychoanalysis*, **40**, 308-315.（中川慎一郎（訳）（1993）. 連結への攻撃（メラニー・クライン・トゥデイ①）. 岩崎学術出版社.）

Bion, W.（1962）. *Learning from Experience*. New York. Basic Books.（福本修（訳）（1999）. 経験から学ぶ（精神分析の方法Ⅰ）. 法政大学出版局.）

Bion, W.（1970）. *Attention and Interpretation Heinemann*, London.（福本修・平井正三（訳）（2002）. 注意と解釈（精神分析の方法Ⅱ）. 法政大学出版局.）

Erikson E. H.（1956）, The problem of ego identity. *Journal of the American Psychoanalytic Association*, **4**, 56-121.

Erikson E. H.（1968）, *Identity : Youth and crisis*. New York : Norton.

Freud, S.（1917）. *Mourning and Melancholia*. S. E. XIV（高橋義孝（訳）（1968）. 悲哀とメランコリー（フロイト著作集第6巻）. 人文書院.）

ハフシ・メッド（2004）.「愚かさ」の精神分析――ビオン的観点からグループの無意識を見つめて. ナカニシヤ出版.

笠原嘉・木村敏（1975）. うつ状態の臨床分類に関する研究. 精神神経学雑誌, **77**（10）, 715-735.

笠原嘉（1976）. うつ病の病前性格について――躁うつ病の精神病理. 弘文堂.

広瀬徹也（1977）.「逃避型抑うつ」について. 宮本忠雄（編）躁うつ病の精神病理2, 弘文堂, pp. 61-86.

Kreapelin, E.（1899）. *Psychiatry*. 6. Aufl.

Marcia, E.（1966）. Development and validation of ego-identity status. *Journal of Personality & Social Psychology*, **3**, 551-558.（鑪幹八郎（編）（1998）.「アイデンティティ・ステイタス」の開発と確定――アイデンティティ研究の展望. ナカニシヤ出版.）

松木邦裕（2007）.「抑うつ」についての理論. 松木邦裕・賀来博光（編）抑うつの精神

分析的アプローチ，金剛出版，pp. 15-49.
松波克文・山下喜弘（1991）．社会変動とうつ病．社会精神医学，**14**，193-200.
Meltzer, D.（1967）. *The Psych-analytical Process.* Heinemann.（松木邦裕（監訳）（2010）．精神分析過程．金剛出版．）
西平直（1990）．成人になること．東京大学出版会．
小此木啓吾（1978）．モラトリアム人間の時代．中公叢書．
Syminton, J., & Syminton, N.（1996）*The clinical thinking of Wilfred Bion.* London Routledge.（森茂起（訳）（2003）．ビオン臨床入門．金剛出版．）
Tellenbach, H.（1961）. *Melancholie : Problemgeschichte, Endogenität, Typologie, Pathogenese Klinik.* Springer-Verlag.（木村敏（訳）（1978）．メランコリー．みすず書房．）
内海健（2002）．ポストモダンと Bipolar Spectrum．臨床精神医学，**31**（6），639-647.
内海健（2005）．存在の耐えがたき空虚――ポスト・メランコリー型の精神病理．広瀬徹也・内海健（編）うつ病論の現在――精緻な臨床をめざして．星和書店，pp. 115-145.
Wolf, A.（1988）. *Treating the Self : Elements of Clinical Self Psychology.* The Guilford Press.（安村直己・角田豊（訳）（2001）．自己心理学入門――コフート理論の実践．金剛出版．）
山本昌輝（2003）．負の仕事．齋藤稔正・林信弘（編）教育人間学の挑戦．高管出版，pp. 227-252.
吉本隆明（1968）．共同幻想論．河出書房新社．

おわりに
BUMP OF CHICKEN（2005）．supernova．トイズファクトリー．
平井正三（2005）．心理臨床における個人分析の意義．臨床心理学，**5**（5），605-612.
平井正三（2014）．精神分析の学びと深まり――内省と観察が支える心理臨床．岩崎学術出版社．

JASRAC 許諾番号：1608346-601

索　引
(＊印は人名)

あ　行

アイデンティティ　21, 22, 85, 91, 136, 145,
　232, 240, 241, 243, 260
　　――拡散地位　264
　　――・ステイタス　262
　　――達成地位　263
　　――の拡散　197, 241
　　――の確立　21
＊アスペルガー（Asperger, H）　100
　アスペルガー障害　100
　遊び　156-158
　　――型非行　86
　アタッチメント（愛着）　3, 23
　　――関係　168
　　――対象　24
＊アッシュ（Asch, A. E.）　79
　圧縮　33
　圧迫法　49
　アノミー的自殺　91
　アパシー　254
　　――状態（無気力状態）　158
＊アブラハム（Abraham, K.）　251
　甘え　164
　甘やかし　164
＊アルバレツ（Alvarez, A.）　111
　α機能　64, 210
　安心感の輪　25-27, 75, 88, 97
　安心の基地　24, 25, 88, 161
　安全な避難所　26, 88
＊アンナ・O（Anna, O.）　48
　アンナ・フロイトとメラニー・クラインとの論
　　争　59
　アンビバレンス　218, 234
　言いようのない恐怖　143
　生きている仲間　111
　意識　30
　いじめ　77
　　――の構造　78
　　――られる生徒　78

　　――る生徒　79
　依存基底的想定　68, 212
　一次過程　35
　偽りの自己　67, 183, 185
　移動　33
　イマジナリー・フレンド　220, 221
　陰性感情　57
＊ウィング（Wing, L.）　100
　うつ病　249, 251
　易変性　253
　experience near　226
　エコラリア　112
　エス（es）　35
　エディプス　82
　　――葛藤　85
　　――期（男根期）　10, 11, 36, 95
　　――・コンプレックス　7, 10, 45
　　――状況　85
＊エリクソン（Erikson, E. H.）　15, 19, 82,
　　196, 225, 240, 241, 262
＊エリザベート　49
　エレクトラ・コンプレックス　10
　大きな物語　260-262, 265
　置き換え　40, 132
　思いやりの能力　65
　親離れ　202

か　行

　快感原則　11, 35, 36
　外傷体験　38
　解離　41, 181, 186
　過剰な投影同一化　159, 210, 230, 246, 247
　過食　141
　　――性障害（BED）　129, 135
　　――・排出型（AN-BP）　130
　カタルシス（浄化）　161
　学級崩壊　94
　学校恐怖症　74
　葛藤　37
　　――保持力　244

281

＊カナー（Kanner, L.）　99
　過保護　136, 200
　関係化　97
　患者中心の解釈　170
　観衆　79
　感情認知障害説　104
　完璧主義　132, 138, 139
　願望充足　43-45
　寄生　68
　寄生的関係　70, 245, 248, 261
　偽成熟　183, 185
　規則　70
　帰属性　196
　基底的想定　68, 76, 209
　気分障害　249
　基本的信頼 対 基本的不信　15
　基本的信頼感　180
　虐待
　　——回避型非行　179
　　——の連鎖　181
　逆転移　53, 162
　ギャングエイジ　167
　吸啜反射　5
　教育分析　54
　鏡映自己対象　204, 257
　境界性パーソナリティ　122
　　——障害　119, 218, 224, 230
　境界例　222
　共在　68
　　——的関係　70
　共生　68
　　——期　12
　　——的関係　70
　協働関係　31, 148, 245
　共同幻想　259, 260
　協働性　46
　共同注視　107
　共有経験　105
　去勢不安　7, 45
　キレる非行　87
　勤勉性　21, 185
　勤勉性 対 劣等感　73, 95
　空想　29
　空白のスクリーン　52, 58

＊クライン（Klein, M.）　47, 59, 107
　　——派　55, 160
　クレーン現象　108
　経験から学ぶ　52, 245, 291
　軽躁　250
　系統的脱感作法　146
　Kリンク　159
　結合両親対象　47, 150
　検閲　33
　限局性学習障害（LD）　117
　原光景　47
　健康な自己　145, 147
　顕在内容　32
　原子価　71, 83, 212
　現実原則　10, 11, 36, 68
　現実検討能力　127, 221, 223
　攻撃者への同一化　182
　攻撃性の消化　157
　口唇期　4, 5
　構造論　35
　行動化　96, 224, 228, 229, 233, 234
　肛門期　5, 6, 13, 19
　肛門性格　6
　合理化　40, 42, 44
　こき下ろし　230
　こころの痛み　51, 96, 138, 184
　　——の表現経路　96
　心の理論　102
　個人の物語　261, 265
　個人分析　54
　固着　4
＊コフート（Kohut, H.）　166
　孤立青年　200
　コンテイナー　96, 116
　　——-コンテインド　62, 68, 70
　　——-コンテインド関係の反転　144
　コンテイニング　5
　コンテイン　83, 89, 161, 169
　　——メント　64, 66

　　　　　　さ　行

　最接近期　13, 14
　　——危機　14
　催眠　48

索　引

罪悪感　7, 10, 20, 36, 48, 75
サヴァン症候群　106
錯誤行為　31
サリーとアンのテスト　102
残渣　34
自我　35
　　――統合性　23
時間的な連続性と一貫性　196
自己愛（ナルシシズム）　123, 241, 265
　　――構造体　123, 124, 164, 169, 170, 205
思考
　　――装置　210
　　――理論　210
自己
　　――幻想　259-261
　　――対象　203
　　――同一性障害　104
　　――の一斉性　196
　　――破壊行動　92
　　――破壊的超自我　144
　　――本位的自殺　90
自殺　89
指示対象　105
自主性　対　罪悪感　19
思春期　191
　　――やせ症　148
自傷　89
　　――行為（SIB）　92, 142, 180
静かな快　26
しつけ　189
嫉妬　231
失読症（ディスレクシア）　117
児童虐待　173, 177
死の本能　60
支配―服従関係　189
自閉症スペクトラム障害（ASD）　99
自閉対象　109
自閉的心的外傷後発達障害　111, 112, 115
社会的参照　18
集団本位的自殺　89
自由連想　29, 60
　　――法　49, 50, 52
＊シュタイナー（Steiner, R.）　124, 170
小1プロブレム　95

昇華　41, 44, 269
浄化（カタルシス）　48
象徴化　33
　　――能力　14, 104, 105, 107, 157
情緒的燃料補給　13, 25
除反応　48
自律性　対　恥・疑惑　18
神経性大食症（BN）（過食症）　129, 133, 134, 219
神経性無食欲症（AN）（拒食症）　129, 219
身体化　96
身体的虐待　177
心的外傷　49
心的次元論　112, 113
心的退避　124
進入禁止型防衛システム　143
親密　対　孤立　22
心理社会的課題　15
心理社会的モラトリアム　240
心理的虐待　177
巣鴨子ども置き去り事件　173
スキゾイド　124, 125
スクールカースト　84
スクールカウンセラー　97, 201-203, 213-215
　　――活用調査研究委託事業　77
スケープゴート　69, 211
SCOFF 質問紙　149
生活型非行　86
性器期　11
成熟拒否　140
正常な自閉期　12
生殖性　対　停滞性　22
精神分析　i, 3, 5, 10, 11, 20, 29
精神力動　i, 3, 27, 30
性的
　　――逸脱型非行　179
　　――カップル　20, 46, 47
　　――虐待　177
青年期
　　――境界例　222, 224
　　――後期　237
　　――中期　217
摂食障害　129, 221, 232

283

――調査票（EDI）　*138*
摂食制限型（AN-R）　*130*
セパレーションギルト　*76*
前意識　*30*
前概念作用　*210*
潜在内容　*32*
潜伏期　*10,11,21,73*
羨望　*64,70,144,207,227,228,231,232*
早期完了地位　*264*
双極性障害（躁うつ病）　*249*
双極Ⅱ型障害　*256,257,265,250,253-255*
相互投影同一化　*84*
創造性（クリエイティビリティ）　*46*
躁的防衛　*212*
即効性　*188*

た　行

第2の分離 - 個体化　*76,225*
体型不満　*141*
退行　*19,41,220,224,226,227*
対象恒常性　*14,75,182*
対象喪失　*184,185,241,251,262*
対人過敏　*255*
対人不信　*139*
第二次性徴　*21,196*
第二の皮膚　*115,116,162*
退避所　*125,127,129,170,258*
妥協産物　*33*
他者性　*109*
＊タスティン（Tustin, F.）　*108*
男根期　*7*
探索行動　*13,25,75*
知性化　*41,42,44*
チャムシップ　*167*
注意欠陥・多動性障害（AD/HD）　*116,179,181*
中核的自閉状態　*109-111*
中立的　*58,214*
超自我　*36,37,45*
直感的心理化　*105*
対幻想　*259*
つがい基底的想定　*68,212*
抵抗　*51*
TEACCHプログラム　*101*

転移　*52,56,57,81*
トイレットトレーニング　*6*
同一性（の獲得）対 同一性の混乱・拡散　*21,73,196,240*
同一性の拡散　*225*
投影　*40,60,62*
――同一化　*20,62,63,82,83,88,96-98,108,111-113,159,229,230,246,247*
統合　*65*
統合 対 絶望　*23*
登校拒否　*74*
倒錯　*247*
洞察　*53*
闘争―逃避基底的想定　*68,211*
同調実験　*79*
特別支援教育　*118*
取り入れ　*60,62*
――同一化　*110,113,114*

な　行

内在化　*14*
内省　*228*
内的対象　*55-61,148,150,160-162,184,188,189,244,269*
内部洞察　*140*
内閉化　*97*
ニート　*256*
二極思考　*76*
乳児観察　*58,214*
認知言語障害説　*101*
認知行動療法　*146*
ネグレクト　*173,177*
Knowing　*51,169,234*
noK（ノーK）　*51*

は　行

パージング　*131*
パーソナリティ　*119*
――障害　*118,119*
＊ハーロウ（Harlow, H.）　*16*
排出　*83,88,96,224*
破局的側面　*46*
罰　*188*
パノプティコン　*208*

索引

破滅不安　60
＊バロン・コーエン（Baron-Cohen, S.）　102
反社会性パーソナリティ障害　218
反社会的行動　221
反動形成　40, 42
万能感　167, 205, 248
反復強迫　166
悲哀の仕事　251
＊ビオン（Bion, W. R.）　51, 62, 67, 143, 169,
　207, 209, 210, 212, 234, 245, 246, 248
非行　85
非精神病の部分　223
＊ビック（Bick, E.）　115
否定的同一化　243
人見知り　18
否認　40-42
肥満恐怖　133, 135
秘密基地　158
病識　223
病態水準　223
病的な自己　144, 147
病理的組織化　124
＊フーコー（Foucault, M.）　208
不在グループ感　210
不全性　253
双子（分身）自己対象　204
附着一体性　108
不登校　73-77
負の能力　51
部分性　253, 254
フリーター　238, 240, 256
プレイルーム（PR）　158
＊ブロイアー（Breuer, J.）　48
＊フロイト，A.（Freud, A.）　15, 182
＊フロイト，S.（Freud, S.）
　4, 15, 19, 20, 29, 30, 32, 123, 251, 291
＊ブロス（Bros, P.）　76, 220, 225
分解　110
分化期　12, 13
分析家中心の解釈　170
分離‐個体化　11, 15, 24, 75
分離性　108, 113
分離不安　14, 75, 76
分裂機制　61

Hate　51
β（ベータ）要素　64
＊ベッテルハイム（Bettelheim, B.）　101
ペニス羨望　7
ペルソナ　119
便器乳房　231
変容性内在化　204
防衛機制　36-44, 269
傍観者　79
暴力粗暴型非行　179
＊ボウルビー（Bowlby, J.）　23
ホールディング　66, 67
ポスト自閉状態　109-111
ポスト・メランコリー型　254
ボディイメージの障害　133
body mass index（BMI）　130
ほどよい母親　207
ほどよい養育者　25
本能的欲求　35

ま 行

＊マーシャ（Marcia, E.）　262
＊マーラー（Mahler, M.）　11, 15
－K（マイナスK）　51, 169
＊マスターソン（Masterson, J. F）　222, 225
＊ミニューチン（Minuchin, S.）　137
無意識　4, 29, 30
夢想　64
無力感　138, 167
命題的心理化　105
メチルフェニデート　117
メランコリー親和型性格　250, 252-255
＊メルツァー（Melzer, D.）
　47, 83, 109, 183, 231, 246
妄想分裂ポジション　65, 113, 230
喪の作業　93, 184
モラトリアム　22, 243, 256, 264
　──地位　263
　──人間　256, 257
モンスターペアレント　97

や 行

薬物依存型非行　179
やせ願望　133, 141

285

遊戯療法　　61,160
夢　　31-34
　　──の作業　　33
良い
　　──子　　54,82,136,139,140,148,183,
198,206
　　──対象　　61,168
　　──乳房　　64
幼児性　　227
要素分析　　34
抑圧　　30,34,37,38,42,43,47-49,96
抑うつ　　251,253,262
　　──障害群　　249
　　──ポジション　　65
欲求不満　　37

　　　　　　　　ら　行

＊ラター（Rutter, M.）　　101

Loving　　51
＊リード（Read, S.）　　111
理想化　　230
　　──された対象　　226
　　──自己対象　　204
リビドー　　4,17,28
リフィーディング症候群　　146
劣等感　　21
練習期　　13,24
労働麻痺　　243
＊ローゼンフェルト（Rosenfeld, H.）
　　123,124

　　　　　　　　わ　行

ワークグループ　　68,209
悪い
　　──対象　　61,168
　　──乳房　　64

おわりに

　児童や青年を対象に精神分析的心理療法を実践するようになってから，10年ほどが経ちました。10歳といえば，ちょうど児童期から思春期に差し掛かるくらいの年齢です。そんな心理臨床家として「思春期に入りかけの臨床心理士」が，児童・青年期についてまとめたものが本書です。したがって，たいへん拙く，未熟な表現になっているところも多々あると思いますが，ご容赦いただけたら幸いです。

　大学生の後半から，ある講義がきっかけでフロイトやメラニー・クラインの精神分析理論や概念に興味をもちはじめたのですが，当時はその難解さに辟易したものでした（今でもかもしれませんが）。精神分析の理論は，現場で出会う子どもの現状と乖離しているように感じる，あるいは根拠に乏しいのではないかと，よく勘違いされやすいようにも思います。おそらく筆者もそう思っていたうちの１人であることは否めません。しかし実際には，精神分析は「内的世界」（つまりこころ）がどうなっているのか，そしてそれをどのように知っていくのかに膨大な時間と労力を費やしてきた分野であり，しかも，その理論やモデルは臨床実践の中から構築してきたもので，先人たちの「内的世界」の探究の成果であると思っています。また，筆者自身もこの「内的世界」の探究に強くこころを惹かれています。一方で，少し（いや，かなり？）自分自身を知っていく怖さも感じているのですが。ビオンが言うように，何より「経験から学ぶ」ことを最重要視してきた領域であることは間違いないように思います。

　また，「はじめに」でも書きましたが，「こころを見る」ことや「こころに興味をもつ」ことについても少し触れてみたいと思います。本書の中によく登場した BUMP OF CHICKEN の supernova（2005）という楽曲の中に，「熱が出たりすると気付くんだ　僕には体があるって事　鼻が詰まったりすると解るんだ　今まで呼吸をしていた事」というフレーズがあります。こころも然りでは

ないでしょうか。平井（2005）は，「病理のない人間はいない」ことを示唆しています。むしろ「こころ」や「心理学」に関心をもつ人ほど，そこにつかえを感じていて，「こころ」の存在に目を向ける，あるいは向けたいのではないでしょうか。それはあたかも鼻が詰まって苦しいときに，ようやく鼻で呼吸をしていたのだと分かることと同じように。そもそも対人援助職に興味を抱く人はどこかで助けを求めていたり，あるいは助けられた経験から今度は自分が誰かを助けたいといった前提があるようにも思われます。そういった意味においては，本書を通じて，対人援助職に就く前に，自分のこころに目を向けてみようと思ってもらえたらとても嬉しいです。

　最後に，サッカー日本代表で，イタリアのビッククラブ AC ミランの10番でもある本田圭佑選手（2016年現在）と，J-POP のヒットチャートを賑わせている SEKAI NO OWARI というバンドのボーカルである FUKASE 氏を引き合いに出しながら，「外的世界」と「内的世界」について言及して，本書を「おわりに」したいと思います。

　本田選手は「若いうちからもっと世界に出ていくべきやと思います」といったメッセージを発信し続けています。おそらく，サッカー界に限らず，多くの若者に向けたメッセージであると筆者は捉えています。この場合の「世界」というのは，サッカーをするうえでは「海外の厳しい環境」でしょう。厳しいサッカー環境に身を置くことで能力が向上し，ひいては日本サッカーの発展に貢献するという考え方であるように思います。発達心理学の領域などでも「世界」と「環境」は同義で使われたりしていますね。つまり，以上のような「世界」は「外的（外側の）世界」ということになります。

　一方，SEKAI NO OWARI が表現する音楽は，一貫してファンタジーの領域にあり，この場合のファンタジーというのは，夢や魔法，冒険に留まらず，「内的世界」，つまりこころの表現でもあるように思います。ボーカルの FUKASE 氏が主に楽曲作成を担当しているようですが，メディアから見聞きした情報によると，彼はなかなか壮絶な児童・青年期を送ってきたようです。「内的世界」に没入し，社会と接点をもてなくなる現象（いわゆる「ひきこも

り」など）は社会問題にもなっていますが，彼はその状態から音楽という媒体を通じて社会との接点をもつという，いわば防衛機制でいうところの「昇華」を行っているようにも思います。そういった意味でも，芸術作品には，「内的世界」の多大な影響が表れているように思います。

　現在の精神分析臨床では，「外的世界」から「内的世界」への影響と，「外的世界」への「内的世界」の影響，双方の重要性が説かれていると思いますが，先の本田選手の発言を「内的世界」に変換すると「もっと世界に入っていくべきやと思います」みたいになるのでしょうか。そして，精神分析はまさにこの「内的世界」の探究なのだと思います。本田選手はACミランの入団会見のときに，どのクラブでプレーしたいかを，こころの中の「リトル本田」に尋ねたと言っています。この「リトル」は，「内的対象」として捉えることができますし，「よい内的対象の庇護のもと」（平井, 2014）で，自分自身の人生を選択している様子がうかがえます。クラインが言及していたように「良い対象」の中核には「考える機能」があり，本田選手は「良い内的対象」との対話を通じて，新たな考え（決定）を生み出していると言えるのではないでしょうか。精神分析は，その「考える」営みを二者関係，つまりセラピストとクライエントの中で行っていくものだということが，本書を通じて少しでもお伝えすることができていればと思います。

　本書で描いてきた児童・青年期の精神力動は，力動的な理解の入り口に過ぎません。何といっても「思春期に入りかけの臨床心理士」が書いたものですから。そして，この先には精神分析臨床の茫洋な理論的蓄積が広がっているように思います。さらに精神分析の理論や概念を学びたい，あるいは精神分析的な臨床実践を行ってみたいというきっかけに本書がなれば，これほど幸甚なことはありません。なお，本書の部・章扉と作品リストのデザインは，川崎医療福祉大学医療福祉デザイン学科3年生の小泉佑果さんにお願いしました。児童・青年期のこころをイメージしやすいような素晴らしいデザインの作成，ありがとうございました。

2016年7月　　藤森旭人

《著者紹介》

藤森旭人（ふじもり・あきひと）
　　1983年　静岡県磐田郡豊岡村（現磐田市）生まれ
　　2005年　立命館大学産業社会学部卒業
　　2007年　甲子園大学大学院人間文化学研究科博士前期課程修了
　　2011年　京都府立医科大学大学院医学研究科博士課程修了
　　　　　　（医学博士・臨床心理士）
　現　在：The Tavistock and Portman NHS Foundation Trust
　主　著：『豊かさと地域生活』（共著，窓映社）
　　　　　『メンタルヘルスを学ぶ』（共著，ミネルヴァ書房）

小説・漫画・映画・音楽から学ぶ
児童・青年期のこころの理解
──精神力動的な視点から──

| 2016年10月30日　初版第1刷発行 | 〈検印省略〉 |
| 2020年9月30日　初版第3刷発行 | |

定価はカバーに
表示しています

　　　著　者　　藤　森　旭　人
　　　発行者　　杉　田　啓　三
　　　印刷者　　坂　本　喜　杏

発行所　株式会社　ミネルヴァ書房
　　607-8494　京都市山科区日ノ岡堤谷町1
　　　　　電話代表　(075)581-5191
　　　　　振替口座　01020-0-8076

©藤森旭人，2016　　冨山房インターナショナル・藤沢製本

ISBN 978-4-623-07807-3
Printed in Japan

シリーズ生涯発達心理学 3
エピソードでつかむ 青年心理学　　　　　Ａ5判　280頁
伊藤亜矢子 編著　　　　　　　　　　　　本体 2800円

シリーズ生涯発達心理学 4
エピソードでつかむ 児童心理学　　　　　Ａ5判　304頁
大野　久 編著　　　　　　　　　　　　　本体 2600円

よくわかる青年心理学［第2版］　　　　　Ｂ5判　196頁
白井利明 編　　　　　　　　　　　　　　本体 2500円

絶対役立つ臨床心理学　　　　　　　　　　Ａ5判　264頁
――カウンセラーを目指さないあなたにも　本体 2500円
藤田哲也 監修／串崎真志 編著

いちばんはじめに読む心理学の本――――――――――

臨床心理学――全体的存在として人間を理解する　Ａ5判　256頁
伊藤良子 編著　　　　　　　　　　　　　　　　本体 2500円

社会心理学――社会で生きる人のいとなみを探る　Ａ5判　260頁
遠藤由美 編著　　　　　　　　　　　　　　　　本体 2500円

発達心理学　　　　　　　　　　　　　　　　　　Ａ5判　264頁
――周りの世界とかかわりながら人はいかに育つか　本体 2500円
藤村宣之 編著

認知心理学――心のメカニズムを解き明かす　　　Ａ5判　264頁
仲　真紀子 編著　　　　　　　　　　　　　　　本体 2500円

知覚心理学――心の入り口を科学する　　　　　　Ａ5判　312頁
北岡明佳 編著　　　　　　　　　　　　　　　　本体 2800円

――――――ミネルヴァ書房――――――
http://www.minervashobo.co.jp/